电子商务税收

研究文集

A CORPUS OF E-COMMERCE
TAX RESEARCH

彭启蕾◎著

中国市场出版社
China Market Press
·北京·

图书在版编目（CIP）数据

电子商务税收研究文集 / 彭启蕾著. —北京：中国市场出版社，2018.6

ISBN 978－7－5092－1574－6

Ⅰ. ①电… Ⅱ. ①彭… Ⅲ. ①电子商务－税收管理－文集 Ⅳ. ①F810.423－53

中国版本图书馆 CIP 数据核字（2017）第 249757 号

电子商务税收研究文集

DIANZI SHANGWU SHUISHOU YANJIU WENJI

著　　者：彭启蕾
责任编辑：宋　涛（zhixuanjingpin@163.com）
出版发行：中国市场出版社
社　　址：北京市西城区月坛北小街 2 号院 3 号楼（100837）
电　　话：（010）68034118/68021338/68022950/68020336
经　　销：新华书店
印　　刷：河北鑫兆源印刷有限公司
开　　本：170mm×240mm　1/16
印　　张：19.75　　**字　　数：**320 千字
版　　次：2018 年 6 月第 1 版　　**印　　次：**2018 年 6 月第 1 次印刷
书　　号：ISBN 978－7－5092－1574－6
定　　价：58.00 元

前言

A Corpus of E-commerce Tax Research

电子商务起始于20世纪90年代，它既不是泡沫经济，也不能被神化，它是现代多样化、个性化的商贸需求和先进的信息技术、网络技术、计算机技术相结合的产物。电子商务因为不受或很少受地域和时间的限制、成本低、效率高、快速、方便等优势，受到越来越多企业和用户的欢迎，在世界范围内保持着快速、持续发展的态势。目前，电子商务的应用已经从零售、运输、外贸、旅游等个别领域扩展到各类企业和各个行业，显示出强大的生命力。我国电子商务市场也逐步突破了概念炒作进入到务实发展阶段。

与此同时，电子商务本身具有的诸多不同于传统交易的特点，对建立在传统的生产、贸易方式上的税收法律制度及税收征管造成严重冲击，出现了许多税收法律空白和税收管理真空。我国现有的税收体系及其征管手段也不足以对电子商务进行成熟和有效的管理。面对迅猛发展的电子商务，旧规则不适用、新规则未出台，必然会导致电子商务税收问题的混乱，导致漏征漏管的普遍存在和税收收入的大量流失。

在这种情况下，对电子商务税收问题系统、全面、深入的研究无疑对促进税收理论的可持续发展和指导我国电子商务环境下的税收实践具有划时代的现实意义。

虽然电子商务在全世界范围内取得了巨大进展，特别是在发达国家已经成为社会经济生活中随处可见的“常态”。但是从历史角度看，电子商务仍然是一个正在持续发展的新生事物，对电子商务税收问题的研究也只是处于起步阶段，离成熟和完善还相距甚远。2005年，我在博士导师谭荣华教授的指点和鼓励下，选择了电子商务税收问题研究作为博士论文的研究方向，从理论和实践两方面展开研究工作，前后持续了近2年的时间，在此基础上完成了博士论文《电子商务税收问题研究》。博士毕业后，我对电子商务税收问题的关注和研究并没有终止。2013 年，我有幸进入北京大学的博士后工作站，在林双林教授的指导下，对电子商务税收问题尤其是涉及国际税收业务的电子商务税收问题进行了更深入研究，并完成博士后出站报告《电子商务税收征管的困境与对策》。

由于所研究课题的特殊性，我在研究过程中并没有天天钻进图书馆，而是常常挂在互联网上查找各种资料或者外出调研。网上的资料很丰富，案例、数据应有尽有，但是数据之间有冲突的现象很常见，鉴别真伪需要一定的功夫和水平。在第一阶段的研究中，我大量查阅国际国内的相关文献、资料，经过归纳、分析、整理，尽量全面客观地反映前人成果和前沿动态。结合自己所学理论，经过判断和思考，在前人研究的基础上进一步充实和扩展。第二阶段的研究主要是面对税收工作实际。我本着“从实践中来，到实践中去”的原则，进行大量的实地调研和网络跟踪，对掌握的一手资料进行分析，并结合实际工作经验，提出税收对策或建议，力求贴近我国现实和税收实际。比如，网络游戏虚拟财产交易税收问题的研究、域名注册涉税问题研究、“苹果税”的税收问题研究，等等。

电子商务税收问题的研究既很有意义，也很有意思，研究的过程同时也是一个学习的过程，一个发现问题解决问题的过程。但是，电子商务税收问题并不仅仅是税收领域或者说财政金融领域的问题，而是一个多学科的综合，要把握好这个问题，除了要具备税收基本理论知识外，还要具备网络和信息化、社会学、法律、财政金融等方面的知识，而且电子商务税收问题是一个国际性问题，必须要了解国际最新动向，与国际接轨等。在研究过程中，我常常有力不从心之感，虽竭尽微薄之力，仍觉困惑很多，头绪如麻。

本书是对自己过去十多年来在电子商务税收问题上研究成果的结集，既有公开发表的文章，也有针对社会热点通过微信公众号发布的专业原创文章，还有在相关税收论坛或者沙龙中提交的论文，当然也有从未发表的相关文章，以及自己对未来互联网经济下的税制遐想等。同时，作为对电子商务税收问题进行研究的最基础最根本的框架研究也附于书后，权作抛砖引玉，为研究此课题的后来者做一块垫脚石吧。

目　录　A Corpus of E-commerce Tax Research

A Corpus of E-commerce Tax Research

实务研究篇

01
谈谈电商征税若干问题

自 2015 年 4 月开始，北京、广西、江苏、山东等省市税务部门，相继约谈辖区内的电商企业，或者组织企业自查，或者开展专项检查，对电子商务的税务风险进行摸底，对逃税数额较大、情节严重的，除补缴税款之外，还加征了滞纳金并进行了处罚。这本来是税务部门的正常管理工作，却被媒体炒得沸沸扬扬，很多不明就里的人们纷纷吐槽。

我应《经济观察报》的朋友之邀，就电商查税风波发表一些专业观点，以正视听，于是有了 5 月 1 日匆匆发表于微信公众号“财税大观”上的小文《也来说说电商查税风波》。没想到，就这么一篇枯燥的专业性文章，公众号当天阅读量就超过了 3 000 人，点赞叫好者众，多家微信公众号转发。中央财经大学蔡昌教授阅后盛情邀请我参加“互联网+税收”的财税沙龙，并希望能将微信公众号的论文修改一下，增补进论文集。既如此，索性认真总结出八大原创观点，与读者分享。

交易形式并不影响纳税义务

“网购销售税步步逼近”“电子商务征税势在必行”“电子商务征税时机已经成熟”……诸如此类的言论和标题频频见诸报端，给普通大众一种错觉，网络交易原来是免税的，马上就要开始征税了。然而事实上，网络交易征税势在必行之类的言论纯粹是伪命题。

通过对网络交易的特征和本质的研究，我们发现：尽管网络交易的

“虚拟化”，使人们感觉网络交易似乎不受空间和时间的限制，但事实上它只是缩短了交易的时间，取消和减少了物理意义上的场所，如办公楼、商店、仓库等，网络交易中的人（买卖双方）、钱（货款）、物（有形的、无形的）仍存在于一定空间和时间内，并没有“虚拟”得无影无踪。最重要的是，绝大多数网络交易是有形商品的交易，其承载的内容仍然是属于课税范围内的商品、劳务，与传统商务比，未发生本质变化（纯数字产品等新兴经济行为需要另作判断）。依法纳税是我国宪法规定的公民义务，从法理上来讲，不因为交易形式的不同而不同，我国也从未制定网络交易免税的法律或者法规。

或许有人会提出：连电子商务最发达的美国都执行《互联网免税法案》，主张电子商务免税，我们为什么还要对电子商务征税呢？这其实是对美国《互联网免税法案》的误读。《互联网免税法案》的全文在互联网中很容易搜索到，它只是对ISP（网络服务提供商）从公众那里收的接入费不开征新税，可以理解为：免税法案免的只是“网络接入服务税”。

对于网络销售，美国现行政策是：在线零售商在没有设立实体店的州销售商品，不必向顾客收取销售税；有实体店的，就要收取并向州政府缴纳销售税。以前很多热衷海淘的朋友常常纳闷，为什么同样是在美国网站购物，有时被扣销售税，有时没扣，答案就在这里。2013年5月参议院审议通过了《市场公平法案》，该法案要赋予各州政府要求所有商家就远程销售代征代缴销售税的权利，也就是对网络销售全面征税。然而，按照美国的立法程序，由参议员提出的议案，参议院审议通过后，转众议院，众议院审议通过了，总统签发后才能生效。《市场公平法案》最终是否生效，网上没有查到相关信息。

当然，电子商务作为一种新的有别于传统商务的贸易方式，客观上的确对现有的税收制度和税收征管造成了很大的冲击。某些交易使现有税收实体法中关于纳税人、课税对象、税目税率、纳税环节、纳税地点等税收要素的规定产生了不确定性，对税务登记、税收管理、纳税申报、税款征收、税务稽查、国际避税与反避税等都提出了严峻的挑战。这种政策不清晰是导致社会上产生电子商务免税误解的原因之一。

依法征管是税务部门职责所在

税务部门的主要职责就是依法征税，为国聚财。既然税收中性原则已成为国际共识，我国也从未制定并发布网络交易免税的法律或者法规。那么，对电商征税就是有法可依的。依法对网络交易进行税收征管是税务部门的职责所在，依法执法，无可厚非。当然，野蛮执法不在其列。

事实上，随着电子商务的发展，税务部门很多有识之士一直在跟进研究电子商务的发展，研究电子商务的特点，分析电子商务对税收政策和征管的冲击和挑战，并试图寻找既不影响电子商务发展，又能体现税收公平和效率的最佳方案。很多基层局在网络交易的税收征管方面进行了有益的尝试。比如，2008 年北京市地税局在调研的基础上出台了虚拟货币交易个人所得税征收细则，要求在网上进行虚拟货币交易的个人，按利润的 20% 或交易全额的 3%，就交易所得申报缴纳个人所得税。山东威海环翠国税局以淘宝网和天猫中注册地为“威海”的网店为研究对象，对辖区内网店登记及纳税情况进行调研，得出网店税款流失面高达 90% 的结论。济南市国税局针对电子商务企业的特点，结合税源专业化管理体系，搭建“电子商务税源专业化管理云平台”，利用云计算技术对国内比较著名的电子商务网站进行数据采集和监控分析，取得了很好的管理效果。随着数据抓取技术的成熟，网络平台上交易数据的获取已经没有技术障碍，所以，类似的调研和管理在浙江、江苏等很多城市都有不同的进展。

当然，我们也应该看到，由于网络交易的注册地流动性强，单纯某一地区加强对网络交易的征管很容易导致网络商家的转移，从而导致当地税款流失，因此，全国各地对网络交易绝大部分处于放水养鱼的状态。这种在政策执行层面的放松管理，也是导致社会上产生电子商务免税误解的原因之一。

税收流失规模需要科学测算

我国网络零售市场发展迅速，2014 年达 2.8 万亿元，已超越美国，成为世界第一电子商务大国，但是，这相当可观的总交易额是由成百上千万大大小小的网店交易额累加而成的。考虑到起征点、小微企业优惠政策等因素，全国网络零售交易税源总盘子到底有多大，不是简单乘个系数就可以测算出来的，它与收入类型及收入额的分布情况关系密切。

关于网络交易的税收流失规模，湖南人大代表王填在2013年两会议案中测算，仅阿里巴巴网络平台经营的商铺2012年漏缴税、费超过350亿元，全国平台型电商漏税超过1 000亿元。而据淘宝内部研究人士透露，淘宝网2012年注册卖家800万左右，网络销售额约1万亿元人民币，80%来自淘宝店大量的个人卖家，8 000亿元个体网商的销售收入，对应测算应纳税额仅为100亿元。前文提到的山东威海环翠国税调研得出的结论是：网店税款流失面高达90%。济南市国税局利用电子商务税源专业化管理云平台对在济南办理税务登记的406户有网络经营的纳税人进行了重点监控和评估，发现228户纳税人存在网店经营收入与实际申报收入不符，申报平均差异率为72.85%。

网络交易税收流失到底有多少？各种报道的结论和数字离真相到底有多远？这需要大量的数据和科学的分析来支撑。然而，目前网络交易税收征管面临的最大问题就是信息不对称，即涉税信息的严重缺失。这种信息缺失导致税务部门对辖区内网络交易实现的税收收入规模、已纳入正常税收管理的税源规模、税源分布情况，以及税收流失规模等缺乏准确的判断。底数不清、情况不明，政策制定部门很难对是否要加强征管、如何分类分级征管、要在哪些层面制定什么样的优惠措施等做出正确的决策。

涉税信息的提供问题，是税收管理的基础，关乎政府部门、有关单位及纳税人的权利和义务。第三方涉税信息由谁提供、提供哪些内容、提供的频率，以及提供的渠道等都需要落到实处。如果税务部门主动伸出橄榄枝，与第三方交易平台沟通合作，借助第三方交易平台掌控交易信息，对税源进行科学测算，不失为一条对电子商务税收管理科学决策的捷径；自力更生，借助爬虫技术等先进的互联网技术，主动进行网上信息的搜集和整理，为我所用，也是一条可行之路。

税务登记要考虑国情和技术

税务登记是将纳税人纳入税收管理的首要环节，是进行税收管理的基础和前提。我国目前实施的《税务登记管理办法》要求企业和个人在办理税务登记时必须提供经营场所证明材料，这似乎可以变相地认为没有经营地址的网店，不具备办理税务登记的条件。互联网上个人经营者由于缺乏登记备案制度的约束，因而游离于税收管理之外。然而，在全民贸易（淘宝、微店、二手交换……）的形势下，是不是大小网商只要有交易都要办理税务登记，或者符合什么条件的该登记备案，通过什么渠道、使用什么方式进行登记管理，这些问题一直是业界热议的焦点。

关于符合什么标准的电商要注册登记，笔者并不赞成把税务登记作为个人注册网络商店的前置条件。原因有二：一是目前无证个体网络经营者的存量不小，仅淘宝网就有600多万户，而税务登记管理工作不仅仅是设立时的注册登记，还包括登记信息变更、停复业、注销、非正常户管理、外出经营报验等，税务登记管理工作量巨大；二是每天都有大量新开业网店诞生，但是网上消费者往往倾向于选择业绩和信用良好的网上店铺购物，新开业网店成交量不大。据业内人士介绍，淘宝新注册网店50%以上会因无法生存而倒闭，或者长期处于无交易状态。如果将税务登记环节作为个人网上销售的前置条件，会使很多个人放弃自主创业的机会，还会大大增加税务机关的征税成本，降低管理工作的有效性。因此，建议税务机关在税务登记工作中，对尚未达到纳税标准的商户（多为低收入者），实行宽松的管理，鼓励其进行税务登记（放宽时限），但不必把税务登记作为注册网络商店的前置条件。对已达到纳税标准的商户，实行严格的管理，要求其进行税务登记（限时）并依法纳税。

同时，把网络交易纳入税收日常管理范围，是加强网络交易的税收征管的基本前提。税务部门要研究制定符合网络交易特征的税务登记办法，对网络交易的税务登记设定基本的门槛，对符合什么标准必须办理税务登记、通过什么渠道办理税务登记、税务登记信息在网络上如何展示等都要有明确的规定，还要利用信息化提供方便快捷的登记途径。

第三方支付机构代扣税款不合适

社会上有一种意见，主张通过第三方电子支付机构对网络交易代扣代缴税款（主要是增值税、营业税），可以尝试在支付宝试点。持这种观点的人不在少数，《中国税务报》上时有持此观点的署名文章。但是我认为，我国目前并不具备通过第三方电子支付机构代扣代缴税款的条件。

首先，我们**要对第三方支付及其发展有一个客观的认识**。支付宝是获得第三方支付牌照的公司，也是目前老百姓最熟知的第三方支付平台，但是截至 2014 年 7 月，人民银行公布的获得第三方支付牌照的公司有 269 家，包括快钱、财付通、银联商务、资和信，等等。在这种情况下，只让支付宝代扣代缴税款，无异于把支付宝的客户赶到竞争对手那里，会直接导致支付宝的市场占有率大幅下滑，公平经营的环境将遭到破坏。更何况，从消费者的角度上来看，随着二维码支付、手机钱包摇手机转账、超声波识别支付、随身刷卡器、条码支付等支付方式的逐步普及，支付宝等第三方支付已经不仅仅用于网络交易，而是作为电子钱包，随时用于线上和线下交易的支付。

其次，**对增值税一般纳税人而言，其应纳增值税为销项税额与进项税额的差额**。必须同时考虑线上交易额（可能涉及多个平台、多个商铺）、线下交易额和进项税额，才能对企业的应纳增值税进行准确核算。电子支付机构一般只掌握某笔业务的销售额，不了解进项税额等信息，因而直接由电商平台或支付平台代扣税款并不可行。另外，从经营者的角度来看，纳税人同时经营实体商店和网络商店，线上线下的互动和交叉越来越多，若对实体商店的收入（收取现金或使用银行卡）采取自核自缴的方式缴税，而网络商店的收入则由电子支付机构代扣代缴税款，容易产生税务会计处理问题，对同一纳税人同一税种在同一纳税期间采用不同的纳税方式，不利于统一的税收管理。

对于所谓的小规模纳税人（其实包括网上交易的小规模纳税人、个体工商户，以及没有办理登记的个人商户），也不能简单地按照某一个税率，一扣了之。网上交易的在线商品五花八门、品种繁多，仅淘宝就达 8 亿多种，是货物销售还是提供劳务，是不是月销售额未超 3 万元而属于免征范围等，第三方支付都无法区分。

因此我认为，用第三方支付平台代扣代缴税款并不是电商税收征管的解决之道。正途还是应该回到原点，即在征纳双方明晰权利和义务的前提下，还责于纳税人，实行属地管理，规定网络交易商店经营者，在经营所在地向税务机关登记、申报，自行审核，自行缴纳税款。

现实征管要抓大放小有所侧重

前面已经论述过，电子商务与传统商务负有同样的纳税义务，这在法律上毋庸置疑。但是现实征管策略要结合我国国情和征管能力，兼顾效率与公平，既不能杀鸡取卵，也不能因噎废食。对于电商征税，管与不管要把握好一个度，不能眉毛胡子一把抓。要抓大放小，区别对待，不搞“一刀切”。

近年来，我国电子商务发展势头强劲，电子认证、电子支付、现代物流等电子商务支撑体系建设逐步完善，“互联网+”领域关键技术取得突破性进展，各行各业的网络化生产经营已成主流，消费者的网络消费习惯已然形成，如果不加管理，任由网络交易的税款流失，不仅对传统交易有失公允，而且政府财政收入将受到很大影响。事实上，与传统商务相比较，对于已注册登记纳入管理的企业，因为有网络交易记录，资金流、信息流、物流信息俱足，税收管理更加容易，税务机关要做的是对现有政策梳理后进行解释补充，外加宣传和服务，辅以稽查管理，提高纳税人的税法遵从度。

按照“抓大放小”的原则，个体网络经营税收绝对不应该成为税务机关关注的重点，不管是从政治角度还是民生角度，抑或是税务部门的执政效率考虑，对于个体商户都不应该管得太严、管得太死，使纳税人承受过高的税负，否则无异于杀鸡取卵。个体网络经营者除非交易规模非常大，否则自行建设网站用于交易，投入成本很高，无法体现电子商务的优越性，因此绝大多数个体网上经营者往往是借助一个网络交易平台进行交易。对于个人商户的税收征管，可以考虑比照传统贸易中的集贸市场进行管理。与传统的集贸市场比，在网络平台上的电子商务交易更具有可追踪性，征税更容易操作。网路平台上的小商家来去自由，税务机关并不需要逐一给他们办理税务登记等，可以考虑在网络平台上设置一个营业额限额，超过限额的直接推送至商家和税务机关，督促其办理企业税务登记，纳入税务机关直接管理。

而对于新形势下日益国际化、集团化、复杂化的大企业，应该是我们关注的重中之重。由于业务的复杂性和我国税收法律法规的繁杂，使得很多大企业并不具备完全税收遵从的能力。因此，税务机关要通过税务审计等管理手段，帮助企业系统分析存在的税收风险，规范线上线下业务的税务处理，引导企业完善税收风险内控机制，加强风险管控，提高税法遵从度。

宣传工作任重道远不容忽视

各地税务机关对电商执法本是税务部门正常工作，但是由于电商征税问题社会关注度很高，影响面很大，加上个别媒体的不实报道，推波助澜，使得问题不断发酵，在社会上引起强烈热议和公众吐槽。其实，这与老百姓对电商征税问题的认知度不高有关系，税务部门关于电商征税方面的宣传工作任重道远。

宣传的目的就是广而告之。征管法规定，“税务机关应该广泛宣传税收法律、行政法规，普及纳税知识，无偿地为纳税人提供纳税咨询服务”。在社会上对电商是否应该征税存争议的情况下，如果税务机关通过12366、基层税务局的税政科室、各大纳税服务厅，以及报纸、电视、互联网等传播媒介，多渠道广泛宣传，明确表态：告知说明网上经营者的纳税义务，具体的政策规定和办理流程（比如登记、申报），如果违反会受到什么惩罚，国家对月销售额未超过3万元的小微企业、个体工商户和其他个人暂免征增值税、营业税等优惠政策……如此的话，还会有那么多受惠于国家优惠政策，根本还不涉及纳税的个人商户纷纷加入吐槽大军吗？还会有那么多已经形成一定规模的电商抱着法不责众的侥幸心理，对照章纳税持观望态度吗？试想，如果我们的宣传到位了，服务很专业，那么被查到有问题的纳税人属于知法犯法，他还会对处罚有那么大的抵触情绪吗？毕竟，真正对电商税收问题研究得很透彻的人并不多，连很多学界人士都被美国的《互联网免税法案》忽悠了，更何况普通老百姓。

所以，强烈建议国家税务总局尽快就电子商务纳税的相关政策发布一个统一的公告，并通过各种渠道各种形式加大宣传力度，促使纳税人知法守法，营造和谐的征纳环境。

“拔鹅毛”需环环相扣渐次发力

英国经济学家哥尔柏说过一句很有名的话：“税收这种技术，就是拔最多的鹅毛，听最少的鹅叫。”电商征税问题虽然不算高深，但是如果“拔鹅毛”的技术不高，会听到最多的鹅叫甚至是惨叫，却薅不下来几根鹅毛……

基于对私产的保护，在税法解释方面，世界各国越来越倾向于有利于纳税人的解释，中国对私有财产的保护也已被写入宪法。遵循“有利于纳税人”的价值取向，“有疑则不课税”是对电子商务进行征税判定的标准，即如果税收政策不明确，可做多种解释的情况下，税务机关是不应该对纳税人征税的，这是税法的基本精神。因此，电子商务中哪些要征，哪些不征，到底怎样征等，都要清晰明确。

笔者认为，要做好电商税收征管，需要调研、决策、宣传、服务+管理、查处五个环节环环相扣，渐次发力。调研和决策两个环节是密不可分的，税务部门要加快研究步伐，努力研究电商的新模式、新特征，以及产生的新问题，抓住事物的本质，寻找解决问题的关键链，在充分调研的基础上，对现行政策进行梳理、补充、修改、完善，包括政策层面的和征管层面的。一旦决策，要尽快以法律法规或者规章的形式公布于众，使征纳双方“有法可依”。宣传环节要解决的是“有法必依”的问题，知法是守法的前提，税务部门需要多渠道多角度广泛宣传，使纳税人确知自己的权利、义务，等等。“服务+管理”环节要体现“文明执法”，在服务方面税务部门要借助税收信息化支撑，为纳税人提供畅通的渠道、明确的指引和便捷的服务，降低纳税成本，方便纳税人高效纳税。在管理方面，要提供一定的过渡期，在宣传还不到位、大众纳税意识远未跟上的初期，发现漏征漏管要以教育为主，指导纳税人及时纠偏，补缴税款和滞纳金即可。查处环节体现“违法必究”，当电子商务纳税的义务和方法途径已经深入民心的时候，再发现漏征漏管，属于明知故犯，应在补缴税款和滞纳金的基础上，给予重罚，起到惩戒和震慑作用。这个环节要抓大放小，有所侧重；要考虑征管技术问题，用现代化手段捕捉企业的网络交易信息，人机结合，对知法违法的企业进行严厉查处。

总之，有道无术，术尚可求；有术无道，止于术也。善法是良治的前提和基础，电商征税问题关乎千家万户，税务部门决策时稍有不周，就会对经济社会造成很大的影响。决策层要跳出税收看税收，尊重现实，着眼未来，既要考虑征纳成本、效率优先，也要考虑社会公平，要善巧地运用电子商务的特点和税收信息化的手段，用最低的成本征得最合适的税，并对经济生活产生最小的影响。

02

国际域名注册纳税性质判定研究

作者按：这个问题的研究源于2014年的一个真实案例。鉴于笔者近日以“域名注册”为关键词检索12366法规库，仍然只查到北京市国税局货物与劳务税处下发的《关于营改增试点部分政策与管理问题的指导意见》（六）中第10条的一个问题描述：提供互联网域名注册的服务是否属于营改增范围？答：应按照文化创意服务–商标著作权转让服务缴纳增值税。然而笔者的研究结论认为，将提供互联网域名注册服务视同商标著作权转让服务显然有失偏颇，故将研究情况拿来与读者分享。

案件情况简介及征纳意见分歧

案件来源

2014年7月，北京市外管局转来海淀辖区内某科技有限公司2012年8月—2014年5月的对境外支付记录，其中2012年8月—2013年8月对外支付134笔，合计373万美元，平均每笔支付款项在2.8万美元左右，但是单笔没有一笔超过3万美元；2013年9月—2014年5月对外支付98笔，合计479万美元，平均每笔支付4.9万美元，但是单笔没有一笔超过5万美元。

根据《国家税务总局 国家外汇管理局关于服务贸易等项目对外支付税务备案有关问题的公告》（国家税务总局 国家外汇管理局公告2013年第

40 号）规定，“境内机构和个人向境外单笔支付等值 5 万美元以上（不含等值 5 万美元）外汇资金，除公告第三条规定的情形外，均应向所在地主管国税机关进行税务备案”。第三条规定的例外条款是指境外机构和个人从境内获得的融资租赁租金、不动产转让收入、股权转让所得，以及外国投资者其他合法所得。简而言之，除了例外条款，企业对境外支付只要单笔金额超过了 5 万美元（2013 年 9 月之前的规定是超过了 3 万美元），必须先到税务局备案，进行纳税判定，缴纳相关税款后才能支付。该科技有限公司频繁对外支付款项，且每笔支付金额都控制在备案标准之下，因此有理由怀疑该企业蓄意分割对外支付款，逃避税收监管。

情况调查

接到转来的支付记录后，办案人员首先在税务信息化系统中查询该企业对外支付的税收申报记录。2011 年至 2014 年 7 月近三年半期间，该企业只有一笔对外支付特许权使用费代扣代缴了外方预提企业所得税，除此之外没有其他与对外支付相关的申报缴纳记录，这更加重了办案人员对该企业蓄意分割对外支付款、逃避税收监管的怀疑。

为了摸清情况，办案人员来到该企业进行了实地约谈和调查。原来，这家公司的主要业务是提供网络技术服务，对外支付款项是作为域名注册代理商向国外域名注册局支付的域名服务费。由于国外域名注册局按照每接受该公司代理的一笔域名注册申请就扣除一笔费用的方式结算收费，为了方便，这家公司在国外域名注册局账户中预储了一笔周转金，每申请一个域名注册就从周转金中扣除相应的费用，周转金不多的时候由国内付汇补充，基本上每周的申请域名注册次数在 3 200 笔左右，注册费用接近 3 万美元，所以每月都会多次向国外域名注册局补充付汇。

税务方意见

为了能对域名注册费的性质做出准确判定，办案人员在 12366 法规库中以“域名注册”为关键词做了全库检索，只找到了 1 条相关信息，即：北京市国税局货物与劳务税处下发的《关于营改增试点部分政策与管理问题的指导意见》（六）中第10条：提供互联网域名注册的服务是否属于营改增范围？答：应按照文化创意服务–商标著作权转让服务缴纳增值税。虽然这一问答并没有涉及所得税，但是如果域名注册比照商标著作权转让服务来定性缴纳增值税的话，在对外支付环节就应该按照特许权使用费扣缴外方10%的预提企业所得税。况且按照惯常思维，域名有点类似商标，似乎属于企业的无形资产，而企业如此频繁卡着限额对外支付，的确存在蓄意拆分支付、规避税务备案、逃避代扣代缴义务的嫌疑。

企业方观点

企业承认，主观上的确有通过控制每笔支付额度，避开税务备案的想法，这种支付法主要目的是避免备案的麻烦，并非人为拆分合同，不违背相关法律规定。对于要求代扣外方预提企业所得税的说法，企业不认同，他们认为，对外支付的域名注册费是对境外提供的域名注册服务支付的费用，是一种境外服务，与特许权无关，按照现行税法规定，只需要代扣代缴增值税，不应该扣缴企业所得税，同行业的其他企业也从未听说过就对外支付的域名注册费代扣外方企业所得税的。

另外，国内域名注册行业整体缺乏议价能力，境外提供域名注册服务方不可能承担这笔税款，真要征收，只能由中方企业负担。当年为代扣外方5%营业税的事情与境外注册局做过多次沟通，对方坚持认为，境外注册局提供的国际域名的根服务器解析等服务发生在注册地国家，并已经在其注册地国家缴纳了相应的税款，不应在中国重复缴纳，他们也不会考虑承担并支付该笔税赋。域名行业属于利薄行业，中国境内企业已经按照国家税务机关的要求正常缴纳流转税、所得税等，再要承担外方的税，公司将不得不提高域名注册价格，价格在国际市场上处于劣势，客户就会直接通过互联网选择国外域名注册商，国内整个行业都将面临毁灭性打击，危害国家信息安全。

在征纳双方意见出现严重分歧的情况下，办案人员请示上级机关之后，本着实事求是的原则，对国际域名注册的性质展开调研，着重判断域名注册是否属于特许权，以便对域名注册业务准确定性。

域名注册的相关概念及业务处理

域名是互联网络上识别和定位计算机的层次结构式的字符标识，与该计算机的互联网协议（IP）地址相对应[1]。截止到2014年6月底，流行的顶级域名（.com/.net/.org/.biz/.info）全球总计约1.36亿个，其中，美国有8 082万个，中国834万个，德国647万个，英国470万个，加拿大346万个[2]。我国是仅次于美国的第二大国际顶级域名注册和使用国家，截止到2014年6月底，我国域名总数为1 915万个，“.cn”域名总计约有1 057万个，占中国域名的55.6%[3]。

域名注册的相关概念

要搞明白域名注册的业务性质，必须先了解与域名注册相关的部门或概念。

注册申请人：域名的申请者和注册成功之后域名的所有者和使用者。注册申请人可以是企业，也可以是个人，不同级次、不同的域名域，对申请人的要求不同。

注册局（注册管理机构）：是指承担如“.com/.cn/.net”等顶级域名（TLD：Top-Level Domain）系统的运维和管理工作的机构，注册局一般不直接接受用户的注册申请。起初各国家的注册局一般是官方机构，比如“.cn”域名的注册局是CNNIC（中国互联网络信息中心），归属中央网络安全和信息化领导小组办公室管理；“.com/.net”等国际通用顶级域名起初注册局是隶属美国商务部的ICANN（全球互联网名称与数字地址分配组织），现在慢慢转移到由第三方非政府组织负责管理。比如，美国政府已经放弃域名管理权，由第三方非政府组织Verisign（美国威瑞信公司）对“.com/.net”及其他顶级域名进行管理；位于伦敦的TM域名注册有限公

[1] 《中国互联网络域名管理办法》，中华人民共和国信息产业部令第30号，2004年11月5日。

[2] 调查过程中新网互联提供：第三方域名信息网站 www.webhosting.info 统计。

[3] CNNIC发布的《第34次中国互联网发展状况统计报告》。

司是负责“. tm”域名的注册局。

注册服务商（代理商）：是指受理域名注册申请，直接完成域名在国内顶级域名数据库中注册、直接或间接完成域名在国外顶级域名数据库中注册的机构。注册服务商一般会和一个或多个注册局签署代理协议，进行域名的代理注册及技术支持和服务。北京万网志成科技有限公司、北京新网数码科技有限公司、三五互联科技有限公司等都是国内比较知名且域名注册数量比较大的注册服务商。国际知名的注册服务商有马来西亚的webnic公司、美国godaddy公司等。

用户（域名使用者）：网络上想要通过域名找到对应网址的所有用户，可能是网路上的任何一个使用者。

域名注册的业务处理过程

域名注册服务主要分为域名注册和域名解析两方面，二者缺一不可。其中，域名注册主要指域名的申请，遵循先到先得的原则；域名解析是在客户完成域名注册之后，将域名指向到其网站服务器所在的IP地址而进行的地址转换服务，该服务需要由注册局和域名服务商共同完成。

国内的申请人如需要注册“. com/. net/. org”等国际通用顶级域名，需要通过Verisign公司授权的域名注册代理商进行申请注册；而国外的客户如果需要注册类似“. cn/”的中国域名，也需要通过CNNIC授权的域名注册代理商进行申请注册。申请人一般通过域名注册服务商的网站在线自助完成注册过程。按照先到先得的规则，域名申请过程中将验证待注册域名是否已被使用（如同进行163邮箱注册一样），如该域名已被注册，必须更换域名，否则无法提交申请。注册服务商收到注册申请并确认申请人付费后，根据申请的域名类型，提交相应的注册局进行注册（比如. cn提交至CNNIC、. com提交到Verisign），完成相关的域名技术支持、解析服务后，用户可以通过输入域名正常访问对应网站。域名注册成功后，申请人拥有该域名的所有权和使用权，并可以将域名作为商品转售。

注册局、注册服务商提供的域名服务是保障域名正常访问不可缺少的支撑。注册服务商负责提供域名使用中的DNS解析服务，以及技术支持、信息更新、注册商转移、过户等服务；注册局与注册服务商共同承担域名正常使用的服务责任，如果解析服务器被攻击，会导致相关域名不能正常访问，为此，Verisign 公司在全球部署了 11 组服务器提供“. com/. net”域名的根解析服务，CNNIC 在中国也部署了十多组服务器来提供“. cn”域名的根解析服务。

域名注册的费用及缴纳

无论何种域名，都是以年为单位来计算有效期和服务期，并缴纳相应费用。按照注册服务商和注册局签署的协议，各类型域名的收费标准并不统一，举例来讲：CNNIC 对于每一个“. cn”域名，每年收取人民币 30 元的产品服务费。Verisign 公司对于每一个“. com”域名，每年收取 7. 85 美元的产品服务费。TM 注册局对于每一个“. tm”域名，每 10 年收取 400 美元的产品服务费。

一般情况下，注册服务商需要在注册局账户预存一定数额的资金，比如某注册服务商在 Verisgin 预存 2 万美元，Verisign 会将 2 万美元体现在技术接口中的虚拟账号上，每发生一次域名注册，Verisign 根据域名的类型和注册年限，实时扣除相应的费用。当账户余额不足时，注册服务商就应该及时汇款到 Verisign 公司以便域名注册业务的正常开展。

互联网服务是 24 小时实时在线的，非工作时间也可以进行域名注册申请。申请人申请域名时，各注册服务商根据域名类型，会按照不同标准收取费用，比如“. com”，注册服务商收取 50 元/年的产品服务费。注册服务商收到用户付款后，通过和注册局的接口完成域名的注册，注册局扣除注册服务商的预付款。由于单户域名服务金额非常小，注册服务商往往会将用户付费累积到一定的金额时，统一汇总购汇和付款。

业界的分类标准及管理规定

工业和信息化部编制的《电信网码号和互联网域名、IP 地址资源“十二五”规划》中如此描述：“电信网码号和互联网域名、协议（IP）地址资源是由数字、符号组成的用于标识网络设备位置、实现网络寻址功能的数字编码和字符标识，是电信资源的重要组成部分，是电信网、互联网等国家公共基础网络建设、业务和市场发展的基础……加强电信网码号和互联网域名、IP 地址资源统筹部署，对于提升通信网络能力，保障我国通信业务和服务的科学发展，满足广大电信用户和互联网用户日益增长的信息服务需求，更好地服务于经济社会发展具有重要的意义。”《通信业“十二五”发展规划》在第五项中明确将互联网域名列为等同于电信网码号和 IP 地址的电信基础资源进行管理。可见工业和信息化部作为互联网域名的主管政府部门，已将互联网域名纳入到国家公共基础网络建设的内容中。

在《电信业务分类目录》（2013 版）中，明确将域名解析服务业务列入 B26-1 中。大类 B26（编码和规程转换）是指为用户提供电信网与互联网之间及互联网上，通过电话号码、互联网域名资源、互联网业务 ID 号之间的用户身份转换和接入服务，编码和规程转换在此特指互联网域名解析服务业务。小类 B26-1（互联网域名解析服务业务）是指在互联网上通过架设域名解析服务器和相应软件，实现互联网域名和 IP 地址的对应关系转换的服务。

域名注册及解析服务受通信管理局管理，因此，域名注册代理商必须取得通信管理局颁发的 ISP 证（增值电信业务经营许可证）和 ICP 证（电信与信息服务业经营许可证）。

国家外汇管理局发布的《〈非贸易售付汇及境内居民个人外汇收支管理操作规程〉（试行）的通知》（汇发〔2002〕29 号）中将对外支付的“域名注册费”分类至服务售付汇管理中的“计算机和信息服务”大类中；而与此同时，“包含专利、专有技术许可或转让的商标转让”等特许权使用类都被分类至“无形资产售付汇”。因此可以印证，域名注册费在相关法律法规中是区别于“特许权使用费”的一种“计算机和信息服务”。虽然由于外汇管理方法的变化，目前该文件已经废止，但其中对各业务的性质判定，仍有参考价值。

从以上管理角度来看，域名注册在业内更多地被定义为电信服务，而非特许权使用。

关于是否为特许权的判断

是否为特许权的判断依据

根据《国家税务总局关于执行税收协定特许权使用费条款有关问题的通知》（国税函〔2009〕507 号），税收协定所说的特许权使用费是指一国居民允许自己的财产，主要指无形财产（我国对外签订协定中也包括有形财产的情况），如专利、专有技术、商标、版权、设计、方案（或机器设备）等给缔约国对方使用而收取的使用费。售后服务、卖方保证给买方提供的服务、单纯的技术服务或工程师、律师或会计师提供的咨询等服务取得的报酬，不属于特许权使用费范畴，应按税收协定的营业利润条款或个人劳务所得条款征税。同时，507 号文中明示："在服务合同中，如果服务提供方提供服务过程中使用了某些专门知识和技术，但并不转让或许可这些技术，则此类服务不属于特许权使用费范围。"

域名注册的业务特征

☞ 域名注册遵循公共资源管理的管理方式和先到先得的原则，这种属性与注册电话或电子邮箱类似，都是对公共资源的占用，都属于电信服务。

☞ 域名是注册者自己创作而非域名服务商提供或分配的，申请方自己定义域名，只要不重复，不违规即可。

☞ 注册费用按年计算，且无差别；不管什么域名，注册服务费标准统一，不因为注册名称和地域的不同而有差别。

☞ 域名注册提供方要提供相应的服务，才能确保注册域名的正常使用。在域名使用的整个过程中，都需要域名服务商和注册局提供持续不间断的服务才能实现。而不像特许权，一旦授予之后，获得授权的企业无须任何技术服务支持。

☞ 域名及域名注册并非永久存续的，它只是互联网发展过程中某个阶段的一种技术手段，可能随着科技的发展，未来的某一天会被另一种手段所代替。

从上述业务特征来看，域名注册过程应该不属于特许权的授予，而更倾向于是提供一种劳务。

对域名注册税收性质判定的建议

按照507号文中相关条款的描述，结合域名产品特性和域名注册的服务流程的调研，以及业界管理的相关规定，我们认为，域名注册业务应按照提供电信基础服务进行业务性质判定，外国域名注册局收取的域名注册费，属于提供计算机和信息服务所得，应界定为提供劳务，不应将域名注册业务归到“特许权使用费”范畴。

按照增值税的规定，劳务提供方和接受方只要有一方在境内，就属于我国增值税的管辖范围，本案例讨论的域名注册劳务接受方在境内，所以中方企业需要在支付环节代扣外方6%的增值税，中方代缴的增值税，在自身企业增值税核算过程中可以作为进项抵扣。

按照国家税务总局第19号令的规定，我国对非居民企业提供劳务的企业所得税管辖权范围是劳务提供方在境内，因此，外国域名注册局收取的域名注册费属于提供境外劳务所得，中方企业无须代扣代缴预提企业所得税。

发生混淆的可能原因分析

出现这种混淆并非偶然，由于有的公司注册域名之后，在网络之外以各种方式对域名标识大力宣传，导致域名在商业市场中除了发挥“网址标识”的基础作用之外，还越来越多地发挥商家形象标识的作用，域名商标化的趋势越来越明显。事实上，域名注册不同于域名授权或转让。举例而言，京东要申请域名注册，向Verisign Inc. 支付的域名注册费是为了获得“JD”的网络分配和服务，其得到的是电信服务，与特许权无关。但京东通过自身企业运营和增值，赋予了“JD”更多的意义和价值，尤其是内涵了某些类似商誉的无形资产价值，这时候如果京东授权另一家企业A使用其注册的域名 www. jd. com，京东收取的域名使用费，应该归属于特许权使用费。而企业 A 在使用域名“JD”时，同时支付两项费用，一是支付给京东的特许权使用费；二是支付给域名服务商的域名服务费。

由此可见，域名注册不属于特许权转让，但是域名授权和转让则要考虑特许权使用费的问题。

案件处理及借鉴

域名注册属于互联网环境下的新兴行业，为慎重起见，办案人员横向对万网、新网、新网互联、三五互联、西部数码等典型域名注册代理商的税收执行情况进行了初步了解，发现税法适用五花八门，极其混乱。营改增前，有的按照代理业，就域名注册代理商收到的注册费减去交给国外域名注册局注册费的差额征收 5% 的营业税；有的按照电信服务业，就域名注册代理商收取的全部注册款征收 3% 的营业税；有的按照技术服务业，就域名注册代理商收取的全部注册款征收 5% 的营业税。营改增之后，大部分地方按照域名注册代理商收取的全部注册款征收技术服务类 6% 的增值税。被调查企业中，没有 1 户就对境外域名注册局支付的域名注册服务费代扣过外方的预提所得税。行业问题，如果政策执行不一致，只是对某一区域的企业征税的话，会严重干扰微观经济运行，大大降低企业的市场竞争力，减少企业市场占有比例。

依据前述调研情况，办案人员形成调研报告，报送市局国际处。报告认为，北京市国税局货物与劳务税处在《关于营改增试点部分政策与管理问题的指导意见》（六）中对提供互联网域名注册的服务应按照文化创意服务–商标著作权转让服务缴纳增值税的规定，虽然从纳税人增值税负担上来看税负率相同，但是将域名注册与商标著作权转让相类比，显然与业务实质不符，建议将对外支付的域名注册费按照提供计算机和信息服务进行纳税判定。该建议获得了市局国际处的认可和支持，最终按照外方提供境外劳务，不需要代扣预提企业所得税结案。

由于目标企业 7 月份没有付汇，导致业务量呈缩减趋势，其他同为域名注册代理商，由于并未要求代扣企业所得税，万网 8 月份域名注册量净增13 761个，西部数码 8 月上旬净增5 425个，爱名网 8 月上旬净增2 862个[1]。

这一案例再一次证明，电子商务的出现和发展，会给税收征管带来各种各样的新情况、新问题，作为执法机关，在执法时遇到新的行业性问题，在没有统一的法律法规规范时，一定要认真研究，按照实质重于形式的原则进行性质判定，尽量减少对企业正常运营的干扰。

[1] 数据信息来自 IDC 评书网 www. idcps. com。

03
关于“税立方”综合信息管理系统设计及运行情况的调研报告

大企业税收专业化管理作为税收征管改革的重点和突破口，在税收征管中的地位和作用已日益凸现。从北京国税2014年的统计数据来看，占全市户数不到0.2%的2 074户列名企业，税收贡献率高达71%，税收集中度极高。可见，大企业税收管理质量好坏直接影响北京国税的税收收入和税源管理水平。

为了提高大企业税源管理与服务水平，加强税源监控，更好发挥信息管税的优势，北京国税自2014年10月起在开发区国税局试运行“税立方”综合信息管理系统（以下简称“税立方”），以加强对大企业涉税动态信息的监控，提高大企业税源管理的专业化、精细化水平。

为什么要开发“税立方”综合信息管理系统

近年来，北京国税在大企业税收管理上，尽管做了很多尝试，也取得了一定成效，但仍有一些难题没有破解，影响了大企业管理质效的提升。主要体现在两个方面：

涉税数据分散化、碎片化，无法有效利用

大企业事务和服务职责分散在税源管理、办税服务厅、税政、征管、国际、稽查等多个部门，各部门往往只了解与本部门相关的涉税信息，相

互之间的信息沟通渠道不畅，形成一个个小的信息孤岛；总局、市局、分局、科室、管理员，不同层级的税务人员在与大企业对应层级沟通交流过程中获取的信息各有侧重，这些信息在多层级间无法有效传递，导致信息不对称；驻场调研等个性化管理成果无法有效继承和使用。总之，各种散乱的信息难以形成合力，无法在大企业税收管理过程中发挥作用。

税收管理员势单力薄，难担重任

受层级限制，管理员多与企业基层办税人员打交道，对大企业财务状况、发展规划、经营特征等缺乏实时、全面的了解，日常统计分析工作收集整理信息费时费力，质量低下；风险管理目标指向不明确，难以发现大企业存在的税收隐患；对大企业的监控管理无从下手；个性化服务流于形式难有实效。

为了破解上述管理难题，发挥数据的聚合优势，北京国税研究开发了“税立方”，通过搭建一个专用信息系统平台，实现对每户大企业的全方位信息收集、整理、统计，以及个性化分析预警功能，探索大企业专业化、精细化管理新途径。

“税立方”综合信息管理系统简介

“税立方”的运行模式

“税立方”系统分横向、纵向两条线，纵向设置管理员及业务部门干部、科级领导、局级领导三个层级，横向按模块划分为六层信息，分别为静态信息、动态信息、驻场调研信息、部门交流信息、重大决策和交易信息、风险指标预警，形成纵横交叉的网格状信息库，为大企业税收管理工作提供技术支撑。

为保证“税立方”系统平稳及规范运行，北京国税编写了《大企业综合信息管理“税立方”系统实施方案》和《大企业综合信息管理“税立方”系统岗位职责（试行）》；为了“税立方”系统操作人员使用该系统时更加便捷，北京国税采取图文并茂的形式，制定了《大企业综合信息管理“税立方”系统使用说明》。

通过建立“税立方”系统，将信息采集多层次、多渠道的特点变劣势为优势，在采集大企业固定征管档案信息、加强动态信息的采集和监控、充分挖掘第三方信息的基础上，按照大企业税收风险分析、识别、应对等程序架构，形成上下互动、运行顺畅的税收遵从风险控管流程体系，推动税收风险管理常态化。

主要模块功能介绍

“税立方”综合信息管理系统的六大功能模块各有其特点。

“静态信息”和**“动态信息”**两个模块采集的数据源自 CTAIS 和其他已有的各个涉税信息系统。采集的信息包括企业基本信息、税务登记信息、变更登记信息等静态信息，以及各类资格认定、发票核定及使用、税收优惠信息、各税申报信息、出口退税信息、财务报表信息、违章处罚信息、稽查信息、对外支付信息、海关信息等动态信息。通过这两个模块，系统每天自动将分散在不同信息系统中的与该大企业相关的数据和信息进行抽取、清洗、更新和储存，确保数据和信息的新鲜度。“动态信息”模块中还增加了“税款缴纳同比分析”功能，支持对大企业各个税种缴税信息的一键式比对分析。

“驻场调研信息”模块采集的信息来源于驻场调研报告，是对驻场调研成果的继承和发展。驻场调研是北京国税推广的“驻场式”大企业税源管理新模式，即派驻管理人员到大企业中去，广泛采集纳税人经营各环节的信息，以“解剖麻雀”的方法，帮助大企业分析查找各环节的税收风险点，分析税收征管的薄弱点，并给出建议。通过事前管理和事中监督，提前发现和预防企业的税务风险，达到治未病的效果。每户大企业的驻场调研结束都会形成一份详细的非常有价值的调研报告，其内容会被拆分成 3 大类 10 个小项，通过“驻场调研信息”模块采集进信息系统。由于驻场调研报告包含了该企业很多重要信息，可能涉及企业的某些商业机密，因此系统对此模块设定了严格的阅读权限，以保障企业信息安全。

“部门交流信息”模块采集的信息来源于办税服务厅、税政、征管、国际、稽查等各个与大企业管理相关的业务部门。既包含业务部门自身处理的与大企业相关的涉税信息，如审批备案信息、同期资料信息、反避税信息、稽查查补信息等，也包括各业务部门与地税、工商、海关等各职能局业务合作与交流中获取的纳税人第三方信息，还包括部门领导在与企业管理层沟通中获取的纳税人信息。不管是业务环节产生的直接涉税信息、与企业生产经营相关的非财务信息，还是从各种媒体中获取的其他信息，只要业务部门认为对该户大企业管理有价值，就可以通过此模块采集进来。

“重大决策和交易信息”模块采集的信息来源于局领导等高层管理者。主要是局领导在与企业高管、政府机构交流中获得的该企业的重组信息、股权变动、政府补贴、投资决策、发展规划等与企业经营管理、未来发展息息相关的信息。局领导采集录入信息的同时，依据对所收集信息税收影响度的判断和自己的关切程度可直接设置黄、橙、红三色预警。管理员据此采取不同的响应措施：对黄色预警只需了解关注，对橙色预警进行简单调查，红色预警则是领导比较关切的、需要进一步了解情况的信息，管理员必须入户调研并出具正式调研报告上传至本模块供局领导审阅。此模块轻松打通了领导层与执行层的信息渠道，方便了企业重大决策信息的利用和反馈。

“风险指标预警”模块是对整合后信息的综合利用，体现了人机结合、优化管理的特点，在信息系统自动分析的辅助下，将管理员的经验发挥到极致。该模块中的风险指标选择及预警值设定完全属于个性化定制，由管理员根据企业所处行业情况，参考上一个纳税年度企业的生产经营状况设定，还可以根据企业实际经营情况变化随时优化调整。当运行某企业的指标预警模块时，系统自动对偏离正常值的指标做出标识，并按指标重要程度和偏离的程度显示黄、橙、红三色预警，提醒管理员该企业存在哪些税收风险点需要关注或者调查，其中红色预警风险指数最高，需要管理员调研后分类应对和反馈。

项目进展情况及取得的成效

项目进展情况

2013 年 10 月“税立方”综合信息管理系统正式立项；在拟定实施方案，并与开发商进行多轮磋商，修改、完善后，2013 年 12 月启动开发；2014 年 6 月底整体功能基本实现；经过 3 个月的试运行，对部分模块和功能优化后，2014 年 10 月正式在开发区分局投入使用。经过持续优化，目前系统运行稳定，在大企业管理中发挥着强有力的支撑作用。

2014 年年底，北京国税将“税立方”综合信息管理系统运行情况上报国家税务总局，张志勇副局长在报告上批示：“‘一户式’动态监控大企业信息，是风险管理的大胆探索，望认真总结，不断完善”。在总局大企业司的直接指导下，北京国税对现有系统进行了优化完善，并制定了详细的全市推广方案：在市局层面搭建统一的“税立方”系统数据库，支撑全市专用软件的运转；对原有软件系统进行适应性升级改造，扩大适用范围；组织全市相关人员进行软件应用培训，尤其是加强对管理员的培训；2016 年年底之前完成全市的推广工作，实现全市大企业涉税信息的集中化管理，推动北京市大企业管理工作再上新台阶。

项目取得的成效

“税立方”对现有的散落在各信息系统和相关部门的涉税信息资源进行了全面梳理和整合，建立了规范、统一、完整的大企业税收管理“信息库”，实现了分散的信息集中化，枯燥的信息生动化，抽象的信息立体化。税务机关以此为支撑，人机结合，动态监控企业的涉税信息，及时了解企业涉税风险点及风险严重程度，把握税收管理工作的主动权，更好地发挥信息管税的优势，强化税源监控能力，提高大企业税源管理的专业化、精细化水平。

“税立方”上线运行以来，深受各级领导和大企业税收管理员们的欢迎。

从**局领导的角度**看，以前要想了解某个大企业的状况，往往通过下级的层层汇报，局领导关于大企业管理的信息、要求和决策也需要层层布置层层反馈，信息的全面性、及时性和反馈的时效性很难保证。现在有了“税立方”，局领导可以随时方便地查阅该企业的最新信息，有什么疑问或者需要什么有用信息都可以通过“重大决策和交易信息”模块提问或录入，大企业的税收管理员会及时对领导的疑问或关切做出反馈。

从**管理员的角度上**看，以往要花大量时间到各个系统查数进行比较分析的日常工作任务，现在有了模块中内嵌的一键式统计分析比对功能，既高效又准确；专业化一对一的风险指标预警，使得管理员“功力”倍增。凭借大企业管理员的丰富经验，有了“税立方”的支撑，即便是面对一个完全陌生的大企业，足不出户，也可以通过案头分析全面了解企业的登记、申报、管理、经营、财税、发展规划等各方面的信息，做到心中有数；通过预警分析，直接发现企业在各个经营环节中可能存在的风险和问题，有针对性地给予辅导和服务，工作质效显著提高。

系统上线以来，共提示黄、橙、红三色预警315户次，针对不同预警，管理员分别采取纳税辅导、风险提示、纳税提醒、入户调查等方式，为大企业提出意见和建议，提供针对性的管理和服务。数据支撑到位，风险指向明确，税务部门真正有能力帮助大企业建立起规范有效的税收风险管理防控体系，提升涉税风险的防控能力，降低税收风险，提高税收遵从度。可见，大企业也是“税立方”的间接受益者。

存在的主要问题及对策建议

“税立方”是在聚合数据模型基础上搭建的“一户式”大企业涉税信息采集和应用平台，是多主体参与、多要素互动的过程中技术进步和应用创新的有机结合，是互联网环境下加强大企业税收管理的支撑工具。

对于人机结合才能发挥最大功效的“税立方”来说，目前各项功能模块开发基本到位，对大企业税收管理和服务支撑的力度和效果主要取决于以下几个与人相关的因素，而我们需要改进和完善的也恰恰是这几个方面：

“静态信息”和“动态信息”两个模块采集的数据要完整、准确、及时

这两个模块是依托CTAIS等全国或者全市集中的税收征管系统，通过后台的程序控制，每天自动从各大系统中抽取相关的数据和信息，进行清洗、更新、储存，建立起规范、统一的大企业税收管理基础信息库。这两个模块采集的信息是否完整、准确、及时，将直接影响“动态信息”模块中的“税款缴纳同比分析”功能和“风险指标预警”模块的运行质量。

目前存在的问题是，国家税务总局各个业务司局经常会有表证单书的修改和变更，对应的CTAIS和其他税收征管系统中源数据存放位置和格式可能发生变化，如果“税立方”数据抽取的程序不随着这种变化及时更新升级的话，就容易产生抽取不到数据或者抽取到错误数据的可能，导致数据比对失真，风险指向错误，严重影响运行效果。目前，这种对源数据变更的关注比较滞后，往往是在数据处理过程中发现问题了才在倒推找原因的过程中发现源头信息的变更。

应对的措施是重视“税立方”的运维工作，主动与税务总局和市局负责业务需求管理的部门建立业务联系，及时获取全国或全市通用的税收管理系统中表证单书的变化信息，并及时通知开发商对系统进行更新维护，确保抽取数据的准确性和完整性。

“驻场调研信息”、“部门交流信息”、“重大决策和交易信息”三大模块采集信息要多维、立体、翔实、相关度高

“税立方”的一大特色就是突破了横向交流和纵向交流的界限，创建了信息交互的平台。税源管理科、办税服务厅、税政科、国际科、征管科等多个部门和局领导采集进来的信息越丰富，相关度越高，对管理员的支持力度就越大。如果采集的信息足够丰富，管理员即便面对一个完全陌生的大企业，足不出户，也可以通过案头分析全面了解企业的登记、申报、管理、经营、财税、发展规划等各方面的信息，做到心中有数；通过预警分析，直接发现企业在各个经营环节中可能存在的风险和问题，有针对性地给予辅导和服务。

目前存在的问题是，各个相关业务部门采集进“税立方”的信息的数量和质量，不足以满足大企业精细化、专业化的税收管理要求。

一方面，可能因为采集和录入信息对业务部门自身只是增加了工作量，没有什么实际帮助，所以对采集信息的重视度不够；另一方面，系统要求各部门不管是业务环节产生的直接涉税信息、与企业生产经营相关的非财务信息，还是从各种媒体中获取的其他信息，只要业务部门认为对该户大企业管理有价值，都可以通过此模块采集进来。如果业务部门对哪些信息有价值、哪些价值不大缺乏经验判断，也可能导致对于非常有价值的信息视而不见。

解决的措施：一是要想方设法调动各相关部门的积极性，让他们主观上有积极采集和录入信息的愿望。比如建立奖励机制，年终评出对大企业管理最有帮助的信息，给予表扬奖励。二是经常组织一些小范围的交流培训，引导大家学会判断和发现有价值的信息。三是思考整个信息平台除了从各业务部门获取信息之外，是否也可以给这些部门一些支持和反馈，让大家都能从这个平台上受益，增强各部门的自觉性和能动性。

还可以考虑拓宽采集渠道，直接建立与审计、工商、海关等相关管理部门的第三方信息沟通制度与交流渠道，及时掌握大企业经营管理、股权变动、投资决策、政府补贴等涉税信息，从而全面掌握大企业的发展规划和经营全况，系统分析内外部涉税信息，加强跟踪管理，防范风险的产生。

管理员的综合素质依然是大企业税收管理质效的决定因素

“税立方”的设计目标就是把管理员从低效率的收集整理信息等工作中解放出来，以管理员的丰富经验结合系统的智能化信息支撑，真正为大企业提供专业化服务和管理。尤其是“风险指标预警”模块最能体现人机结合、优化管理的特点，在信息系统自动分析的辅助下，将管理员的经验发挥到极致。

目前存在的问题是，大企业管理员换岗频繁，缺乏大企业管理的经验积累，综合素质仍有进一步提升的空间。“风险指标预警”模块中的风险指标选择及预警值设定，完全属于个性化定制，由管理员根据企业所处行业情况、参考上一个纳税年度企业的生产经营状况设定，还可以根据企业实际经营情况变化随时优化调整。如果管理员经验不足，所设置的预警指标和预警值的有效性就会大打折扣，对运行指标预警模块显示的黄、橙、红三色预警也会缺乏信息敏感度，最终体现为对大企业税收服务和管理的针对性、专业性不够。

解决的对策就是以人为本，加大学习、培训和交流力度。首先，单位要重视对大企业管理员的个性化培训，不能因为培训受众少而忽视培训，这是加强大企业税收管理的必然要求。尤其是对电子商务、医药、制造等所管大企业的分行业特色培训，对提高大企业管理员的税收管理水平非常有帮助。其次，在团队作战的大环境下，建议市局层面成立专家团队，为大企业管理员提供一定的经验指导和技术支持。最后，创建学习型团队，提倡各单位成立学习型小组，管理员与管理员间互相交流，取长补短，共同进步。

04
论税收数据分析的五项核心要素

内容提要：税收信息化建设已不可逆转地朝着数据集中、系统整合的方向前进，当大规模的税收数据逐步集中之后，不同于以往的税收数据的深度利用便会提上日程，这是“金税工程”三期建设的一项重要任务，也是进一步开创税收现代化新局面的实践需要。为了实现税收数据的深度利用，本文认为，税收数据分析必须把握好五项核心要素，即：确定主题，选择对象，运用指标、方法与模型，构建系统与组织管理。这是既有各自内涵，又相互联系的统一整体。

确定主题

确定主题是税收数据分析的起点。按照数据分析的基本理论，确定何种分析主题是基于决策支持的需要，也是决策过程中获取相关税收数据、信息和知识的限定条件。

如何确定分析主题呢？第一步，明确税收数据分析的目的，是为何种决策、政策提供支持服务；第二步，根据税收数据分析的目的提出税收数据分析的主题，进而评估分析主题的科学性与现实性；第三步，围绕分析主题确定所需税收数据、信息和知识的范围，提出对税收数据、信息和知识进行规整的要求；第四步，按照分析主题的性质确定主题分析的形式，是以定性分析为主还是以定量分析为主。

由于客观上存在数据质量不高、办法工具不够完善及知识局限等问题，即便分析过程都依据正确的规范进行，也不一定能够得到预期结果，或者所得结果不能为科学决策提供强有力的支撑，甚至所得结果与现实情况正好相反，不甚符合经验和逻辑的基本判断。倘若出现这种情况，则需要对整个分析活动进行重新思考，调整工作方案，弥补薄弱环节，直到取得成效或者放弃分析工作。

一般而言，税收数据分析的主题是相当丰富的，以税收与经济关系分析为例，比较典型的分析主题就在税收收入与国内生产总值（GDP）总量的关系、消费总量对税收收入的影响、投资规模与税收总量的关系、产业结构对税收的影响、税源结构变动对税收收入级次的影响、工商业增值税与工商业增加值的关系、所得税与利润总额分析、劳动者报酬与个人所得税的关系、税收收入预测，等等。除此之外，税源监控、征收管理、税务稽查、税收法制、人事教育等税务工作中也有诸多分析主题。

选择对象

税收数据分析是针对某项主题而展开的，主题又是现实的、具体的、有时间空间边界的，因此，在确定了分析主题之后，税收数据分析工作进一步需要解决的问题便是依据主题确定分析对象，即：选取与分析主题有关的税收数据、信息和知识，屏蔽与分析主题无关的税收数据、信息和知识。在实践中，如何从“大集中”之后的省级或国家税务总局数据处理中心的海量税收数据中实现相关数据的精准供给是有难度的。

以纳税评估为例，并非纳税评估的对象越多越好，如果对所有企业普遍实施纳税评估，其结果很可能是成本大于收益。因此，科学选择纳税评估对象就很有必要。常见的选择纳税评估对象的方法有申报资料钩稽法、逻辑错误检索法、综合评分法、判别分析法、Tobit 模型估测法、神经网络预测方法等。利用适宜的方法和模型可以初步筛选出疑点纳税人，按照纳税人疑点指标总得分情况，由高至低排列，得分高者存在问题的可能性大，应该优先评估。正确选择分析对象，可以减少税收数据的分析量，降低分析成本，提高分析效率。

运用指标、方法和模型

当主题和对象确定之后，下一步的工作就是如何实现对税收数据的解析，这涉及分析指标、方法和模型的运用。现实的选择是根据分析问题的需要设立或选择相关的科学指标体系，或进一步应用数学分析方法和模型。

指标分析法

指标分析法是税收数据分析的常用工具，其核心是指标体系。税收数据分析的指标体系大体由税收经济关系类指标、税收业务类指标和分税种指标组成。

税收经济关系指标。例如：税收与经济运行指标（税收弹性等）；纳税人经营状况指标（盈利增长率、销售净利率、毛利率、成本费用利润率、资本收益率、资产收益率、所有者权益报酬率、资产负债率、资产平均周转率、资产保值增值率、企业税负率、税收增长率等）。

税收业务指标。例如：税收征收指标（申报率、当期申报应纳税款入库率、缓征税款入库率、罚款入库率、欠税增减率、滞纳金加收率等）；税收管理指标（登记率、发票管理走逃率等）；税收稽查指标（处罚率、查补税款入库率、税收保全率等）。

分税种指标。例如：流转税指标（流转税趋势变动指标、营业税趋势变动指标、应付账款率、应收账款率、预收账款指标、在建工程指标、主营业务税金及附加变动趋势指标、营业外收入增长率、其他业务利润增长率等）；所得税指标（企业所得税趋势变动指标、折旧率变化指标、无形资产指标、个人所得税趋势变动指标等）。

这些指标都有各自既定的含义，能够反映税收与经济、税收管理与服务的状况，恰当运用将有助于税收政策调整，或得出对税收工作有价值的结论。

指标分析法的优点是简单易懂、有一定基础、易于推广、收效甚快，因此，对纷繁多样的税收经济指标的透彻理解和熟练运用仍是广大税务干部的必修功课。指标分析法的局限在于不能更自由地在更大范围内综合利用复杂的数据资源，因此难以揭示更深层的规律。如果说指标分析法代表了目前我国税务系统税收数据分析应用的现实水平，那么更为复杂的方法和模型应用则应被视为税收数据深度利用的高阶和标志。

方法和模型

在税收数据分析中，常见的方法和模型包括：数理统计方法，例如指数分析、时间序列分析、估计和检验、判别分析、聚类分析和 Bayes 统计分析等，上文提及的指标分析法亦可归为本类；计量经济学的分析方法，例如单方程计量经济学模型、联立方程计量经济学模型等；宏观经济模型，例如投入产出模型、系统动力学模型、经济控制论模型和最优化模型等。由于税收数据分析需要借助大量的计算，OLAP 数据分析技术和数据挖掘方法等现代计算机技术和方法也至关重要。

换一个角度，依据分析数据的属性特征，还可以把税收数据分析的方法和模型做如下划分：

*以宏观数据的计算为主要特征的模型。*主要应用方法包括时间序列方法（以 ARMA 模型族为主）、回归分析（多元回归）和联立方程组法（大中型宏观计量模型）。这些方法侧重于自身数据的发展变化、各个总量数据之间关系的发展变化，与之相关的计算平台包括 EViews、SAS 和 SPSS 等。

*以中观数据的计算为主要特征的模型。*主要应用方法包括一般均衡分析（CGE）、投入产出分析（IO）等。这些方法侧重于分类/部门之间关系的发展变化，与之相关的计算工具包括 GEMPACK、GAMS 和一些具有矩阵计算功能的工具如 Matlab 等，此外还有一些专用的工具。

*以微观数据的计算模拟为主要特征的模型。*主要应用方法包括仿真、离散等。这些方法侧重于对微观数据发展变化的模拟，与之相关的计算工具包括 ASPEN 和 Swarm 等。此外，也有一些专门开发的应用软件，如美国的个人所得税模拟软件。

随着“金税工程”三期建设的进展，面对大型、复杂的税收数据分析，税务部门要特别关注税收可计算一般均衡（CGE）模型，这是一种建立在瓦尔拉斯一般均衡理论基础上的联立方程系统，可以完整、一体化地刻画经济系统运行过程、经济结构、经济主体的最优行为决策，以及经济均衡。该联立方程系统通过与经济统计数据链接，实现了瓦尔拉斯定理的数值化和实用化，并且把各个市场联系起来描述经济主体和市场对税收政策变化的一系列连锁反应和反馈效应，是评估税收政策的中长期经济效应的标准经验分析工具，主要应用于模拟税制改革、评价税收政策效果和分析税负归宿。

掌握税收数据分析中的方法和模型知识是一种巨大挑战。在理论基础方面，要具备经济学、统计学、计量学和计算机科学的相关知识；在分析工具方面，要具备一般数理统计方法、计量经济学分析方法、计算经济学分析方法、宏观经济模型方法和计算机技术在税收数据分析中的方法。为此，有针对性地学习一些数量分析方法和模型知识已成为税务系统广大干部今后很长一段时间内必须面对的挑战，相关的教育培训势必要跟上。

构建系统

税收数据分析最终要落实到一个高效稳定的，旨在统辖数据、指标、方法和模型管理与使用的计算平台上。这一平台能够提供数据获取、传递、加工、存储和使用等功能，能够支撑模型建立、维护和调配的管理信息系统或决策支持系统。这是税收数据分析的技术依托，也是决定税收数据分析是否可以实现重复进行和可持续发展的关键要素。

以税收政策分析模型支持系统为例，其内部封装了税收经济分析模型，不仅可以用来分析税收政策的经济效应，而且能够提供模型维护功能。其构建过程包括研制中国税收政策分析模型和构建税收政策分析模型支持系统。在系统构建过程中，通过利用信息技术封装各类税收经济分析模型，以降低模型使用的难度并扩大模型使用的范围。税收政策模型支持系统由税收政策分析模型库系统、税收政策分析方法库系统、税收政策分析数据库系统和税收政策分析人机界面四个主要模块组成，如图 1 所示。

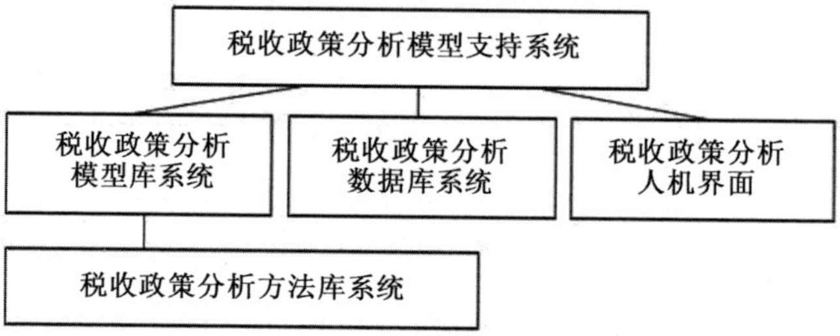

图 1　税收政策模型支持系统构成

税收政策分析模型库系统负责管理税收经济分析模型，包括构建模型、更新模型和删除模型等功能。税收政策分析方法库系统包括一系列支撑工具软件的调用接口，这些外部分析方法软件用组件接口的方式存在于方法库中，成为模型库系统模型运行和分析的支撑软件平台。税收政策分析数据库系统包括数据库、数据仓库及其管理系统。税收政策分析人机界面包括三个方面的功能：人机接口功能、分析业务预处理功能和私有数据库与私有模型库的管理功能。

组织管理

人的因素和组织的因素在整个税收数据分析体系中是根本性的因素。首先，税收数据分析的主体必然是人，是人对信息和知识的渴望及其对科学决策的更高要求所产生的主观能动性带来了税收数据分析的需求；其次，税收数据分析的结果必须通过人来加以判断和应用才能体现真正的价值；最后，尽管很多具体税收数据分析和计算是由系统来完成的，但是系统本身也是人的智慧和创造力的结晶。

有鉴于此，对于税收数据分析而言，一个由人员、机构、组织、流程、管理、控制、规章和文化组成的完整的支持体系是必不可少的。一方面，组织体系是税收数据分析的主体和基础，一个有效的组织体系可以依托原有的税务部门业务组织体系，明确各方面在税收数据分析过程中的角色和职责，有效协调各方面的关系和利益，形成税收数据分析流程的良性循环；另一方面，管理架构也至关重要，建立与现实情况相符合的管理架构是应当认真考虑的问题。如果能将领导的决心和动力辅之以合理的管理架构，能够真正做到上行下效，税收数据分析过程本身及最后产生的分析结果所能发挥的作用将得到更大的提升。

在税收数据分析的组织体系方面，需要考虑的因素有组织规模、人员构成、职责分工等；在管理架构方面，需要考虑的因素有目标设定、流程控制、制度建设等。此外，税收数据分析的管理也包括针对分析系统本身的管理，例如参数管理、用户管理、日志管理等。

【参考文献】

［1］彼得·F. 德鲁克，等. 知识管理［M］. 杨开峰，译. 北京：中国人民大学出版社，1999.

［2］谢波峰. 浅谈税务数据深度利用中的经济模型［J］. 金税工程，2006（10）.

［3］谭荣华，袁有杰. 现代评价方法在纳税服务评价中的应用［J］. 税务研究，2006（2）.

［4］王敏，等. 税收经济分析系统的设计与实现［J］. 税务研究，2005（7）.

05

浅析信息化基础上的纳税评估方法及其实现

纳税评估是目前国际上一种较为通行的税收管理方式，它是指税务机关搜集或采集大量有关纳税人的信息资料，依据国家税收法律法规，运用信息化手段和现代管理技术，对纳税人一定时期纳税情况的真实性、准确性、合法性进行综合分析、审核、评价、判定，以便及时发现存在问题、督促纳税人自查自纠、提高税收征管质量的一项动态管理活动。

在我国，税收信息化的逐步发展和完善，以及现行的“征、管、查”三分离和由分税种管理转变为分区域管理的征管模式，给纳税评估的推广实施提供了一种可能。目前，我国任何法律、法规中都没有明确纳税评估的概念、内容和工作要求，但是作为深化征管体制的关键，很多省市的国税、地税对纳税评估工作的认识和定位逐步达成一致，即在征管流程中纳税评估介于税收征收与税收稽查之间，对于前者起重要监督作用，对后者提供重要稽查依据。它是税收“征、管、查”中税收管理的重要一环，是税源监控的重要手段。

纳税评估的五个环节

完整的纳税评估工作流程分为纳税评估信息的采集 、纳税评估对象的选定、评估分析、核实认定、评定处理五个环节。

全面掌握涉税信息是有效进行纳税评估的关键，因此**纳税评估信息应实行多途径、多方式的信息采集**。采集的内容既要包括税务机关内部信息，例如纳税人的税务登记资料、纳税人报送的纳税申报资料、财务资料和日常掌握的征管资料，以及涉税举报、税务稽查综合情况反馈等；也要包括税务机关外部的涉税信息，例如来源于其他行政管理机构、银行或行业管理部门提供的综合治税信息，以及来源于媒体、互联网等信息载体的有关资料。

纳税评估对象的选定是指税收管理部门评估选案人员结合部门的工作目标和管理科室专题管理的需要，在占有大量信息、资料的基础上，以计算机网络为依托，智能化分析为手段，指标分析和综合分析相结合，对评估客体的各项涉税指标进行比较和分析、处理，批量找出评估客体中存在申报纳税不符合常规现象或者有疑点的零、负申报户、纳税异常户及用票异常户，作为下一个环节评估分析的对象。除此之外，还可以根据实际征管需要，直接将存在共性纳税问题的某一类别企业确定为纳税评估对象；根据综合治税信息确定评估对象；根据税收管理员日常征管发现的其他纳税疑点问题确定评估对象。

评估分析是一种逻辑性的分析判断过程，是一项复杂的系统性工作。在此环节，纳税评估人员依托计算机征管网络中该企业的相关信息，结合日常对所分管纳税人的情况掌握，与上年同期、历史同期和行业指标等进行比较分析，找出明确的评估疑点。

核实认定是指由纳税评估人员区分情况，分别以询问、约谈、实地纳税评估等方式对评估对象存在的纳税疑点进行核实和性质认定。对于评估对象存在的疑点，评估人员可通过电话询问等方式进行核实，并做好询问记录；对需要约谈的，下发《纳税评估约谈通知书》进行约谈，并填制《纳税评估约谈笔录》；对通过询问、约谈仍不能核实的疑点问题，可采取实地现场核实的方法。在核实认定环节，纳税评估人员通过与纳税人沟通交流，帮助纳税人更精准地掌握税法，有效解决纳税人因疏忽或对税法理解有偏差而产生的涉税问题，规避纳税人处罚“陷阱”，缓解征纳矛盾，提高纳税申报质量。对存在重大涉税问题的现象，核实认定环节可以为税务稽查确认违法事实、准确定案提供事实依据。

在**评定处理**环节，纳税评估人员根据评估分析、核实认定过程中所掌握的情况对评估对象存在的疑点问题进行综合分析，给出纳税评估的结论，并提出相应的处理意见，如查无异常、自查补税、移交稽查等。然后区分不同情况，制作相关文书，层级报批，进行处理。本环节比较注重按照有关程序执行。

属地管理的新征管模式下，每个税务管理员分管少则几百户，多则上千户的企业。在纳税人数量逐渐增多，工作人员相对不足的情况下，纳税评估犹如税务机关实施管理的“雷达检测站”，通过设置科学的评估指标体系，借助信息化手段，对监控区域内全体纳税人的纳税情况进行“扫描”，及时发现疑点，向其他管理环节传递排除疑点的意见，使各项管理措施环环相扣，防范偷逃税行为的发生。因此，加强纳税评估是提高税务机关税源监控能力必不可少的措施。

解决纳税评估瓶颈

首先，**信息匮乏和失真**已经成为各地国地税深化纳税评估工作的瓶颈问题。主要表现为：共享资源比较少、部分已采集申报信息资料等不真实、不完整、口径不一致；企业的资产负债表、损益表、企业所得税的纳税调整栏中的相关指标等企业财务信息在计算机征管系统中几乎没有采集；社会综合治税信息采集刚刚起步，采集到的信息不规范、不完整、不系统、不连续等。

产生这些现象的主要原因是计算机依托不足，大量的涉税数据仍需要税务人员手工录入计算机中，不仅工作量大、效率低下、质量很难保证，而且录入周期长，很多分析决策需要用的数据无法及时录入，造成统计分析偏差，影响了对纳税人的监管力度；纳税人提供的信息数据质量不高，资料不全、相关信息不足，数据不准确，也使指标的可信度大打折扣。而纳税评估指标体系有效应用的前提就是系统中数据的准确、完整、有效性。

要从根本上解决这些问题，提高信息采集的效率和质量，必须以多元化电子申报为切入点，实现涉税数据的高效、迅速、准确的采集；加强评估所需信息的电子转换能力，尽量减少人工输入信息量；同时，各单位要组织人员对已有数据进行清理和补充；将社会综合治税信息采集制度化、规范化。

其次，深化纳税评估工作的另一个瓶颈问题是**纳税评估指标体系过于简单或过于机械化**，无法达到应有的选案效果。科学的纳税评估指标体系应当分类细致，数值准确，综合反映纳税人缴纳所有税种的整体情况，尽量贴近纳税人的财务核算实际，避免不同税种之间“各自为战”。整个纳税人评估指标体系主要包括企业财务指标，企业生产经营类指标，各税申报入库类、外部参照类指标，同行业信息等，具体如：税收收入增减变化情况、行业平均指标（利润率、税负率）、分行业投入产出比、产品耗能比、销售额增长幅度与应纳税额增长幅度对比、零（负）申报次数、认证不符次数、往来账户异常变动情况、资产负债率、存货周转率、总资产周转率、销售利润率、成本利润率等。在设置指标体系后，应当合理确定每一指标的峰值和警戒值，为选取评估对象提供可靠的依据。好的纳税评估指标体系，不仅能找出存在疑点的纳税人，而且能初步分析出存在的疑点。

在评估对象的选定环节，计算机分析只能解决一些共性问题，而面对不同企业规模、不同附加值水平、不同行业、不同工艺流程、不同营销模式、不同财务核算制度的纳税人，纳税评估人员还需要做进一步人工分析。所谓贯彻“人机结合”的思想，即要求评估人员在信息化的基础上，根据管理经验和日常工作掌握的情况全面了解纳税人的生产经营状况、财务指标及各类涉税资料。这样，纳税评估才能准确找出涉税疑点，强化管理环节的审核，提高纳税评估的质量和效率。可见，纳税评估工作是一项业务性较强的综合性工作，评估人员只有具备较高的综合素质，丰富的工作经验，懂税收、通法律、会财务、精通计算机应用才能从掌握的涉税信息中找出蛛丝马迹，挖掘深层次问题，公平公正地审定纳税人申报数据的真实性、准确性、合法性，否则会停留在看看表、翻翻账、对对数的浅层次上，使纳税评估工作流于形式。

另外，**评估人员的综合素质和评估能力达不到应有的水平**也限制了纳税评估作用的发挥。要提高评估人员的综合素质和评估能力，一方面可以加强评估人员业务素质培训，另一方面在纳税评估过程中，可以不断总结优秀案例，组织优秀案例学习和讲评，推广一些有效的纳税评估方法。

发挥税收信息化对纳税评估的支撑作用

在纳税评估工作中，税收信息化的支撑作用是显而易见的。税收信息化是一个动态过程，是不断完善和发展的，如何推进税收信息化的发展，使信息化更好地为纳税评估服务，是值得业内人士考虑的一个问题。

税收信息化是进行高效率纳税评估的基础

要加快信息网络化建设步伐，逐步构建理想化信息税收网络体系，切实做到网络触觉覆盖社会网络、资本网络、金融网络等（当然，这有赖于全社会信息化水平的高度发展），整合系统资源，逐步适应纳税评估工作的需要。积极拓宽信息采集渠道，提高信息采集的数量和质量，通过加快业务信息流、组织结构、系统应用和硬件资源的整合步伐，解决来源于不同信息子系统的数据之间相互孤立的问题，在统一技术平台下通过一些技术手段，实现在系统内部数据共享的基础上，吸纳外部有价值的数据信息。只有这样，纳税评估信息资源才能丰富，所需信息才能信手拈来、游刃有余。

引入先进技术，建立科学的纳税评估指标体系

随着税务信息化的推进，税务部门采集和处理的数据量急剧增大，在这浩瀚的数据信息中，如果引入或构建成熟的经济模型，大力推广使用数据仓库技术、数据挖掘和多维分析等智能化分析技术，就可以实现对海量数据、信息进行快速有效的深入分析和处理，并从中找出规律和模式，加强涉税信息的增值利用，从而帮助税务部门更好地进行各种决策。

加大新技术新产品的推广应用力度

在全国范围内广泛推广电子申报。通过电子申报，税务机关可以不需

手工录入，即可实时、准确、高效地获得纳税人的丰富、完备的申报信息和财务资料；同时，由于提供的是具有法律效力的便于存档查询的电子申报单据，也迫使纳税人自觉提高所录数据的准确性和完整性。对于暂时无条件使用电子申报的纳税人，作为对网络申报的补充，建议推广使用二维条码技术，即纳税人在填写纳税报表时，通过软件将税务表单中的数据转换为二维条码；税务部门在收到税务表单后，通过二维条码识读设备，直接将税务表单中的数据采集到税务信息系统中。二维条码技术实现的对税务表单的自动识别，同样可达到减轻纳税数据采集的工作量、提高税务部门工作效率的效果。

推广使用比较成熟的纳税评估软件将对全国各地的纳税评估工作产生规范和推动作用

纳税评估工作开展以来，好多地市，如北京、江苏、山东、广州等都曾致力于开发纳税评估软件，有的地区的纳税评估软件已经试运行并取得了突出成效（如泰安地税），建议国家税务总局加快对纳税评估软件的论证和推广，以便将纳税评估中的数据采集、接收和结转计算、评估项目和对象的确定、审核评析、约谈举证、认定处理等各个环节都纳入计算机管理，使纳税评估工作的各类文书、台账、统计报表、案件的处理过程等工作“微机化”和“网络化”，保障纳税评估工作的有序运作。

06

电商征税：印度 GST 改革有新规

印度是较早对电子商务征税的发展中国家。此次 GST 改革前，印度各邦对电子商务在流转税领域的征税有一些有益的尝试；GST 改革后，全国范围内统一了增值税税制，原本各自为政的电子商务征税规定也得到了统一和明确，相应征管制度逐步清晰。

GST 改革前中央有政策，各邦自定规

中央对“汇聚者”征收服务税

GST 改革前，中央在《服务税法》中规定，对于通过互联网提供的服务，不管是 B2B（企业为企业提供的服务）还是 B2C（企业为个人提供的服务），均属于服务税的应税范围，服务提供方为纳税人，基础税率为 14%。

2015 年中央在《服务税法》修订中提出对“汇聚者（aggregator）”征税的征管模式。“汇聚者”是个新概念，如果一个互联网平台上的服务提供商都以该平台的品牌或商号统一对外提供服务，那么这个电子商务运营商就是“汇聚者”，要对平台上提供的所有服务负有纳税义务。

过去几年，印度采用“汇聚者”商业模式的电商平台层出不穷，代表性企业包括印度版“大众点评”Zomato、搭乘服务公司 Uber、通勤巴士服务公司 Shuttl、旅宿服务公司 OYO Rooms 等。“汇聚者”模式为平台上的

“零工”和消费者带来便利，促进了“零工经济[1]（gig economy）”的发展。而以“汇聚者”为征税对象的征管模式，大大提高了征管效率，降低了征纳成本。

邦政府各自定规

由于印度GST改革前各邦具有单独立法权，因此，不同邦对电子商务的税收要求也不同。比如：北方邦（Uttar Pradesh）、中央邦（Madhya Pradesh）、古吉拉特邦（Gujarat）等邦对通过电子商务平台从外邦进入本邦销售的商品征收入市税，税率介于5.5%至10%之间。卡纳塔克邦（Karnataka）要求符合条件的电子商务平台扣缴平台上第三方商家的增值税，2014年，印度亚马逊由于未按规定扣缴第三方商家的增值税而被该邦政府禁止在线出售任何商品。很多邦政府逐渐将电子商务交易纳入立法范围内，明确要求电子商务运营者有义务提供通过其平台收集的涉税信息。

GST改革后采取统一激进的电商征税政策

GST改革后，各项法案中并没有单独章节描述电子商务税收政策，而是分散在法律文本的不同条款中，但是全国的政策相对统一、清晰。主要政策点归纳如下：

基本规定

征税范围

GST法律中对“电子商务”、“电子商务运营商”进行了明确定义。“电子商务”指通过数字或电子网络提供货物、服务，其中包括数字产品；“电子商务运营商”指拥有、经营或管理电子商务所用的数字或电子设施或平台的任何单位和个人。同时规定GST法律适用于所有电子商务，电子

[1] “零工经济”指由工作量不多的自由职业者构成的经济领域，利用互联网和移动技术快速匹配供需方，主要包括群体工作和经应用程序接洽的按需工作两种形式。

商务供应商是对应货物与劳务的 GST 纳税人。

适用税率

适用税率不因商业模式的不同而有所区别。凡是通过电子商务模式提供的货物与劳务，其 GST 适用税率与传统交易模式对应的货物和劳务完全一致。比如，销售咖啡适用 5% 的税率，博彩适用 28% 的税率，不管是线上进行的还是线下进行的。依据 GST 立法规定，征税范围内没有明确适用税率的货物和劳务均适用 18% 税率。

特殊规定

对于一些互联网背景下的新兴业态，印度出台了明确的税收政策。比如，政府批准的电信运营商的运营服务免税；平面媒体广告服务 GST 税率为 5% 等。

税务登记

☞ 每一个电子商务运营商及从事电子商务的单位和个人都要依据 GST 法律进行税务登记。同时规定，通过电子商务运营商提供产品和服务的纳税人不能成为小规模纳税人。换句话说，只要涉及电子商务的纳税人，无论规模大小，一律要注册登记为 GST 一般纳税人。

☞ 电子商务运营商和供应商的 GST 税收管辖权遵循国际通行的消费地原则。如果交易对象遍布全印度，则电子商务运营商和供应商需要在每个税收管辖区域进行 GST 登记。

☞ 对于跨境的电子商务运营商，GST 法律规定，如果电子商务运营商在应税领土上无实体存在，则在应税领土上代表该电子商务运营商的任何单位或个人办理注册登记，承担纳税义务；如果电子商务运营商在应税领土上既无实体存在亦无代表，则该电子商务运营商应在该应税领土上指定一名委托人，由该委托人办理注册登记并承担纳税义务。

电子商务运营商的源泉扣缴义务

电子商务运营商源泉扣缴是 GST 新政的特色。所谓源泉扣缴，是指符合条件的电子商务运营商要对平台上的交易负有部分扣缴 GST 的义务，这是印度政府为加强电子商务征管而采取的措施。

明确适用范围

源泉扣缴仅适用于由电子商务运营商收取款项的情形，对于仅提供下单等中介服务而不收取款项的平台不适用。可见，是否适用源泉扣缴主要看资金流是否流经电子商务运营商。如果资金流是“消费者（客户）→电子商务运营商→实际供应商”，则电子商务运营商需要扣缴实际供应者的GST；如果资金流是“消费者（客户）→实际供应商”，则电子商务运营商没有源泉扣缴义务。

明确扣缴比例和操作方式

对于邦内交易，电子商务运营商要从收到的款项中代扣不含税交易价格2%的税款（CGST和SGST各1%），余款付给供应商；供应商自行申报缴纳未缴足部分的GST。例如，某供应商A通过电子商务运营商B销售货物给消费者C，该货物GST税率为18%，不含税价款为10 000卢比，则B从C处收取价款10 000卢比，税款1 800卢比，从中代扣A的GST 200卢比（CGST和SGST各100卢比），余款11 600卢比支付给A，由A自行申报缴纳GST 1 600卢比（CGST和SGST各800卢比）。若为跨邦交易或跨境交易，则B代扣的2%税款全部缴纳IGST，余下的16%税款由A自行申报缴纳IGST。

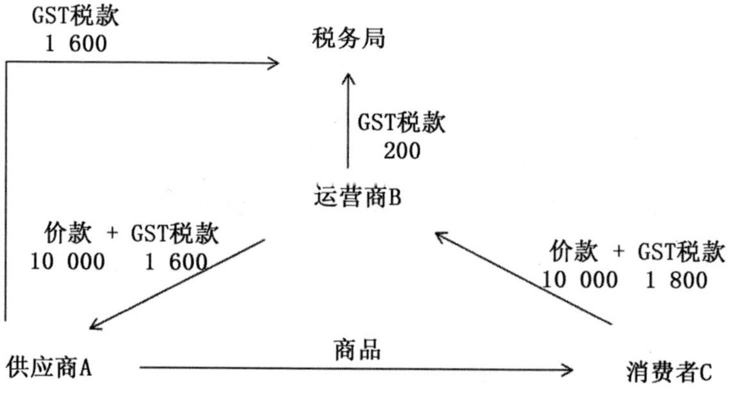

图1 邦内交易的操作方式和扣缴此例示意图（单位：卢比）

税款按期缴纳，信息匹配成功方可抵扣

电子商务运营商代扣税款后，须在次月10日内做出扣缴备案声明并向对应政府支付税款，声明包含供应商的名字、商品或服务的具体内容、交易金额等内容。印度税务局通过 GSTN 系统进行匹配审核，若电子商务运营商提交的备案声明材料与供应商在 GSTN 中申报的信息相匹配，则供应商申报 GST 时可以扣减电子商务运营商已代缴的 GST；若信息不匹配，系统将通知电商运营平台和供应商在一个月内整改，如果没有整改到位，则供应商需要补缴对应税款和滞纳金。

“汇聚者”负有双重纳税义务

同样是网络平台，“汇聚者”与负有源泉扣缴义务的电子商务运营商最大的区别在于：“汇聚者”平台上的供应商必须使用“汇聚者”的品牌或商号提供商品或服务；而后者的关键是资金流必须流经电子商务运营商，为代扣代缴提供可能。

按照 GST 法律规定，“汇聚者”平台上大大小小的供应商统一以“汇聚者”的品牌或商号提供商品或服务，那么“汇聚者”就要对平台上所提供的商品和服务负有 GST 纳税义务；同时，“汇聚者”对自身为供应商提供平台服务而收取的款项也负有 GST 纳税义务。

电子商务运营商是不是“汇聚者”并不是由其根据概念自行判断，而是由中央政府或邦政府来界定。只有被政府认定为“汇聚者”的电子商务运营商，才需要担负双重纳税义务。

跨境电子商务要遵循的原则

凡是向印度消费者（包括个人和政府）提供数字化服务的境外电商，都应当按照要求在印度进行税务登记，并且所有业务比照跨邦交易，履行 IGST 纳税义务。

对于消费者通过国内电子商务网站或平台购买跨境商品的，GST 没有特别规定，这种交易通常会被视为货物进口，由进口商缴纳相关税款，办理清关手续。

境外的电商平台运营者，同样要遵循印度“汇聚者”和源泉扣缴的相关规定。

对印度电子商务 GST 政策的评析

印度政策与国际通行做法基本一致

为应对数字经济背景下增值税给全球税收征管带来的挑战，OECD 做了大量的研究和组织协调工作，引领近百个国家就《国际增值税/货物与劳务税指南》中制定的原则和方法达成了共识。通行做法主要有三点：

☞ 跨境服务贸易消费地征税原则；

☞ 对大多数出口实行零税率；

☞ 对进口服务按照本国税法征收增值税。

欧盟、英国、日本、韩国、澳大利亚、新加坡等很多国家和地区已将上述原则写入现行的增值税制度。印度 GST 立法中的有关规定与国际通行做法基本一致。

政策本身的瑕疵会带来执行上的问题

印度要求通过电子商务运营商提供产品和服务的纳税人不能成为小规模纳税人。这使得大量类似国内“淘宝网”上的小商户不得不登记注册为一般纳税人，遵从“具备上网设备、安装专用软件、每月三次报表、每年进行年报”等相对复杂的管理要求。这无疑将带来征纳双方成本的剧增，对 GSTN 系统的性能也带来极大挑战。

源泉扣缴出力不讨好颇受争议

印度 GST 源泉扣缴政策，使得原本只需对供应商的一条征管流程，人为切割成对电子商务运营商和对供应商的两条征管流程；在电子商务运营商和供应商之间还要做大量的信息匹配，匹配不上的，要求供应商补税、补滞纳金等。这会使本来就复杂的政策执行起来愈加复杂，根本起不到源泉扣缴应有的简化征管、保护税源的作用。据了解，对此项政策，不管是电子商务运营商、供应商还是税务代理甚至税务部门，都怨声载道，认为出力不讨好。

07

时评：说说“苹果税”的税收问题

由于专注于反避税等国际税收业务，很久不再追踪研究电子商务税收的问题，所以当被问及对“苹果税”的看法时，猛的还以为是像法国的“谷歌税”一样，不知哪个国家又搞出个与互联网及其应用相关的新税种呢，及至问过“度娘”之后才恍然大悟。原来，此税非彼税也，所谓“苹果税”，不过是指苹果公司新近发布的一个规定，即苹果公司认为在 APP 内向原创作者的“打赏”属于“应用内购买”，所有苹果用户打赏支付须使用苹果官方支付渠道，并要向苹果分成 30%，如果拒绝执行则有可能导致 APP 应用下架。

按理说“打赏”是互联网用户对优秀互联网内容创作者的鼓励和支持，是互联网用户之间互动过程中产生的新的经济现象，属于互联网自治的范畴，与苹果公司本身没有多大关系，苹果公司却要硬性从中抽走 30%，怎么看怎么像“打劫”。细想一下，从“苹果税”的名字看，也不得不佩服中国的老百姓。大家知道，强制性和无偿性是税收的基本属性，“拔鹅毛”理论也堪称税收领域经典，苹果公司这种“雁过拔毛”“强制留下买路钱”的做法恐怕只有冠以“税”的称号才能传神地表达出大众对它的直观感受。甚至有媒体报道“最近苹果在中国市场对一些社交软件和直播软件的打赏功能大肆征收‘苹果税’，税率高达 30%”，连“税率”一词都用上了，在这个包容的多元化时代，笔者对此只能“呵呵”了。

苹果在中国市场对社交软件和直播软件的打赏功能大肆征收 30%“苹果税”，必然会引起中国用户的不满，严重影响苹果在中国的形象。腾讯算是“硬汉”，直接下架打赏模块以示抗议；然而也有知乎这样的 APP 公司，不顾网友抵制，居然表示在新版本中接入 IAP 付费机制，将打赏收费 32%作为手续费支付给苹果，此举招来国人无数唾骂。“苹果税”究竟收得合不合理，苹果公司此举是开源增收、扩大 apple pay 市场占有率的明智之举，还是自不量力、自掘坟墓、加速苹果退出中国市场的决策败笔，对此笔者并不想做“吃瓜群众”，边看热闹边评头论足，但是作为税务工作者，倒是想说说对“苹果税”引发的真正的税收问题的看法。

不管是“买路钱”也好，平台费、渠道费也罢，一个客观事实是：苹果公司通过所谓的“苹果税”，从中国的消费者那里取得了收入。既然有来源于中国所得，必然会引发关于税收问题的思考。苹果公司取得的这笔收入属于什么性质的收入？这笔收入涉及哪些税种？适用什么税目税率？纳税人（或者扣缴义务人）是谁？居民企业还是非居民企业？在哪个环节征税？如何进行税收监管？上述问题，在现行的税收法律法规中都无法直接找到答案，业界也颇有争论。然而，只有这些问题都回答清楚了，对“苹果税”的征税问题才有可能进入操作层面。为此，笔者尝试讨论一下上述问题，抛砖引玉，希望能引起业界的关注和讨论。

由于纳税义务不同，收取“苹果税”的企业是我国的居民企业还是非居民企业，上述问题的答案会有所区别。如果是居民企业相对简单些，尤其是营改增后，类似的直接电子商务对流转税的适用复杂度减少。税务部门只需要在政策上明确该笔收入的定性，据此适用相关税目征缴增值税，以及城建税和教育费附加，并且明确将这笔收入计入应税所得计算缴纳企业所得税即可。如果是非居民企业就要复杂得多，除了收入定性问题，还要判断我国是否有征税权，依据什么条款征税，怎么征税，等等。

据了解，苹果公司由位于卢森堡的 iTunes Sarl 直接从事对全球 100 多个国家的 iTunes 业务，从中国消费者取得的 iTunes 业务所得应该是直接流入了该公司。而从苹果公司股权架构、运营架构及对知识产权的安排看，通过成本分摊协议，注册于爱尔兰的苹果国际销售公司（ASI）享有苹果公司在美洲之外的知识产权的收益权，也就是说，苹果在中国地区的知识产权的收益归属为 ASI。所以，我们暂且把“苹果税”的收入方当成非居民企业，把“苹果税”的税收问题当成一个国际税收问题来讨论。

非居民企业取得来源于中国的收入主要涉及增值税及其附加和所得税问题，是否判定为来源于中国所得、是否有纳税义务，跟收入定性密切相关。“苹果税”到底属于劳务、技术服务、产品销售，还是特许权使用费，是我们要面对的最重要的问题。

苹果公司在《APP 审核指南》中规定了 APP 应用内所有订阅、游戏币、付费内容、解锁等产生的支付，必须通过 IAP（in-App purchase 应用内购买）完成。相关软件不得采用其他的按钮、外部链接或者其他方式，让消费者使用苹果之外的支付渠道。如拒绝改变，苹果会拒绝发布其 APP 的更新，甚至将其从 APP store 上下架。苹果公司把对“打赏”收费称为是“渠道费”，认为“打赏”并非是用户对内容提供者的支持鼓励，而是与购买游戏、音乐和影片一样，被视为应用内购，苹果应获得 30% 的分成。

很显然，苹果这个说法有些强词夺理。“打赏”是用户对内容提供者的自愿支付，苹果公司并未为“打赏”行为付出额外的劳动。同样是“打赏”，安卓系统的用户不需要额外支付 30%，而苹果的用户要额外支付 30%。之所以苹果公司能把“苹果税”坐实，靠的不是提供劳务，也不是提供技术服务，更不是销售给消费者产品，而是苹果公司生产的硬件设备，以及对装载在硬件设备之上的 iOS 等苹果系列操作系统的所有权和控制权，因为所有的 APP 要想正常运转必须依赖于操作系统的支持，APP 公司对霸王条款不从者被直接下架就是死路一条，所以知乎、今日头条及各家直播平台不得不妥协。腾讯虽然实力雄厚，也只能选择在苹果 ISO 客户端放弃打赏功能的方式表达不满，就是因为腾讯自己的生态链中没有硬件和操作系统产品，腾讯自身的微信、QQ 等所有软件产品都是搭建在操作系统之上，受制于人。从上述分析看，苹果公司之所以可以取得这项收入，完全依赖于其对苹果操作系统的所有权和很强的控制力，因此可以将此项收入定性为特许权使用费。事实上也可以依据“使用科学设备收取的款项”来将“苹果税”定义为特许权使用费。

将“苹果税”定性为特许权使用费收入之后，税种税目适用相对就简单了。非居民企业取得来源于中国的特许权使用费，应该按照收入额的

6%缴纳增值税并相应缴纳城建税和教育费附加，同时，按照特许权使用费收入额的10%缴纳预提所得税。

政策明确了之后，下一步就是考虑征管问题。税务部门要对电子商务税收实行有效的监管，就需要设计同样是建立在Internet和高科技基础上的与电子商务企业经营发展模式和技术平台相匹配的征管模式。对于“苹果税”的征管，有一个最简单高效的方法，就是与苹果公司谈判，要求苹果公司在IOS应用内付费（IAP）程序开发中添加一条资金流，直接按照消费者付费金额的一定比例计算税款，在消费者支付同时拨入国库或者一个专用过渡账户。在这种自动计算缴税的方式没有实现之前，税务部门可以约谈苹果公司，明确税收政策，按照责权明晰、还责于纳税人的征管原则和思路，督促企业自行就取得来源于中国的所得自行申报纳税。而对苹果公司的税收监管、判断纳税人是否及时足额纳税的关键就是涉税信息的获取，这需要新征管法修订的强力支撑。

关于“苹果税”的税收问题暂且讨论至此。事实上与“苹果税”相类似的，关于苹果公司iTunes围绕音乐和视频提供服务取得来源于中国的所得，我国是否可以按照特许权使用费征收预提所得税，在业界一直有争议。《中国税务报》2016年10月11日曾发表了一篇题为《苹果在日本被追征1.18亿美元税款》的文章，其主要内容是说苹果公司iTunes围绕音乐和视频提供服务，日本税务局发现苹果日本子公司从中获得利润，并将一部分利润直接转移到了爱尔兰的一个部门，在这种支付特许权使用费国际业务中却没有缴纳20.42%的预提所得税，被裁定向日本税务机关补缴120亿日元（1美元约合103.03日元）的税款，而苹果日本子公司已经支付了这笔税务罚单。这一信息也可以为我国判定苹果公司收入性质、加强对苹果公司的税收征管提供参考。

注：此文是苹果公司提出征收“苹果税”后，应《中国税务报》张剀之邀撰写的一份专稿。其中部分内容刊登于2017年6月30日的《中国税务报》，完整稿同日发布于微信公众号“中税国际”。

08

网络游戏虚拟财产交易税收问题探讨

电子商务的征管实践表明，电子商务税收问题主要存在于直接电子商务中，也就是如何对数字化产品（服务）征税。网络游戏虚拟财产交易是一种典型的直接电子商务，虽然起步较晚，但是发展速度很快，已经形成一定的规模和相应的产业链；而目前网络游戏虚拟设备交易税收征管处于无序和无效状态，因此，研究网络游戏虚拟财产交易税收问题，对于我们研究制定数字化产品和服务的税收政策和征管方式具有现实意义。

网游虚拟财产交易发展的现状

近几年来，中国网络游戏发展势头强劲，在全球网络游戏市场以每年约50%增速的背景下，据中国互联网协会统计，2004年中国网络游戏市场规模约为35亿元，比2003年增长77.6%，预计2006年市场规模将达83.4亿元。如图1所示。

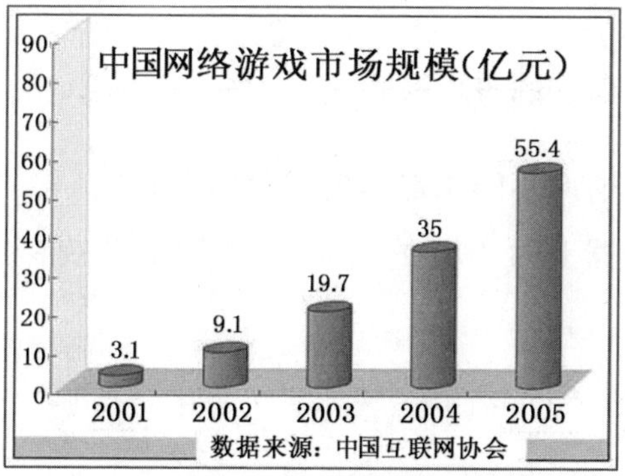

图1　中国网络游戏市场规模

网络游戏的“第二市场”虽然起步较晚，但是发展迅速，2005 年国内用户半年内购买的网络游戏虚拟财产（包括装备、武器、身份等）平均费用总额为 178 元，而网民中玩网络游戏的人的比例达到了 23.4%，这意味着这是一个半年超过 40 亿元的销售市场[1]。网络游戏“第二市场”的代表当属中国网络游戏服务网（www.5173.com），5173 网作为国内第一家网络游戏服务提供商，把为游戏玩家转让虚拟财产提供担保和寄售作为主营业务，通过提供的安全便捷和个性化服务，获得了大批中国网络游戏用户的信赖和好评，目前 5173.com 已经拥有超过 180 万的注册用户，同时在线会员 6 万人，网站页面日访问量突破 130 万，2005 年交易额达 1.83 亿元[2]。

如今，游戏中一把虚拟的“倚天屠龙剑”，在现实中可以卖到几千元甚至上万元。曾经仅仅是单纯娱乐的网络游戏已成为网络经济中最活跃的一股力量[3]，网络游戏虚拟财产交易已经形成了一个规模宏大的市场和产业链。

网游虚拟财产交易的特点

网络游戏中的虚拟财产是指在网络游戏服务商预设的网络游戏环境下，存在于虚拟的网络游戏世界中可能受到法律保护的客体，主要包括点卡、游戏账号等级（代练级别）、虚拟金币（游戏币）、虚拟装备（武器、装甲、药剂等）、虚拟 ID 账号及角色属性等。

网络游戏虚拟财产的表现形式

网络游戏虚拟财产不同于现实生活中的“物”，它们存在于网络空间，是一组保存于服务器上的“电磁记录”。从网络游戏客户端技术来讲，网

[1] 第十六次中国互联网络发展统计报告［R］. 中国互联网协会.

[2] 此数据来源于实地调研。

[3] 网游市场异军突起 虚拟财产交易亟待立法［N/OL］. 人民日报，2005-11-02. http://www.sina.com.

络游戏虚拟财产的表示分为三层：物理层、数据层和应用层。

☞ 物理层：表现为虚拟财产的电磁记录。

☞ 数据层：表现为虚拟财产对应的数据代码。

☞ 应用层：玩家所能看到的是存在于应用层的虚拟财产的图像。

这些“电磁记录”是网络游戏开发商在设计、开发游戏时预设的内容，除了网络游戏运营商在取得网络游戏开发商的授权后，可复制网络游戏“虚拟财产”并进行产品销售外，网络游戏玩家、运营商、销售商、中介商等均无权亦无法改动和复制。玩家只有通过投入大量的时间和精力参与网络游戏赢取，或者通过“真金白银”来购买网络游戏中的虚拟财产。

网络游戏虚拟财产的特性

☞ 客观性。虚拟财产以电磁记录形式存储于游戏服务器上。

☞ 依附性。特定的虚拟财产因特定的网络游戏而存在于特定的网络游戏服务器中，并随着该游戏运营的开始、发展和终止而相应变化。

☞ 交易局限性。一些网络游戏中的虚拟财产和账号是绑定的，虚拟财产作为账号属性的一部分，不能单独交易，只能连同账号一起转让（国外的网络游戏大多如此），而对于虚拟财产可以单独转让的游戏，也只限于运行在同一个服务器上的同一款游戏中（同游同服）的虚拟财产才能进行交易。

网络游戏虚拟财产的交易模式

☞ 玩家直接从网络游戏运营商处购得点卡、ID 等虚拟财产（B2C 模式），如联众网络游戏直接向玩家销售游戏金币，《传奇》的运营商盛大直接向玩家提供游戏充值和购卡服务。

☞ 玩家通过网站平台从网络游戏中间商处购买网络游戏虚拟财产（B2C 模式），如全球最大的通过互联网络向大型网络游戏玩家和网络游戏发行商提供增值服务的 IGE 公司，其核心业务是开发美国网络游戏的第二市场，在线收购和销售玩家在游戏中的虚拟货币和财物；再如国内由陈年创立的“我有网”（www. uoyoo. com），主营虚拟装备的销售和提供代练服务。这种在中间商与玩家之间进行的交易模式，其虚拟财产的安全性由中间商来保证。

☞ 游戏中间商通过网络平台收购网络游戏虚拟财产（C2B 模式），说是 C2B，其实中间商销售的虚拟财产更多是来自于民间专门“打装备”的工作室和地下游戏工厂。这些没有任何工商登记的地下工作室，其发展速度和规模却超乎想象。据互联网上有关媒体报道，目前，国内最大的游戏工厂主要集中在东北三省、福建、四川等地，最大的游戏工厂有两三千台计算机，5 000多员工。IGE 已经将中国作为其全球的采购中心。在《魔兽世界》这样的全球性游戏中，一件装备的价格在中国和欧美的游戏服务器中差异巨大。例如，60 级的虚拟装备在中国需要 1 000 元人民币，在美国可能就需要500 美元；在美国服务器上，金币收购价格最高能达到 0.5 元人民币，而在中国服务器上的收购价却只有 0.1 元。由于交易必须在同一服务器中进行，而在任何服务器上制造一个“单位财富”的时间又是一样的，所以中国的游戏工厂当然更愿意在美国的服务器上搞生产。于是，网络的无国界和中国网络与人力成本的巨大优势，使得中国正在形成全世界的网络游戏装备工厂。

☞ 玩家与玩家之间自发的财产转让（C2C 模式）。由于受到交易必须“同游同服”的限制，且虚拟世界里 C2C 的信用问题无法解决，故经常发生“先交货还是先交钱”的争执。因此，早期玩家和玩家之间的网络游戏虚拟财产转让主要是在网吧中进行面对面的交易，后来随着交易需求的不断增加，国内陆续出现了为 C2C 交易模式提供信息和担保的网络游戏服务平台，如：5173 网、淘宝网、易趣、搜狐、新浪网等，其中最专业、规模最大的当数 5173 网。5173 网主要为玩家提供一个虚拟财产交易的平台，并对卖家收取 5% ~6% 的手续费，从某种意义上讲，5173. com 为玩家提供了一个信用中介。其全球首推的“寄售”服务，可以使卖家将虚拟财产寄存到 5173 网，当 5173 网确认买家付款以后，再同时向买家移交财产。这样可以避免买卖双方出现“先交货还是先交钱”的争执。

网络游戏虚拟财产的交易价格

虚拟财产的交易必然涉及价格问题。一把屠龙宝刀到底应该价值1 000元还是10 000 元才算合理呢？是由中间商单方面来定价，还是找一个第三方中立机构来定价？抑或让市场这只“看不见的手”自发调节？目前虚拟财产的价值认定方法是多种多样的，并不存在一个权威的定论，主要方法有：

☞ 通过计算社会必要劳动时间来计算虚拟财产的价值；

☞ 由玩家举证，根据玩家的投入成本计算虚拟财产的价值；

☞ 根据黑市的交易价格来确定虚拟财产的价值；

☞ 由游戏运营公司来对虚拟财产的价值进行定价；

☞ 以原始的易物交换来回避虚拟财产定价的尴尬[1]；

☞ 由 B2C 平台中的虚拟财产提供商自由定价。

网络游戏虚拟财产交易的支付方式

虚拟财产交易的支付方式包括：面对面现金交易，通过银行柜台直接向对方账号汇款，ATM 转账，已开通网上银行的银行卡支付，通过使用固定电话、手机拨打声讯热线由电话账单支付，由 ADSL 收费平台支付，用代金币支付（如：5173 网的 5173 币，玩家可以先以在线支付或者汇款的方式购买 5173 币，然后就可以畅游 5173. com，想买什么就买什么，5173 币可以随时按照 1 : 1 的比例兑换人民币）等多种支付方式。游戏玩家对游戏装备等虚拟财产需求的即时性和迫切性，注定了网上支付是此类交易的主流付款方式。因此，参与网络游戏虚拟财产交易的双方一般都拥有开通网上银行业务的银行卡或者各种代金币，以实现实时在线交易。

[1] 网络虚拟财产中的几个问题 [OL]. 中华软件网.

网游虚拟财产交易存在的两个法律问题

虚拟财产的物权问题

由于网络是新事物，网络游戏更是新事物中的新事物，加之立法本身的滞后性，导致现今的国内立法对于什么是虚拟财产、什么是受法律保护的虚拟财产、网游虚拟财产应该采用什么方式来保护等问题都处于法律盲区。

对网游虚拟财产的物权问题，湖南师范大学法学院硕士杨向华认为，网络游戏虚拟财产不是玩家通过劳动创造的，也不是玩家通过劳动获得的，它没有价值，不是财产。承认网络游戏虚拟财产是财产，不利于树立正确的游戏观念，不利于发展健康的游戏文化，只会诱导更多的人不务正业，阻碍网络游戏经济的健康发展。复旦大学知识产权学院办公室主任陆飞却认为，网络游戏中的虚拟财产是玩家的个人劳动成果，应该有价值，也应该受法律保护。上海交大法学院教授寿步也表示赞同。他认为，通常一个游戏中“装备”的“网币”价值是确定的，所对应的人民币价值在玩家中也有一个大体相同的数值。换言之，一个游戏的网币价值与人民币有着基本固定的“汇率”。虚拟财产既然能和人民币联系起来，当然应该有价值，也应得到社会的承认。大多数玩家也认为玩家获得这种虚拟财产需要花费大量时间和智力，是通过努力得来的，当然属于有价财产。这种财产权属于玩家，原则上应得到法律保护。事实上，虚拟财产已经不仅是网络游戏玩家的游戏工具和成就感的来源，同时也是网络游戏行业生存的重要基础之一，如果得不到法律保护，将会伤害这一新兴产业的发展，也不利于网络精神文明氛围的营造。

近年来，我国一些省市的司法机构已依据《中华人民共和国宪法》《中华人民共和国民法通则》《中华人民共和国刑法》《关于维护互联网安全的决定》等法规的精神和要义，对盗窃网络游戏虚拟物品及其他数字化的行为进行了审判：

2004 年 12 月，北京市朝阳区法院受理了一起某游戏运营商丢失游戏玩家虚拟装备案件。法院认为，虚拟装备是无形的，但在网络游戏环境中是无形财产的一种。据此，法院判令运营商对游戏玩家丢失的虚拟装备予以恢复并返还、补偿游戏玩家的相关款项和经济损失。据称，这是我国首例关于"虚拟物品"失窃案的判决。

2006 年 1 月，宁波市海曙区法院审理了某人以高价售出网络游戏账号后又将账号偷盗回案件。法院认为，虚拟财产在本质上属于动产，故盗窃者的行为符合盗窃罪的构成要件，并据此以盗窃罪对某人判处有期徒刑 1 年、缓刑 2 年，并处罚金 5 000 元[1]。

深圳市南山区法院 2006 年 1 月审理了一起盗卖 QQ 号码的案件。法院依据国家《关于维护互联网安全的决定》关于"侵犯公民通信自由"等条款，以侵犯通信自由罪判处两名盗卖 QQ 号码的被告人拘役六个月[2]。

2006 年 3 月，广州市中级人民法院对一宗盗窃网络游戏"虚拟物品"的盗窃交易案做出终审判决。法院认为，本案涉及的虚拟装备具有现实的财产属性，属于刑法可调整的内容且盗窃数额达到定罪标准，符合盗窃罪的构成要件，故判处盗窃者罚金 5 000 元[3]。

…………

上述司法判决，对于确立网络游戏"虚拟物品"及其他数字化的"虚拟物品"的法律地位，维护和规范网络游戏"虚拟物品"及其他数字化"虚拟物品"的交易秩序起了积极作用。我们通过广泛的调研和座谈，赞同并认为网络游戏"虚拟物品"具有财产的属性。

然而，按现行法律对财产权的界定，由于没有直接的法律条文可依，虚拟财产实际上难以成为"名正言顺"的财产。

虚拟财产归属权问题

虚拟财产归谁所有？这个问题目前争议也比较大。仅仅就游戏玩家与

---

[1] 宁波宣判一起网游账号盗窃案被告获盗窃罪 [OL]. [2006-01-26]. 新华网.
[2] 首宗盗卖 QQ 号案宣判 虚拟财产立法刻不容缓 [N]. 南方日报，2006-01-17.
[3] 广州首宗虚拟财产盗窃交易案做出终审判决 [OL]. [2006-03-31]. 南方新闻网.

游戏运营商之间的关系，至今理论界就至少存在着服务合同法律关系说、保管合同法律关系说及混合合同法律关系说三种[1]。

有一种观点认为，虚拟财产是玩家在游戏中取得的，其取得方式与状态由游戏的规则所确定，属于游戏内容的一部分。网络虚拟财产本身是由游戏开发商开发和设计出来的，而游戏软件和程序是受著作权法保护的，因此，网络虚拟财产的所有权主体是游戏开发商，而玩家所拥有的仅仅是根据网络游戏服务合同本身所代表的网络虚拟财产的使用价值。因此，其所有权属于运营商，而玩家只享有使用权[2]。

另一种观点则认为，虚拟财产的主体应为游戏玩家。网络虚拟财产的取得方式有两种：一种是通过个人的劳动，如虚拟财物、经验值等是玩家通过自身努力所取得，而经营商只是存储这些数据，通过玩家在游戏中升级攻关获得，玩家在这个过程中需要付出大量的时间和精力，还伴随着大量购买游戏装备的费用。另一种就是玩家直接从游戏运营商手中购买，或者从虚拟的"货币"交易商场及私下交易上获得。因此，虚拟财产的所有权是属于玩家的。

笔者比较赞同后者的观点，虚拟财物虽然作为一种"电磁记录"产生于特定游戏运营商的服务器，并且通常只能存储在该特定服务器上，但是虚拟财产的产生和变化并不由运营商控制，而是玩家在接受运营商服务时自身特定行为的结果，具体虚拟角色和财物的种类和数量则是完全取决于玩家自身的活动。运营商只是提供游戏时段的服务及相应的保管工作。从这个角度来看，虚拟财物的所有权应当归属于玩家。

但是不管持哪一种观点，在虚拟财产归属权没有被立法认可的情况下，它终究没有任何约束力，仅仅是灰色的理论说教而已。

网游虚拟财产交易的税务征管现状

虽然整个网游市场发展得如火如荼，但是带来的税收收益并不乐观，

[1] 李俊慧．网络游戏运营的几个法律问题［OL］．天极网．

[2] 网络游戏的虚拟财物是虚的吗［OL］．龙虎网．

绝大多数税源都因为种种原因成为不可控税源，而未能最终组织入库。通过对部分网游相关的开发商、运营商、中间商、服务商的运营情况及税收征纳情况的调查，笔者发现，在整个网游市场中单纯就流转税而言，只要是正规注册的公司，接受税务机关的正常税收管理，基本上可以按照税法的要求或者是当地主管税务机关的要求申报纳税。而对于没有任何注册登记的地下工作室、地下游戏加工厂等网游虚拟财产供应方、面对面现金交易双方，以及通过交易平台进行 C2C 交易的玩家，几乎处于税收盲区。这其实不足为奇，别说虚拟经济了，就是现实经济中，黑市交易、面对面的现金交易也同样是我们税收工作的盲点。但是有两个问题我们必须正视或正确理解。

税收执法缺乏统一性

以流转税为例，同样是网络游戏虚拟财产转让行为，但是各地国税局、地税局在具体执行的过程中适用的税目税率和相关政策却并不一致。有的把它看成是货物销售，按照小规模商业企业销售货物征收 4% 的增值税，有的把它看成是提供劳务按照服务业征收 5% 的营业税，有的把它当成电信增值服务按照邮电通信业征收 3% 的营业税，还有的按照科研机构从事技术转让、技术服务执行的相关规定执行免征营业税，更有部分企业按照鼓励软件产业的税收政策，执行按 17% 的法定税率征收增值税后，对其增值税实际税负超过 3% 的部分实行即征即退政策。

以联众公司为例，该公司从事的棋牌网络游戏业务收费方式及纳税适用税种主要有以下 7 种：

☞ 实卡销售：主要是依托于报亭及卡务销售点直接销售游戏点卡，按增值税进行申报纳税；

☞ B2B 销售：主要依托于网吧销售，按增值税进行申报纳税；

☞ B2C 销售：主要依托于银行缴费系统，按增值税进行申报纳税；

☞ 通过电信销售：适用于具有 ADSL 捆绑功能用户，费用与 ADSL 费用一起支付，按营业税进行申报纳税；

☞ 通过手机短信缴费：以客户的手机为支付工具，费用在交纳话费时一同交纳，按营业税进行申报纳税；

☞ 以神州行充值卡支付：用户以神州行充值卡的形式支付费用，一部分按营业税申报纳税，另一部分按增值税纳税；

☞ 通过声讯缴费：客户直接拨打声讯电话，费用与固定电话捆绑支付，按营业税申报纳税。

上述各种缴费途径不同，但提供的服务大体一致，纳税人表示主要是因为在支付给合作单位费用时开具了邮电通信业发票，故部分按营业税纳税，其余均按增值税进行申报纳税[1]。

这种混乱局面产生的原因不难分析。税务机关是执法部门，应当依法征税，而网络游戏这一新生事物出现时间短，发展又太过迅猛，使相关法规、相关政策出台滞后（法的严肃性和相对固定性决定了在对新生事物的特征没有完全把握之前不可以轻易立法，不能朝令夕改）。在没有统一的税收政策明确网络游戏虚拟财产转让适用的税目税率，以及其他相关政策出台之前，各级税务机关只能根据自己的理解去套用有关法规，履行“依法征税”的职责，这就直接导致了执法不统一的现象。如前面提到的例子，根据联众公司提供的情况及其提供服务的内容上看，联众公司之所以出现同一服务两种税目的情况，原因主要在于：

☞ 联众公司根据公司内部的税收筹划策略，以税收目标最小化的原则选择了增值税，这主要是因为联众公司享受增值税先征后退的税收优惠政策，实际税负只有3%，而如果按营业税缴纳税率为5%。

☞ 国地税部门之间对于增值税与营业税纳税依据的判定上，国税拥有先定权，即国地税部门对于同一应税事项如现有税收条例无法判定适用税种时，国税部门有优先认定的权力。联众公司为了避免税收上的不确定性，会优先考虑增值税。

☞ 与合作单位结算方式票据的往来多是服务性票据，且合作部门所开票据符合《票据法》及《征管法》规定，因此，地税部门要求其按服务业缴纳营业税。

---

[1] 联众公司的案例由北京市海淀地税局提供。

就目前分税制征管的情况，改变类似联众公司同一服务两税种现象的有效途径就是尽快明确适用税目，同时根据所适用的税目明确发票的使用方法，便于国地税部门分别依据自身的管理权限做好相应的税款征收管理工作。

一线税务机关管理被动

对网游开发商、运营商、中间商、服务商往往采取“守株待兔”式的被动的税收管理方式，很少主动去了解企业的经营情况和财务情况。而在我们调查的过程中发现，网游相关企业的账务处理、税务处理并不规范。

以5173网为例，5173网把为玩家之间进行虚拟财产交易提供担保收取手续费和提供寄售服务收取手续费作为主营业务，同时从事代练业务和88财富币的（B2C）销售业务。该企业在财务、税务核算的时候采用的是收支两条线的方法，也就是说，简单地把所有交易平台上发生的收入（以银行账户存款增加额为准）减去所有的支出（以银行账户存款减少额为准），差额作为服务业的计税依据按照服务业交纳5%的营业税，而并没有区分不同的业务单独核算。2005年，该交易平台交易额达1.83亿元，缴纳营业税38万元，仅占交易额的0.2%。诚然，5173网的发展，为当地经济的发展做出了贡献（2005年上交各项税收68.5万元，这在小城金华市也算是纳税大户了），当地还曾流传一个玩笑：张秉新（5173网总裁）不仅给当地带来了经济收益，而且使街头的小混混都摆脱了“无业游民”的状态，加入到游戏产业大军中，对当地的治安也做出了贡献。但是客观地讲，有点常识的税务干部都应该知道，5173网的经济行为属于兼营行为，兼营行为如果不能单独核算的话，既有营业税项目又有增值税项目的一律征收增值税，有适用不同税率的税目时应从高适用税率；代理业可以按差额作为计税依据，其他服务业则应该以企业收到的所有价款和价外费用合计作为计税依据……而5173网采用的纳税方法和计税依据却无据可考！

为什么征纳双方一边是并不规范的企业，另一边却是被动管理的税务机关呢？笔者分析产生这种现象的原因可能有以下几点：

☞ 目前税务机关在理念上正在由管理型机关向服务型机关转变，在管理型机关理念里，认为征纳关系像猫和老鼠，税务机关在进行征管过程中，首先假设企业想方设法偷漏税，所以必然要严格管理；而在服务型机关的理念里，首先假设企业都想遵纪守法，税务机关要做的主要工作是提供咨询和服务，让对方知道应该怎么做。从这个角度上来讲，被动管理应该是一种进步。

☞ 网游开发商、运营商、中间商、服务商企业内部都有网络专家，而税务机关的技术力量与之相比相差悬殊，其征管能力和征管水平还达不到所需的时候，如果还要装模作样地去检查，对方要作假骗人太容易了，这时候摆出一种高姿态，充分相信对方，倒不失为明智之举。

☞ 保护地方利益思想在作怪。网游相关企业内在具有“无国界”特征，如果当地税务机关管理太紧的话，担心对方转移到其他地区，那样，当地政府连现有的税收收入也失去了，所以宁可睁一只眼闭一只眼……

网游虚拟财产交易的税收对策

☞ 明确相关的法律、规章，使征纳双方有法可依。税务部门是执法部门，法律法规滞后于经济现象或规定不明确会严重影响到法律执行的效力和效果。

首先，应该**在民法中明确网游虚拟财产的物权**。在法律未对虚拟财产做出明确的权利定性的情况下，虚拟财产仅仅表现为一种合法的财产利益。其实，虚拟财产符合传统民法要义上“物”的特性[1]，即：以合法方式取得、标的物不是法律明确禁止的。但毕竟只是推论，因此建议司法机构以司法解释的形式确定虚拟物品的法定地位，只有当虚拟财产被规定为物权的客体，才能使虚拟物变成名副其实的财产，得到法律的保护。

其次，**明确网游虚拟财产交易适用的税收法规，统一执法**。税务机关应在掌握网游虚拟财产交易技术特征和发展趋势的基础上，对现有的散落在相关法规文件中的规定进行整理，添加必要的条目解释。明确不同类型

[1] 参考《民法通则》第七十五条规定。

网游虚拟财产交易适用的税收政策，才能尽早结束目前网游虚拟财产交易税收征管的混乱局面。

☞ 对于已经纳入正常税收管理体系的网游相关企业，如网游的开发商、运营商、中间商、服务商，关键是要规范税收管理，要做好做全信息登记工作，畅通信息传递渠道，开发电子税收软件，提高申报效率。

网络游戏“虚拟物品”交易中介商，一般是通过提供依附于银行、电信的电子支付工具和条件，为玩家实现“虚拟物品”的交易。其主要方式：一是为玩家提供“虚拟物品”的清单和账户，在收到买家的付款后再通知卖家把“虚拟物品”发送给买家并从中提取手续费；二是采用寄售方式即将“虚拟物品”先寄放在网站一段时间，加价销售后再将“虚拟物品”交易的款转给卖家；三是为玩家提供游戏代练服务并将代练的游戏账号出售给玩家。网络游戏“虚拟物品”销售商的经营方式，主要是从网络游戏玩家、网吧、“游戏工作室”等处收购“虚拟物品”后出售。网络游戏运营商的经营方式，是销售经游戏网络游戏开发商许可的游戏自身的“虚拟物品”（目前这已成为网络游戏“虚拟物品”交易的发展趋势）。

鉴于上述“虚拟物品”交易的特征，税务部门在明确相关税收政策的前提下，在采用传统税收征管方式的基础上，可考虑研究、设计专门的征税软件，放置在银行、电信的电子支付工具或网络游戏“虚拟物品”交易商的服务器上（网络游戏“虚拟物品”交易的电子数据均储存在上述工具中），以加强网络游戏“虚拟物品”交易的税收管理。在管理过程中，各级税务机关应积极与银行、网络技术部门等合作，定期与他们进行信息交流，同时建立与企业的定期信息交流制度，畅通信息传递渠道，以使税源监控更加有力。另外，要加强税收法律法规的宣传，加强对企业的纳税辅导，使之“知法执法”。仍以前面提到的5173网为例，如果税务机关将相应的税收政策都传达给企业的话，企业为了避免适用税种、税率时就高不就低，会自觉地规范财务管理，将各项业务分别核算。

☞ 对于目前还处于税收盲区的C2C、C2B的网游虚拟财产交易者税收管理的关键在于纳入管理体系，简化管理办法，降低管理成本，提高征收效率。这些零散税源之所以成为税收盲区，主要因为税源分散、交易快速隐蔽而又不留“痕迹”，涉及的纳税人数量多，而单个纳税人的税额又偏少，征管难度大，出力不讨好。目前，玩家之间“虚拟物品”交易的形式，一是在同城的网吧进行面对面的交易，二是通过网络游戏营运商提供的交流平台采用汇款、网络游戏点卡充值的方式进行交易（据调查，上述交易方式的交易额约占网络游戏“虚拟物品”交易额的70%左右）。这种私下交易，在一定程度上造成了国家税收的流失。网络游戏虚拟财产交易以网络支付手段为主的特征，为我们的税收征管提供了一条新思路。对于这些零零散散的纳税人，我们不妨从支付体系着手解决问题。摒弃所有可能援引的优惠政策，对于个人从事网络游戏虚拟财产交易的采取简易征收方式，设置一个统一的比例税率如2%，对交易全额征税，实际征管可以“借力”，以法的形式赋予C2C业务服务平台代收代缴的义务，C2B业务由收购企业承担代扣代缴义务，征收效率会大大提高[1]。

之所以要摒弃所有可能援引的税收优惠政策，如规定起征点等，并不是要与支持电子商务发展的政策唱对台戏，而是出于以下两种考虑：一是吸取当年“筵席税”产生的“上有政策、下有对策”的教训[2]，采取一刀切的方法，只要个人或个体业户性质的工作室在中间商或代理商平台上交易的一律按比例扣税，不但可以清除税收盲点，堵塞税收漏洞，而且可以提高征税效率、降低税收成本；二是虽然网络游戏虚拟财产交易属于典型的电子商务，但是沉溺网络游戏已经成为一种畸形的社会现象并引起了普遍关注[3]，同烟草一样，网游也属于一种不良偏好，容易使人特别是青少年迷恋成瘾，不但不该享受“优待”，而且应定性为有一定负面社会作用的娱乐业，课以重税，由此提高消费门槛，以减少无收入或低收入的青少年沉溺其中，抑制网游所产生的负面社会影响。

☞ 对于网吧经营者超出经营范围经营网络游戏“虚拟物品”交易的，

[1] 5173网2005年的交易额为1.83亿元，如果按照交易额的2%代收的话，就可以取得366万元的税收收入，征收效果可想而知。

[2] 当年筵席税开征由于规定了起征点，很多企业和个人通过分割发票使每张发票额低于起征点的方式达到避税的目的，使该税种形同虚设。

[3] 天津发生过一起13岁少年为了追寻网络游戏英雄而跳楼自杀的惨剧。此类案例屡见不鲜。

要加大稽查力度。一些网吧的经营者超出经营范围，或是雇人专门“生产”“虚拟物品”，或是免费让人玩游戏以此交换其打到的“虚拟物品”。而后，网吧经营者将“虚拟物品”出售且不纳税。对此，税务部门应加大税务稽查的力度，通过检查网络游戏服务器中的电子数据（可查寻网吧交换“虚拟物品”的电子数据），了解和掌握网吧的经营情况，查处偷逃税行为。这一交易环节可分为两种不同形式：一是游戏服务商委托网站打包出售虚拟道具，如新浪网为推广其代理的网络游戏《天堂》而出售的道具等，此交易一般由服务商组织，其收入按照技术服务征收营业税，并由网站代扣代缴，相对比较有序。二是代练供求带。代练是指玩家为使自己在游戏中达到较高级别的目的，请别人代自己在网游中作业的一种劳务，其性质属于服务业。在游戏过程中，玩家将申请代练的需求反馈到经营代练业务的网站，网站再委派其合作的职业玩家或是工作室为其代练。这就形成了一条由网站作为枢纽，玩家和游戏工作室供求双方形成的代练供求带。在调研工作中，我们发现这种供应服务的所谓工作室基本上都是三两个人自发组织的地下小团体，并无正规的营业执照和税务登记。再加上需求方多为个人，所以在此供求带中，都是现金交易而且没有开具正式发票，此种代练业务应属于劳务范畴，应视其具体形式对应征收营业税及个人所得税。但如此现金交易，形成税款流失隐患。

☞ 注意使用“虚拟货币”进行网络游戏“虚拟物品”交易的逃税新动向。目前，一些网络游戏运营商在自身的游戏中，开发了被称之为游戏币的“虚拟货币”（并定有约定俗成的与现实货币的兑换率），在同一款游戏中用于“虚拟物品”的买卖。同时，一些即时通讯运营商也开发了一些品种“虚拟货币”（如深圳市腾讯公司开发的 QQ 币。这些“虚拟货币”也有约定俗成的与现实货币的兑换率），可在不同款的游戏中用于“虚拟物品”的交易。而一些网络游戏运营商在使用“虚拟货币”进行“虚拟物品”的交易时，通常是采取收入不入账的方式，偷逃国家税收。这一问题值得注意。税务部门应强调有关各种收入必须入账的规定，以防止和查处偷逃税行为。

另外，与工商管理部门协作，规范网游市场的登记和管理，打击黑市交易，为规范的交易保驾护航；加强税务机关自身网络建设，尽早实现与国际互联网的全面连接，实现真正的网上监控和稽查，防止税收流失；未雨绸缪，实施人才战略，认真制订并实施税收人才培养计划，加大投入，逐步形成一支既精通税收专业知识，又精通外语及计算机网络知识的高素质、应用型的税收专业人才队伍等，都是我们在研究虚拟财产交易的税收对策过程中要考虑的问题。

实践证明，现行税收政策和征管方式已不完全适用（适应）以数字形式（特别是软件这种以前未曾出现的形式）出现的电子商务。我们应针对数字化产品（服务）的技术特征，研究、制定、完善相关的税收政策和电子化征管方式，以促进我国网络经济的发展。

注：此文成稿于2006年，内容收于2007年初完成的博士论文中。

09

互联网上经营主体工商注册、税务登记备案制度研究

税务登记是将纳税人纳入税收管理的首要环节，是进行税收管理的基础和前提，互联网上经营主体由于缺乏登记备案制度而游离于税收管理之外。

互联网上经营主体该不该登记备案？怎样进行登记管理？带着这些问题，2006 年下半年，笔者跟随国家税务总局科研所《电子商务与税收》课题组一起开展了互联网上经营主体工商注册、税务登记备案制度的调研。期间对税务登记和工商登记的法律法规进行了研究，并与北京市工商行政管理局、北京市地方税务局的有关部门进行了座谈研讨，并且到电子商务工商登记工作做得比较好的江西省工商局进行了实地考察调研，加之跟踪网络上相关热门话题的评论，基本上掌握了互联网上经营主体工商注册、税务登记备案的争议、现状。

网上交易指导意见，一石激起千层浪

为贯彻落实国务院办公厅《关于加快电子商务发展的若干意见》，进一步促进网上交易健康有序发展，商务部起草了《中华人民共和国商务部关于网上交易的指导意见（征求意见稿）》[1]，2006 年 5 月 24 日面向社会

[1] http://www.mofcom.gov.cn/aarticle/b/g/200606/20060602419198.html.

发布，并公开征求意见。在公众中引起反响最大的就是，意见稿中对网上交易参与者在资质方面提出的意见：法律规定从事商品和服务交易须具备相应资质，应当经过工商管理机关和其他主管部门审批。

对此，商务部信息化司有关人士表示[1]，如果不以盈利为目的，是不需要到工商部门审批的，但一旦有了“商行为”，则必须按照有关规定进行审批。所谓“商行为”，需要具备几个特征：以盈利为目的；以此为职业（兼职也算）；行为具有长期性、反复性、持续性和不间断性。

商务部在这次征求意见稿中对网上交易也做出了明确定义：当事人利用互联网、移动通信网络等网络通信手段进行的商品或服务交易，可分为B2B（企业间交易）、B2C（企业和消费者间交易）、C2C（个人间交易）和G2B（政府和企业间交易）四种。对于这四种交易模式，商务部明确提出，“网上交易参与方包括：出卖人，买受人，网上交易服务提供者，法律规定从事商品和服务交易须具备相应资质的，应当经过工商管理机关和其他主管部门审批”。

讨论稿发布之后，网络上下进行了激烈的讨论，既有支持的声音，也有反对的声音。

一些活跃在电子商务网站上的大卖家对网店进行工商登记持支持态度。他们觉得申请工商执照可以杜绝一些资质欠缺的小卖家搅乱市场，维护网上交易的纯洁性。这样在某种程度上提高了网上开店的门槛，对大卖家不仅没有不利的影响，甚至有可能对生意有帮助。在这一点上，很多网上购物的网民都表示了支持，因为按照中国相关法律规定，从事商业经营活动需要经过工商登记，同时承担法定责任。而当网上卖家正式登记后，其承担的责任相对就多了。比如，现在卖家通常通过快递公司将货物快递给买家，如果途中出现货物被调包等情况，卖家一般是不负责的。而卖家进行工商登记后，货物的责任转移时间将会后移到买家收到货物为止。对于网购消费者而言，网上交易的安全性已经成为头等大事，面对一群有合法资质的卖家，他们在网上购物的时候会更有保障。还有一些网上的卖主

[1] http://www.haolegou.com/bbs/simple/index.php?t8287.html.

对即将出台的新规定表示理解，认为既然是做生意，不管你是在那里做，就得注册留底，还要依法纳税，这是迟早的事情，只是表示手续要尽量简单化，不要太过复杂，而且税率也要合理。

反对的声音大部分来自C2C店铺的店主。一些小店主认为，可信度也不是靠工商注册能证明的，我们做的都是小生意，享受的是卖东西的小乐趣，本身利润就少，况且本身是通过了提交资料、注册用户、复印身份证这三重手续才在网上开的店。如果还要去工商局注册就太不方便了，真要管的话，应该对网站本身进行规范管理，由网站上报收入及注册情况。淘宝网总经理孙彤宇在接受记者采访时表示，网店纳税在目前而言有些为时过早。目前，中国C2C电子商务市场交易额和整个零售业的交易额相比几乎可以忽略不计，当前最主要的任务还是培育市场，如果太早开始将税收问题介入其中，不仅会增加网上交易的成本，更会影响到网上交易行为的复杂程度，整个市场的发展可能会受到严重的影响。还有人把电子商务高度发达的美国搬出来做比较，认为美国网上交易欺诈行为不比中国少，但是他们确实没有采取让卖家去申请工商执照的做法。

同时，不少人对这项政策如何落实表示怀疑。因为C2C网上交易量太大，怎么可能一一注册。同时，由于网上交易的虚拟性，加之交易参与者数目巨大，要调查清楚太难了，监管起来很是麻烦。据中国互联网络信息中心发布的《2006年中国C2C网上购物调查报告》显示，仅2006年1—3月，北京、上海和广州三城市的C2C网上购物消费就达200万人次。网上交易参与者数目繁多而且具有虚拟性，调查全部交易者的行为几乎是一项不可能的任务，这将给工商部门的工作负荷带来挑战，监管成本也会急剧增加。

下面我们来看看专家意见。北京市商业管理干部学院院长、《中国无店铺销售立法的政策建议报告》制定的牵头者杨谦教授在接受记者采访时表示："网店不进行正规工商注册的现象目前非常普遍，这也是一个全球性的问题，非中国一国才有。建议的出台反映的只是一个导向，对网上交易的低门槛没有实质影响。"北京科技大学教授、中国电子学会电子商务专家委员会副主任梅绍祖表示，市场规范肯定是趋向。目前大部分网上交易，虽然是以拍卖为名，但已经脱离了一般拍卖“剩余物资”的初衷。如果工商注册有难度的话，至少应该出台一个明确的网上交易税收政策，标明什么情况下对税收是减免或是全免。梅教授还提到，在国外，为了鼓励发展电子商务，会采用免税政策，比如美国国会的《互联网免税法案》就曾经对网上销售做出了免税规定。梅教授还强调：“目前缺乏与电子商务相关的一套完善的法律体系，商务部先拿出的指导意见，不管是抛砖引玉也好，其他的说法也好，对于规范各方行为是有好处的。这表达了政府部门对网上交易的看法，希望能够规范市场行为，推动市场发展。某电子商务界人士指出，商务部提出的网上交易参与方审批问题，只适合有规模的网上商贸机构，即企业对个人或企业对企业。而对 C2C 网商强制工商注册，可能会阻碍中国电子商务的发展。

网上经营主体的登记管理亟待加强

2004 年以来《中华人民共和国电子签名法》和《国务院办公厅关于加快电子商务发展的若干意见》的实施，已使我国的电子商务进入全面、快速的发展阶段。据中国电子商务协会等机构的统计，2005 年中国电子商务交易额达7 400亿元人民币，其中：企业对企业（B2B）的交易额达6 450亿元人民币，占电子商务交易总额的94. 8%；商家对个人（B2C）及个人对个人（C2C）的交易额分别为 200 亿和 150 亿元人民币，占电子商务交易总额的 4. 2%。而据赛迪网的统计，2006 年中国电子商务市场保持了持续高速增长势头，截至年底，共实现交易额11 000亿元人民币，同比 2005 年增长了 52%。[1] 可以说，电子商务的发展，降低了交易成本，带动了工业化向信息化的转变，改变了经济增长方式，推动了我国经济的发展。

但是电子商务交易主体缺乏有效监管的弊端已经显露无遗。网络经营

[1] 中国电子商务市场期待厚积薄发［OL］. http://hi. baidu. com/vegaking/blog/item/f18881267f43bb178a82a186. html.

主体与传统商务形成不公平竞争，引起市场秩序的混乱；消费者权益无法受到保护，税收流失严重，损害了国家利益，甚至会有非法主体利用互联网进行一些涉及国家安全的政治问题的交易。

目前，互联网上无照（营业执照）经营的现象普遍，问题严重。特别是在一些拍卖网站上，不少人打着 C2C 的旗号而行 B2C 之实（即假借拍卖个人旧物品，实则大量销售新商品）。我国一些大型拍卖网站的经营者也承认，其拍卖网站上的大多数拍卖者都是小的零售商。据了解，目前网上从事商品交易和提供服务 C2C 的注册用户数已近4 000万，注册店铺约 100 万户（仅杭州的淘宝网就有 2 266 余万注册用户、51 余万注册店铺），而这些从业者大多既无工商注册也无税务登记。网络商铺与传统商务主体相比较，无准入成本、无税收支出、无店铺成本，它们的综合成本比纳入工商税务正常管理的店铺少得多，相同商品的价格即便比市场价稍低，利润也比较高，这种现象使得相关主体争相效仿，严重影响了正常的市场秩序，致使国家税收大量流失。

市场经济社会奉行意思自治原则，凡是法律不禁止的商事行为，市场主体均可以从事。但是，由于电子商务具有虚拟性、开放性等特点，在实践中，有些企业在网上从事交易活动时，只标明自己的电子邮件地址、手机号码、银行账号、邮政信箱号码，而隐去企业的真正地址、法定代表人、经营范围、公司股东等，从而大大加重了市场交易中信息不对称的程度。一些网站出售假冒伪劣商品和提供虚假服务的欺诈、欺骗事件时有发生，也使消费者的权益更易受到损害。由于电子商务中经营主体的虚拟化，经营者所做的售后服务承诺往往难以落实。消费者在自己的合法权益受到侵害时，由于找不到侵权方，或难以掌握侵权证据，或侵权责任难以认定，或管辖权难以确定等原因，求偿权难以落实，消费者权益失去保护。网络欺诈猖獗的重要渊源就在于卖家隐身在电脑屏幕背后，真实身份难以识别。

有些人担心，电子商务的发展还刚刚起步，如果要求网上经营主体进行工商税务登记，一方面增加了复杂的手续，一方面纳入税收管理使网上销售失去了价格优势，会阻碍电子商务的发展。事实上恰好相反，规范市场准入，不仅不会阻碍电子商务的发展，而且能促进电子商务的健康发展。中国互联网信息中心 2004 年年末发表的一份《中国互联网热点调查报告》[1]，对网络购物的特征进行了分析，其中关于选择网络购物的原因和不选择网络购物的原因分布如图 1、2 所示。

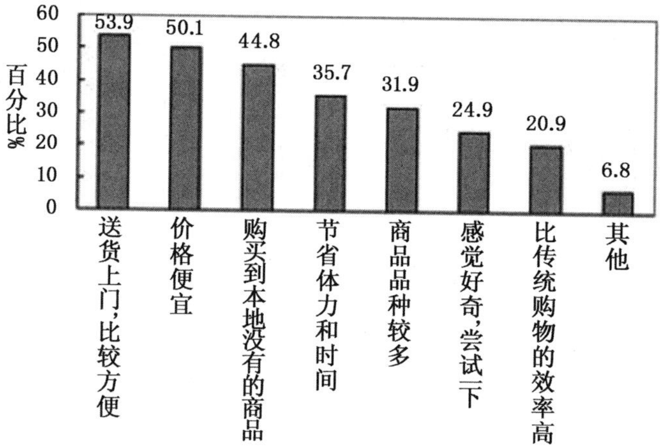

图 1　网民选择网络购物的原因分布

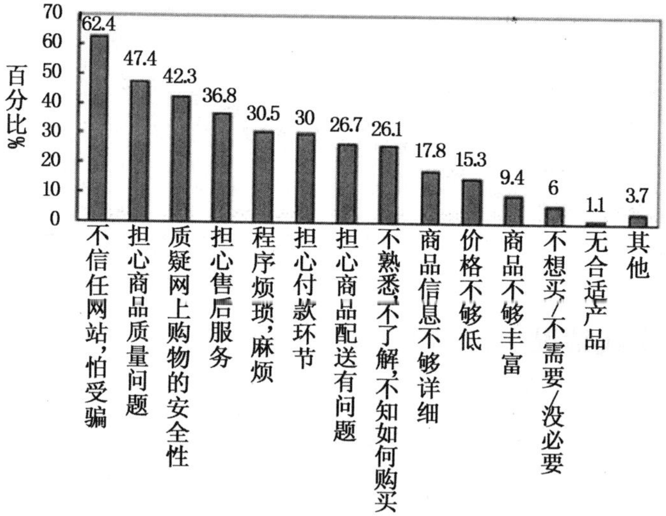

图 2　没有尝试网络购物的原因分布

[1] 中国互联网热点调查报告 [OL]. http://tech.sina.com.cn/focus/CNNIC_ HOT04/index.shtml.

从分布图可以看出，选择网络购物的原因主要有方便、价格低，以及商品多样性，价格虽然很重要，但已经不是最重要的因素，方便、省时省力、选择余地大是更多人的选择理由，而网民没有尝试网络购物的原因主要有对网站不信任、怕受骗，担心商品质量问题和售后服务，质疑其安全性。目前 C2C 电子商务交易单笔额度普遍较小、大额交易极其罕见足以证明，广大网民在难以确认商家真实身份的情况下是不敢轻易进行大额交易的。

还有人担心，虚拟性是互联网与生俱来的特性之一，或者说，互联网的很多优势都与这种虚拟性密不可分，虚拟性一旦丧失，可能互联网的很多天然优势也就同时消失了。其实不然，电子商务健康发展的最大阻碍就是网络的虚拟性。正正当当做生意的人没有必要把自己隐藏起来，简单和真实是生活和为人的一种境界，对于光明磊落的人，做到真实并不难，而只有有不可告人的企图或者不法行为的人才要隐藏自己，所以，如果规范网络交易的监管，严格准入制度，相当于将虚拟的网络主体实名化，既不妨碍方便、快捷、高效、透明，又可以增强消费者的消费信心，给交易双方提供更安全的网络环境，会推动电子商务健康快速发展，何乐而不为？

种种迹象表明，建立网上交易准入机制、规范交易秩序，营造公平竞争的经济环境、保护消费者权益，规范税收管理、维护国家利益的时机已经成熟。目前，工商行政管理部门和税务机关应建立和健全相关法规，进一步研究、制定、完善互联网上经营主体的工商注册、税务登记制度，以维护市场程序和保证国家财政收入，促进我国电子商务的健康发展。

部分城市实践情况

对网上经营主体的登记管理，工商部门关注比较早，而且北京、上海、广东、贵州、江西等部分省市已经制定了相应的管理办法，下面就调研的北京和江西的情况加以介绍。

北京市工商局《经营性网站备案管理办法》的制定实施

北京市工商行政管理局的人员介绍，由于电子商务起步时消费者投诉太多，迫使北京市工商局从2000年就开始研究电子商务问题；局领导一向比较重视信息化建设，为了加强对电子商务的研究和管理，专门调整机构，增加了特殊交易监督管理处，负责对网络交易的监管。该处决定从登记注册入手进行监管，通过下发管理办法进行操作，于是2002年组织制定了《经营性网站备案登记管理办法》和《实施细则》，当年8月份公布实施。在实践的基础上，2004年10月1日开始实行新的《经营性网站备案管理办法》，《经营性网站备案登记管理办法》及其《实施细则》同时废止。

北京市的《经营性网站备案管理办法》是在企业和个体工商户进行工商注册的基础上，实行非强制性的备案管理。该办法所称的经营性网站，是指企业和个体工商户为实现通过互联网发布信息、广告、设立电子信箱、开展商务活动，以及向他人提供实施上述行为所需互联网空间等经营性目的，利用互联网技术建立的并拥有向域名管理机构申请的独立域名的电子平台。

该办法所称的备案，是指经营性网站向工商行政管理机关申请备案，工商行政管理机关在网站的首页上加贴经营性网站备案电子标识，并将备案信息向社会公开。备案信息包括网站的名称、域名、IP地址、管理负责人、ISP提供商、服务器所在地地址、联系办法等相关内容。消费者点击标识，可看到网站经营者的详细情况并能直接进入工商行政管理机关的网上工作平台，查询相关信息。并对申请经营性网站备案的条件做了具体的规定。

该办法实施以来，据北京市工商局的测算，北京大概有7万余家企业拥有网站，但是到目前为止（2006年8月）自愿备案的网站仅有3 650余家（多为大中型网站），占网站总数的5%左右。事先防范、惩罚在后的确有利于社会的稳定，有利于减少社会成本，但是面对如此低下的备案率，特殊交易处只能将工作重点从审批备案转移到对网上交易行为的监管上，仅2006年上半年就查办了47起涉网案件，其中45起当事人属于未备案网站。工作人员感慨道：“事后监管，对我们的监管手段和工作人员的综合素质要求都很高，虽然可以查处一些案件，起到一定的威慑作用，但是监管成本太高了。”

江西省工商局《江西省互联网上经营主体登记后备案办法》的制定实施

在调研过程中我们了解到，江西省电子商务发展比较迅猛，省政府非常关注电子商务问题，专门成立了领导小组，出台了一系列促进电子商务发展的鼓励措施。对于网上经营主体登记备案问题，江西省工商局从2002年就开始研究，并且成立直属局专门监管特殊行业和互联网领域。直属局成立后，查办了60多起网上传销、虚假宣传、假冒伪劣等“涉网”案件，绝大多数案件的根源在于交易主体的身份不确定，不利于监管。2005年江西省出台了《江西省互联网上经营主体登记后备案办法（试行）》[1]，并首先在南昌市试点，后在全省试行。

该办法规定，在自愿原则的基础上，对于“利用互联网从事以营利为目的的经营活动的各类企业和个体工商户实施备案管理”，并向申请人颁发电子数字证书——《互联网上经营主体备案证书》及网页标识，通过这样的方式，初步实现了网上经营主体的实名化。此外，该办法还对网上经营登记注册时核准的经营范围进行了规范，统一使用“网上经营××商品”、“网上提供××服务”等用语。在办法中还明确指出，此次纳入市场准入的网上经营行为是指利用互联网从事以营利为目的的经营活动，包括利用自办网站或者他人网站进行网上交易的、提供交易平台或其他服务的、发布广告或其他商业信息等。据介绍，在公众网站上开店、提供网游代练、销售网游虚拟装备等都属网上经营行为，经营者都必须到工商部门办理营业执照。此外，获得工商营业执照的网上经营者，还必须持相关资料到市级以上工商部门进行电子备案，工商部门将免费为其办理《互联网上经营主体备案证书》，并发放电子版红盾标志。

江西省工商部门的负责同志介绍，江西出台的办法主要有以下几个特点：第一，坚持自愿的原则。原因有两个，一是没有相关立法，强制执行

---

[1] 关于印发《江西省互联网上经营主体登记后备案办法（试行）》的通知 [OL]. http://www.yj598.cn/hdwz/goto_sx.asp? id=884.

无法可依；二是没有办理工商登记的非法经营者，没有发生市场准入成本，当然不希望有什么管理办法，这样他们便可鱼目混珠，但是已经办理了工商登记的合法经营企业，本身已经发生了市场准入的成本，在网上备案只会将他们与非法经营的区分开来，增加企业的信誉度，原理上应该愿意备案而不需要强制。第二，与北京的备案办法不同，他们备案的对象是网上经营主体，而不是经营性网站，因为网站本身只不过是信息交流的平台，而不是交易的主体，只有交易主体才应该成为工商的监管对象。第三，北京工商对经营性网站的网上申请只进行书面的逻辑审核，一旦社会上对该网站有疑义、有投诉等才对其事实真实性进行落实，而江西省的互联网上经营主体网上备案申请要以办理了工商登记为前提，确保所有备案信息的真实性。

在实际执行过程中，江西省在省和市两级设立备案机关，并坚持登记管理部门、备案机关和各级工商管理部门联动，即由登记机关将互联网上经营主体网上报省级、市级备案机关备案，一经备案，备案机关马上通知负责该企业的辖区工商所纳入正常监管。备案是基础，网上巡查促进备案的实施。直属局加强日常网上巡逻，同时与公安机关和通讯管理局联动，一经发现问题，立即通知通讯管理局关闭对方网站，协调公安机关进行查处。目前全省自愿备案的520家，其中有ICP证书的70多家。

原理上税务管理以工商登记管理为前提，截至目前，税务机关尚未对互联网上经营主体的税务登记做出明确、具体的规定。

研究体会

自愿原则下主动备案登记的网商比例太低

目前的各种网上经营主体登记备案办法，象征意义要远远大于其实际意义。各种网上经营主体登记备案办法的制定和施行，是在互联网信用问题严重的情况下，从政府方面对网上的经营者进行宏观约束与限制的一种有益的实践和探索。但是由于都是采用自愿的原则，从备案情况来看，在无限网络、茫茫众商中，真正能够主动备案的网商毕竟还是少数。对于大部分网商本身来说，目前还是处于观望的状态，对备案办法的执行反应冷淡，“没有强制执行，等强制执行的时候再说”，这是一般网商的反应。而作为目前正打算“网上开店”的人们来说，“按照既定的时间表进行，不会受备案办法的影响”，成为目前的主要论调。由此看来，备案办法的实行，在目前象征意义要远远大于其实际意义。

实行严格的电子商务准入制度势在必行

目前电子商务在市场准入方面较为宽松，许多中小企业和个人商家根本没有营业执照，实行严格的电子商务准入制度已势在必行。国家有关部门应要求在电子商务中从事盈利性行为的法人、自然人和其他组织办理营业执照、税务登记等，严格电子商务的准入机制。

然而，要注意制度和法规的可操作性。“射不主皮，为力不同科，古之道也。”[1]古人尚且知道不能不顾实际情况硬性规定、一刀切，更何况现在面对的是情况复杂的互联网上经营主体。笔者认为，应该在相关法律法规中明确规定对于电子商务的 B2B、B2C 的 B 方实行严格的电子商务准入制度。经营自营模式的互联网主体，必须办理工商注册、税务登记、电信与信息服务业务经营许可证等（并将网站的名称、域名、IP 地址、管理负责人、ISP 提供商、服务器所在地地址、联系办法等作为必须登记的内容）方可经营；已先期办理工商注册、税务登记的企业，经营自营模式的互联网主体，必须补办有关互联网主体的登记，如登记网站的名称、域名、IP 地址、管理负责人、ISP 提供商、服务器所在地地址、联系办法等内容。对于 C2C 的卖方 C，由于情况比较复杂，强制备案不现实，建议坚持自愿原则，不做强制要求，用规范的 B 的管理逐步引导 C 走向规范。对于规模较大，年交易额达到一定数额以上的 C 卖家，可以考虑由卖家所在网络平台提供交易数据，卖家按实际交易额上缴国家税收。

[1] 摘自《论语·八佾篇》。

工商和税务登记备案目的和内容有区别

工商行政管理部门对电子商务秩序监管的职能更多地趋向于对电子商务市场主体及准入秩序、交易秩序、竞争秩序、网络广告的监管，以及对商标权和消费者权益的保护。直接目标是支持与营造一个公平、公开、有序的市场竞争环境和商业法制环境，最终目的是为了推动电子商务的进一步发展。工商行政管理部门注册登记备案主要解决的是交易主体身份认定问题，所以其备案信息主要是载明企业身份的有关信息，如企业名称住所、注册资本、经营范围、法定代表人、企业设立时间等。税务管理部门对网上交易主体的监管最终目的是为国聚财，把该收的税收上来。因此，主要解决的是纳税主体的身份认定和日常税源监控问题，其备案信息除了应载明企业身份的信息外，还要载明经营网址、收款方式、银行账号、记账软件等与税源监控相关的信息。

研究需要由国家税务总局统一牵头进行

在当前互联网经营偷逃税形势越来越严峻的情况下，税务机关必须加强网络经营主体的登记备案管理，加强税源监控。但是在对一些基层税务部门调查的过程中，发现地方税务机关缺乏研究这个问题的动力。有些地区的税务人员表示：目前基层税务人员人手有限，已经办理工商登记、拥有实体店的企业还存在大量漏征漏管户，我们怎么可能有精力用在现实世界里看不见摸不着的网上店铺的税收监管上？还有一些发达地区税务机关的人员表示，目前作为基层来讲，研究电子商务税收征管问题，人力物力财力投入太大，而实际征收上来的税款不足以支付成本，况且浮在表面上的传统商务产生的税源已足够完成税收任务，在如今的市场经济情况下，每天都有大量新企业诞生，对于单纯的网上经营的企业，税收管理员根本无暇顾及，也没有精力研究。还有的地方税务机关认为，对于一些单纯经营网上业务的电子商务企业，由于其业务的隐蔽性大、经营主体的流动性强，如果你不去监管或者只是象征性的监管，它多少总要交纳一些税款，但如果你管得紧了，它就转移到其他地方了，那么一分钱也收不到了。由此看来，税务部门的相关研究还是要由国家税务总局统一牵头进行。

网络交易监管必须动员全社会的力量

随着网络技术和电子商务的发展，网络交易无处不在、无孔不入，仅靠工商部门或者税务部门的力量对其监管显然力不从心。所以，从政府的角度而言，对网络交易的监管必须由商务部、信息产业部、公安部、国家税务总局、国家工商管理总局等相关部门通力协作才能达到一定的效果。除此之外，要加强市场主体信用意识教育，建立起以行业自律、新闻监督、群众参与为主要内容的电子商务秩序社会监督体系，充分发挥社会力量的监督作用。还要充分发挥新闻媒介舆论监督作用，舆论监督成本低、覆盖面广、社会影响快而深远。新闻媒体是广大电子商务消费者的耳目喉舌，是沟通商家与消费者的快捷高效通道，是电子商务企业违法违规行为的啄木鸟，是违法失德商家的天敌，因此要鼓励新闻媒介大胆披露扰乱电子商务秩序的大案要案，形成强有力的新闻舆论监督氛围。只有动员全社会的力量，构建电子商务的社会监督体系，才能从根本上营造出一个良好的电子商务市场环境。

注：此文成稿于2006年年末，内容收于2007年年初完成的博士论文中。

10
电子合同印花税征管初探

印花税是对经济活动和经济交往中书立、领受具有法律效力并受国家法律保护的凭证征收的一种税[1]。在诸多税种中，电子合同印花税受电子商务影响最直接。顺应电子商务的发展，完善《印花税暂行条例》的有关规定，对网上交易进行有效监管以确保印花税收入及时、足额入库是减少印花税税款流失的关键。

电子合同的应用范围越来越广

数字通信技术的出现使人类逐渐摆脱对纸质的依赖，由此产生了电子合同。电子合同主要是指计算机处理、存储和传递的数字形式的法律文书，亦即专指由电子数据交换（Electronic Data Interchange，EDI）方式拟定的合同[2]。电子合同是当事人之间为了实现一定的目的，通过电子邮件和电子数据交换的形式，明确相互间权利义务关系的协议。它实质上是一组电子信息，依赖的是诸如计算机硬盘、软盘、u 盘等储存介质，容易被篡改而不留痕迹。

电子合同是与电子商务相匹配的合同形式。电子合同的应用，不仅可以减少纸质合同的产生量，提高合同的签订效率，还可以对合同进行有效

---

[1] 杨秀琴，钱晟．中国税制教程［M］．北京：中国人民大学出版社，1999：279.

[2] 李双元，王海浪．电子商务法若干问题研究［M］．北京：北京大学出版社，2003：117.

管理，其中的数据可以自动导入数据库中参与信息管理系统的运算，给对账、结算、存货及资金流控制等业务带来很大的便利，在签约过程中能为企业节省大量时间和商务成本。

有关业内人士指出，按照目前的商业交易状况，我国拥有1 000多万家企业，如果平均每家企业每年签订 40 份合同（这个合同量实际只适用于最小型的企业，大型企业每年签署的合同量往往达到数万份），一年也会有 2 亿多份新的合同产生。仅合同来回的邮递成本以每份 20 元计，其每年合同签署的邮递成本也将达到 40 多亿元。电子合同的应用意味着这 40 多亿元的商务成本将趋于零。而合同电子化带来的其他隐性成本节约和商务效率的提升更无法估计。保守地估计，电子合同的全面应用全年至少给我国企业带来上百亿元的直接经济效益，其社会效益巨大。据估算，电子合同的应用在未来十年间就会产生至少千亿元以上的经济价值[1]。

近几年，随着电子商务的快速发展，越来越多的企业通过数据电文交换信息来订立合同，电子合同的应用范围越来越广泛。目前阶段，电子合同应用最广泛的还是网络服务合同及通过第三方交易平台进行的在线交易；网络服务和信息产品的特点决定了人们必须使用电子合同，而通过第三方平台交易因其交易记录为平台保存，具有证据效力，因此人们也愿意使用电子合同。一些大型的外资企业，尤其是以电子行业为主的生产型企业，与供货商或销售商进行业务往来之前，签订一段时间的购销框架协议，这个框架协议只反映出货物名称、供销时间、规格要求，而没有反映出任何价格金额，在具体实施过程中，完全依靠网络传递购销数据。

在海淀地税[2]的一份调查报告中显示：四家接受调查的国际知名外企中，近三年购销合同全部为电子合同的 2 家；只在 2002 年签订了 11 份纸质购销合同，占总合同金额的 0. 25% 的 1 家；购销合同总金额的 74% 为电子合同，其他为纸质合同的 1 家。四家企业综合来看，369. 6 亿元的总合同金额中，98. 5% 签订的是电子合同，只有 1. 5% 是纸质的合同。可见，

---

[1] 电子合同小试牛刀［OL］. http://www.sursen.com/news/BaoDao_ niudaoxiaoshi.htm.

[2] 关于电子合同印花税征税问题的调查报告［OL］. http://fastwm.net/1w/47/92707.htm.

在外企中，尤其是电子商务起步较早的外企中，电子合同比例较高，电子合同所载金额比重较大。

电子合同是印花税应税凭证

电子合同在形式上具有不同于传统纸质书面合同的特点，如：合同内容等信息记录在计算机或磁盘中介载体中，其修改、流转、储存等过程均在计算机内进行，且改动、伪造不易留痕迹；表示合同生效的传统签字盖章方式被数字签名所代替，等等。但电子合同的性质和意义并没有发生根本的改变，仍然是为了确定交易方各自的权利和义务，以保证经济交往迅捷正常地进行。那么电子合同是否是印花税的应税凭证呢？

根据《印花税暂行条例》规定，判断一份合同是否应征收印花税主要看是否符合两个条件：一是合同在境内具有法律效力，条例规定“在中华人民共和国境内书立”是指在中国境内具有法律效力，受中国法律保护。无论是在境内书立还是在境外书立，均应依照条例纳税[1]。二是合同属于条例规定的“应纳税凭证”的范围。即“购销、加工承揽、建设工程承包、财产租赁、货物运输、仓储保管、借款、财产保险、技术合同或者具有合同性质的凭证”[2]。对于其中的“合同”解释为：“根据《中华人民共和国经济合同法》《中华人民共和国涉外经济合同法》[3] 和其他有关合同法规定立的合同。”“合同性质的凭证”解释为“具有合同效力的协议、契约、合同、单据、确认书及其他各种名称的凭证”[4]。由此可见，如果电子合同在我国境内具有法律效力，并属于根据合同法规订立的应税范围内的合同或者合同性质的凭证，就应当作为应税凭证纳入印花税的征税范围。

由此可见，电子合同是否是印花税的应税凭证，关键是分析电子合同

[1] 《印花税暂行条例实施细则》第二条第一款规定。

[2] 《印花税暂行条例》第二条规定。

[3] 1999 年公布的《中华人民共和国合同法》第四百二十八条规定：本法自 1999 年 10 月 1 日起施行，《中华人民共和国经济合同法》《中华人民共和国涉外经济合同法》《中华人民共和国技术合同法》同时废止。

[4] 《印花税暂行条例实施细则》第四条规定。

的法律效力，看电子合同是否与纸质合同具有同等的法律效力。

1996 年《联合国国际贸易法委员会电子商务示范法》[1]（以下简称《电子商务示范法》）中建立了电子商务中“书写”、“签名”和“原件”等纸面化概念的等同功能，功能等同原则包括三个内容：数据电文等同于书面；电子签字等同于传统手书签字；具有一定条件的数据电文等同于原件。示范法第六条规定[2]：“如果法律要求信息须采用书面形式，或规定了信息不采用书面的后果，那么只要一项数据电文所含信息可以调取以备日后查用，即满足了该项要求。”我们知道，电子商务产生的非纸质的数据电文与传统的书面文件相差很大，传统的书面文件包括书面的合同、协议和各种书面单据如发票、收据等，它们是由有形的纸张和文字表现出来，具有有形物的特点。如文件可以被阅读，可以用笔签字证明合法有效。而数据电文的表现形式是通过调用储存在磁盘中的文件信息，利用电脑显示在屏幕上的文字来表现，电子文件的存在介质是电脑硬盘或软盘介质等。贸法会的该条规定在不要求各国取消国内法关于书面形式要求的前提下，扩大了“书面形式”一词的解释，将数据电文纳入“书面形式”的范畴之内。《电子商务示范法》第 11 条规定，“除非当事人另有协议，合同各方可通过数据电文的要约和承诺的方式来缔结合同，并不得仅仅以使用了数据电文为理由而否认该合同的有效性或可执行性”。据此，只要一项数据电文所含信息可以阅读并能够调取以备日后查用，法律就应该对其效力加以确认。

我国 1999 年公布实施的《中华人民共和国合同法》[3] 第十一条规定：“书面形式是指合同书、信件和数据电文（包括电报、电传、传真、电子数据交换和电子邮件）等可以有形地表现所载内容的形式。”也就是说，不管合同采用什么载体，只要可以有形地表现所载内容，如可以调用显示、可以打印归档等，即视为符合法律对“书面”的要求，这实际上已

[1] 《联合国国际贸易法委员会电子商务示范法》简介［OL］. http：//www.86exp.com/article/rule/jingmao/2006-07/200607232547.htm.

[2] http：//www.ecinfo.net/html/eclaw/639.html.

[3] 中华人民共和国合同法［OL］. http：//www.zgbxb.com/contract_ gb.htm.

赋予电子合同与传统纸质合同同等的法律效力。

2005 年公布施行的《中华人民共和国电子签名法》（以下简称《电子签名法》）中规定，当事人约定使用电子签名、数据电文的文书，不得仅因为其采用电子签名、数据电文的形式而否定其法律效力。这是我国第一次以法的形式对电子合同的法律效力做了进一步的认可。

由此可见，电子合同具备传统合同的性质和作用，其法律地位得到我国法律的确认和保护，符合《印花税暂行条例》所规定的应纳税合同要求，应该按照相关规定缴纳印花税。国家税务总局在 1997 年曾以国税函〔1997〕505 号下发的《关于外商投资企业的订单、要货单据征收印花税问题》的通知第三条规定："对在供货经济活动中使用电话、计算机联网订货，没有开具书面凭证的，暂不贴花"；2006 年财政部和国家税务总局联合下发了关于印花税若干政策的通知（财税〔2006〕162），通知第一条明确规定，纳税人以电子形式签订的各类应税凭证按规定征收印花税。国税函〔1997〕505 号文的规定自动废止。据此，纳税人签订的电子合同应该依法缴纳印花税有了非常明确的法律依据。

电子合同印花税征收的几个现实问题

虽然国家税务总局在调研的基础上已经发文明确纳税人以电子形式签订的各类应税凭证按规定征收印花税，但是由于电子商务具有交易主体的可隐匿性、部分交易物的无形性、交易地点的不确定性、交易完成的快捷性等特点，使税务机关在确定电子合同印花税的纳税人、征税对象、纳税环节、纳税地点、纳税期限时都会遇到前所未有的问题，税务机关必须要耗费一定的人力、物力和财力来解决这些问题。

税与非税的判断

首先区别税与非税的关键是对于“境内”的判断，即如果是在中国境内具有法律效力，受中国法律保护，那么无论是在境内书立还是在境外书立，均应依照条例纳税。由于互联网的无国界性，网址与交易者所处的地域并没有必然联系，地域的限制性大大弱化，电子合同的确给关于“境内”的判断出了一道难题。但是，我们一方面可以考虑从交易主体的角度上来判断，签订电子合同的当事人有一方是中国自然人或者法人，那么所签合同在中国境内具有法律效力，受中国法律保护，该电子合同就符合“境内”原则。另一方面，尽管互联网上连接了无数的服务和电脑，但它们并不是处于杂乱无章的无序状态，互联网上连接的每台计算机都有一个唯一的 IP 地址（Internet Protocol Address），如 IP 地址 202．202．96．33 就是可以唯一标识一个主机服务器。为了便于记忆，每个 IP 地址映射为一个域名。域名是 Internet 上用来寻找网站所用的名字，是 Interne 上的重要标识，相当于主机的门牌号码，在全世界，没有重复的域名。域名命名的一般规则为：商标名（企业名）、单位性质代码、国家代码。国内域名是指以 . cn 为结尾的域名；电子合同签订方电脑主机的 IP 地址或者域名也可以作为判断该电子合同是否符合“境内”原则的依据。《合同法》第三十四条规定：承诺生效的地点为合同成立的地点，采用数据电文形式订立合同的，承诺收件人主营业地为合同成立的地点；没有主营业地的，其经常居住地为合同成立的地点。所以，电子合同以承诺人主营业地或经常居住地为成立地点。可见，电子合同承诺人主营业地或经常居住地也是我们判断纳税地点的最后防线。

关于纳税人的规定

根据《印花税暂行条例》第一条规定，在中华人民共和国境内书立合同的单位和个人是应税合同印花税纳税义务人。传统的应税合同印花税纳税人是书立合同的单位和个人。在电子商务无纸化交易环境下，传统意义上的亲笔签名（所谓书立）显然是无法实现的，这里的签名是电子签名。《电子签名法》明确了电子合同或电子签名的法律效力。从而，电子合同满足了“境内书立”的要件，那么电子合同印花税的纳税义务人就应该是利用电子合同进行交易的单位和个人。

关于纳税义务发生时间的确定

《印花税暂行条例》中规定，应税合同印花税纳税义务发生时间是合同成立时间。电子合同承诺生效时合同成立，根据《合同法》第十六条规定：采用数据电文形式订立合同的，承诺到达的时间，收件人指定特定系统接收数据电文的，该数据进入该特定系统的时间视为到达时间；未指定特定系统的，该数据电文进入收件人的任何系统的首次时间，视为到达时间。承诺到达生效，合同成立。因此，该时间也是应税合同印花税纳税义务人的纳税义务发生时间。

关于电子合同印花税的缴纳范围

《印花税暂行条例》规定，已缴纳印花税的凭证的副本或者抄本免纳印花税；《印花税暂行条例实施细则》规定，已缴纳印花税的凭证的副本或者抄本免纳印花税，是指凭证的正式签署本已按规定缴纳了印花税，其副本或者抄本对外不发生权利义务关系，仅存备查的免贴印花。以副本或者抄本视同正本使用的，应另贴印花。《电子签名法》规定，符合下列条件的数据电文，视为满足法律、法规规定的原件形式要求：（一）能够有效地表现所载内容并可供随时调取查用；（二）能够可靠地保证自最初形成时起，内容保持完整、未被更改。可见，电子合同在数据电文上增加背书，以及数据交换、储存和显示过程中发生的形式变化不影响数据电文的完整性。满足原件形式要求的电子合同应视为合同正本，缴纳印花税；而对外不发生权利义务关系，仅存备查的拷贝文件应免缴印花税，但当拷贝文件视同原件（正本）使用时，应另行缴纳印花税。

电子合同印花税的缴纳方法

在传统情况下，印花税实行由纳税人根据规定自行计算应纳税额购买并一次贴足印花税票（贴花）的缴纳方法。同时，《印花税暂行条例》第五条规定：为简化贴花手续，应纳税额较大或贴花次数频繁的纳税人可以向税务机关提出申请，采取以缴款书代替贴花或者按期汇总缴纳。鉴于电子合同无纸化的特点，对电子合同的印花税可以采用按期汇总，以缴款书缴纳的方式：纳税人按月或按季对当期签订的应税电子合同应缴纳的印花税进行汇总计算，向税务机关申报当期签订的应税电子合同的电子合同编号、合同成交号或其他能够与电子合同一一对应的资料数据，由税务机关为其开具缴款书缴纳印花税税款。目前，电子订单印花税征收亦存在一些问题，主要是按传统方式进行汇总缴纳的工作量较大，使用电子订单数量多的企业，每月一般签订数万份电子订单，税务工作人员有时需在数千页的印花税汇总缴纳目录清单上加盖“完税证明”印章。当然，按照《国家税务总局关于进一步加强印花税征收管理有关问题的通知》（国税函〔2004〕150号）的规定，符合条件的纳税人可以选择核定征收印花税，也就是按照纳税人收入的一定百分比（由税务部门核定）作为印花税的计税依据，集中缴纳印花税。

完善电子合同印花税税务管理的建议

完善相关法律法规

税收执法需要有法可依，不能掺杂太多的个人理解。目前在明确规定电子合同应该缴纳印花税之外，还应该进一步明确电子合同印花税的纳税人、征税对象、计税依据、纳税义务发生时间、纳税环节等。并应明确税务机关对银行、企业及社会中介机构的税收相关信息访问权，如对电子形式存在的订单、合同和票据的访问权等，以保证税务部门对网上交易征税时拥有足够的信息。

加强日常管理

对使用电子合同的企业实行备案登记制度，掌握其详细资料，并与银行、网络技术服务部门密切合作，以便深入了解纳税人信息，使税收监管更加有力。电子合同的签订方式最常见的是电子邮件，一般情况下经过电子签名的电子邮件，接收人无法轻易改动，可以直接将电子邮件的电子文档作为可信合同，但对一般的邮件，由于当事人可以轻易改动，其可信度较低。目前，税务机关只能向网络服务提供商作调查，查明对电子合同有无删改，再确定收发件网址与时间等。所以，征收电子合同印花税，最好由邮件服务商代扣代缴，税务机关可以要求邮件服务商采用打印源代码的方式，取得邮件中的涉税内容，以确定电子合同印花税的计税依据。

适当行使核定征收权

税务机关可以依据《税收征管法》的规定，当发现纳税人不能提供或不能如实提供企业纳税资料时，税务机关要充分运用其核定征收权，对纳税人的商业行为实行“估税”。在互联网这个独特的环境中订购和支付，联机银行和电子货币的出现使交易与匿名支付系统联结，没有有形的合同，其交易过程和结果很难留下痕迹。企业如不主动申报，税务机关一般不易察觉其贸易运作情况，助长了偷逃骗税的不良风气。另外，加密技术的发展和应用使确定纳税人身份或交易的细节极为困难，没有明确的纳税人或交易数字，税务检查部门对可能存在的税收违法行为很难做出准确的定性定量处理。在这种情况下税务机关可以考虑核定征收印花税，根据纳税人的实际生产经营收入，参考纳税人各期印花税纳税情况及同行业合同签订情况，确定科学合理的数额或比例作为纳税人印花税计税依据。必要时，可以引入专家评定制度，即专门机构和专家对技术上的问题进行认证鉴定，以保证最大限度的公正合理性。核定征收使印花税失去了财产行为税的特征而变得更像流转税，但是在我们的征管监控能力不足的情况下，核定征收印花税对税务局和纳税人都不失为一个合理而又高效的选择。

加快信息化建设步伐

解决电子商务税收的相关问题，最终还是要依靠电子政务，依靠我们日益成熟的税收信息化建设。因此，加快税收信息化的建设步伐，加大税收征管科研投入力度，从硬件、软件和人才上改善监控条件，提高硬件的先进程度和软件的智能程度，在税收征管中广泛地应用高科技技术来鉴定网上交易，追踪电子商务活动，加强税务自身网络建设，逐步与财政、银行、海关、国库、企业等进行全面互联，实现跨部门、跨地区之间的涉税信息的快速传递和相互协调，是对电子商务税收实行有效征管必由之路。同时，从方便纳税人的角度，可以考虑研究、开发电子订单印花税票，采用电子汇总缴纳电子印花税的办法，通过网络或提交电子媒介的方式审核缴纳电子印花税，以适应电子商务税收征管工作的需要。

培养复合型人才

面对当前科技信息的飞速发展及电子商务带来的涉税问题的形势和压力，我们应大力培养既懂税收业务知识又懂电子网络知识的复合型人才，培养一批外语、计算机、经济税收“三通”的高素质复合型人才，以适应电子商务税收的要求。

注：此文成稿于2006年年末，内容收于2007年年初完成的博士论文中。

11

电子商务环境下涉外企业的避税与反避税

与越来越多的外商来中国投资，对外经贸呈现一片欣欣向荣的繁荣景象相对照，涉外企业的避税行为亦呈日益普遍化、严重化的趋势，对我国税收利益造成极大的损害。尤其是电子商务的出现和迅速发展、金融衍生工具的创新等，削弱了税务当局对企业经营活动的监督，为涉外企业避税提供了更便利的技术和条件，使涉外企业的避税花样不断翻新、手段更加复杂和隐秘，使我国避税与反避税的斗争越来越激烈。

我国涉外企业避税形势严峻

我国的外商投资一直呈增加趋势，但频繁发生的避税行为，使我国政府蒙受巨大的税收损失。

据有关资料显示，最近15年间我国实际利用外商直接投资总体呈增加趋势，从1990年的34.87亿美元[1]到2006年的695亿美元[2]，增长了19倍。其中，2002年为527.43亿美元，首次超过美国成为全球利用外商直接投资最多的国家。2003年，中国吸引外商直接投资总量位居世界第一。商务部公布的统计数字，截至2004年8月底，我国累计批准设立外商

[1] 夏杰长，李朱．税收激励与FDI：理论分析与中国经验的检验［J］．涉外税务，2004(9)．

[2] 商务部官方网站（http：//www. mofcom. gov. cn）。

投资企业494 025家，累计实际使用外资 5 450.29 亿美元[1]。然而有数据显示，外商投资企业亏损面 1988—1993 年占 35% ~40%，1994—1995 年增至50% ~60%，1996—2000 年高达60% ~65%[2]。2003 年降至51% ~55%，依据占据一半以上[3]。2005 年虽有所好转，但亏损面仍达42.96%[4]。从地方报道来看，2003 年广州 8 100 多户的外商投资企业，有一半的外资企业是处于亏损状态，某些行业的亏损面更是达到了 60% ~70%[5]。苏州七成外企"故意"亏损[6]。青岛 2004 年上半年，规模以上的外资企业共有 479 户亏损，占全市规模以上企业亏损总数的 60%[7]。不仅在广州、苏州、青岛，长三角、珠三角和环渤海地区，外资企业亏损面大的情况普遍存在。

更让常人费解的是，这些外资企业置多年亏损于不顾，亏损之后竟连年追加投资，有些外资企业投资增长率平均年达 30% ~40%[8]。"经营红红火火，账面连年亏损""一面持续亏损，一面增加投资"，甚至许多亏损的外资企业还是国际同行业的佼佼者。这是否印证了我国涉外企业"虚亏实盈"的事实呢?

根据国家税务总局的抽样调查，1/3 的亏损外企是由于经营不善等客观原因造成的，而六成以上的外企存在非正常亏损，实质上是虚亏实盈。外资企业"长亏不倒"，显然不符合市场经济法则和企业经营常规。且让我们瞪大眼睛看看亏损背后的事实。

在国际避税港英属维尔京群岛，仅有 153 平方千米的弹丸之地却汇集

---

[1] 商务部官方网站（http：//www. mofcom. gov. cn）。

[2] 陈华亭．外资企业三大悖论［N］．国际商报，2005-12-12.

[3] 李国伟．对我国外商投资企业避税问题的思考［J］．益阳职业技术学院学报，2006，6（2）.

[4] 闵丽男，陈大元．中国反避税法律法规有待进一步完善［N］．中国税务报，2006-11-08.

[5] 广州过半外企账面亏损［OL］．http：//www. zjcx. gov. cn/portal/main/CJXX _ 69/article10786. html.

[6] 亏损之意在于避税［OL］．http：//news. xinhuanet. com/fortune/2005 - 09/16/content _ 3497540. htm.

[7] 一个外企白领的自白：外企是如何掏空中国的?［OL］．http：//yiweitu. spaces. live. com/.

[8] 陈华亭．外资企业三大悖论［N］．国际商报，2005-12-12.

了35万家公司，平均每个居民拥有20家企业，在这里注册的公司中有1万多家与中国有关[1]。来自商务部网站的数据显示，2006年我国吸收外商直接投资为：全国新设立外商投资企业41 485家，实际使用外资金额694.68亿美元，而1—11月实际使用外资金额542.63亿美元，其中来源于中国香港[2]、英属维尔京群岛、开曼群岛、萨摩亚四个**国际避税地**的投资就占据了全部投资额的56%[3]，而事实上这部分投资的资金源头并不在避税地，外商投资之初避税之意昭然若揭。

转让定价依然是我国涉外企业避税的又一主要手段，甚至包括很多国际知名的大公司。国内涉外企业通过向关联公司支付巨额的使用费来转移利润，规避我国的税收。例如，海淀地税涉外分局在售付汇过程中发现，不少境内外资企业引进境外投资公司的软件专有技术并利用该专有技术在中国进一步开发、生产，销售资产产品。通常情况下会采用提成方式向境外支付专利技术使用费，提成率在20%～60%之间，而且合同期限很长，有的长达20年。韩国游戏在我国的提成率一般在40%左右，一些著名的美国软件公司提成率高达60%。如此高的信息服务费和特许权使用费，难怪境内外企一直在亏损，有如此大的好处，也难怪境外公司会一再投资。类似的通过办理售付汇流向境外的资金仅北京地税海淀区分局涉外所2006年当年就审批了200多亿元[4]，其规模可见一斑。

大量借贷，向国外支付巨额利息也是国内外企转移利润避税常用的手段。正常情况下，借贷数额与注册资本应有个合理的维持比例，但一些在华外商投资企业为了增加成本列支，向母公司或境外银行大量借贷，支付巨额利息，减少账面盈利，甚至出现注册资本仅100万元的小企业，贷款却高达2 000万元甚至3 000万元的现象，其中不乏一些实力雄厚的著名国

---

[1] 外资避税——一个巨大的黑洞［J］. 金融经济，2004（6）.

[2] 2004年1月1日，《内地与香港（澳门）关于建立更紧密经贸关系的安排协议》（CEPA）正式生效实施，CEPA的降税幅度大于我国入世承诺中的降税幅度，产品具有港澳身份至少会节省10%左右的关税支出，而且从港澳生产的产品进入内地市场后，不再需要缴纳原材料和零部件的关税，比在内地投资的跨国公司和内地企业的产品更有优势。

[3] 根据商务部官方网站统计数据计算而得［OL］. http://www.mofcom.gov.cn/static/column/tongjiziliao/v.html/1.

[4] 以上数据由海淀地税提供，未经允许不得随便引用。

际公司。

内外资企业税收优惠政策的不统一，也被不法外商所利用，成为其进行国际避税的一种工具。许多不法外商利用我国外资企业所得税“免二减三”的税收优惠政策钻空子，人为地调节利润，制造企业亏损的假象，尽量推迟纳税起始年度，从而达到避税的目的。更为恶劣的是，有些外商在充分享受了“免二减三”的征收优惠后，便改头换面，或分离或合并为新企业，再次享受税收优惠。

通过**股权转让**等手段大肆避税。如：有媒体报道，高力国际投资公司帮助新加坡嘉德置地集团将旗下的上海新茂大厦转让给澳大利亚麦格理集团旗下的 MGPA 管理公司。如果直接购买，需支付给中国政府共计14 741.5万元的税金。但通过股权转让，所缴纳的税金只是4 350.21 万元。也就是说，外资通过股权转让买楼，仅一幢楼就合理地避开了 1 亿元的税金[1]。

总之，涉外企业利用避税地、转移定价、资本弱化，以及我国税法和税收征管中的漏洞大肆转移利润，逃避我国税收。那么，在我国，外企年避税金额究竟有多大？打开互联网搜索外企避税的情况，结果很令人震惊。保守的报道，20 世纪 90 年代后期跨国企业避税在我国一年便高达 300 亿元，相当于 2005 年中央财政收入的 1/30。近日有媒体披露，依据中国一些地方税务官员的测算，我国外企年避税金额可能达1 270亿元之巨[2]。

涉外企业避税不仅造成税收大量流失，减少了国家的税收收入，损害了国家的经济利益，更让人震惊的是，在一些合资企业中，外方以“制造亏损”的方式不断吞食中方股份。有些合资企业的外方宁愿在境外负担更多的税负而选择将利润转移到接近或高于我国的其他国家或地区。这样外方投资者可以独吞利润而仍可获得较多的利益，明亏实赢；中方投资人不但无法获利，还需要赔钱弥补亏损，实实在在的亏本。假如中方不能拿钱弥补亏损，就会导致更加可怕的后果：中方拥有的公司股权就可能被外方

[1] 邓力平，孙钢，等．税收应为构建和谐社会做贡献［N］．中国财经报，2005-11-29.

[2] 程瑞华．“反避税”目标直指“亏损”外企［N］．金融时报，2006-01-21.

“买走”，从而丧失公司的所有权。苏州的一家合资造纸企业在与外方合资的7年当中，每年亏损将近1个亿，中方所持股权却几乎全部被外方收入囊中[1]。

电子商务环境下涉外企业避税新动向

电子商务的出现和迅速发展进一步为涉外企业避税提供了便利手段和活动空间，使涉外企业的避税花样不断翻新，手段更加复杂和隐秘。尤其是电子商务避税和传统的转让定价避税等方法大量结合，使涉外企业避税更加难以防范。

利用国际税收管辖权难以确定避税

传统的税收管辖权主要包括居民税收管辖权和收入来源地税收管辖权，电子商务的发展使得税收管辖权难以确定。一方面，互联网贸易的发展必将弱化来源地税收管辖权。行使来源地税收管辖权的前提是纳税人的有关所得和财产来源于或者位于征税国境内的事实，而电子商务是建立在一个无边界、无国界的虚拟空间上，分处于不同国家的当事人之间通过互联网络可以直接在计算机上完成谈判、订货、付款、交货等过程；另外，电子商务中的在线服务突破了地域的限制，使劳务提供者与消费者分处不同国家或地区，从而出现劳务提供地与实际收入来源地不一致的情况。由于各国对于所得来源地的判断发生了争议，这就给了纳税人可乘之机。有的跨国非居民纳税人在我国境内进行长期频繁的商务活动，取得收入，但除了拥有一个网址和一台服务器部分空间的使用权之外，并不另行派驻人员，也不设立任何有形存在，通过避免成立常设机构达到逃避有限税收责任的目的。另一方面，居民税收管辖权也受到严重冲击，目前各国判定法人居民身份一般以管理中心或控制中心为标准，而电子商务的出现使得一

[1] 崔砺金，刘健，姚玉洁．部分外企大玩假亏损真避税把戏［N］．经济参考报，2005-11-01.

个企业的管理控制中心可能存在于多个国家，居民身份难以确认，居民管辖权形同虚设。

利用现行税法对电子商务的不适用避税

电子商务作为一种新型的商品经营模式和交易方式，因其自身具有虚拟化、无纸化、无址化、高流动性等特点，使得现有的税收立法对它很难适用，无法形成有效的规范和约束，这在一定程度上形成了法律真空。电子商务超越国界，交易直接、方便、快捷，交易隐匿性强，从而使纳税主体国际化、复杂化、边缘化和模糊化，具有不确定性。我国现行税制对商品销售收入、劳务收入，以及特许权使用费收入等适用的税种、税目、税率均有不同的规定，但在电子商务环境下，书籍、报刊、音像制品等各种有形商品和计算机软件、专有技术等无形商品及各种咨询服务，都可以经过处理转化为数据信息在网上进行传输与复制，使有形商品、劳务、特许权使用费等概念的区别变得模糊起来，网上交易性质的划分越来越难。电子商务的虚拟化和无形化，使纳税地点具有流动性、随意性，使我们无法确定贸易的供应地和消费地。征管法并没有赋予税务部门对电子信息进行截获并检查的权力，这就使税务部门对电子商务进行征管缺乏必要的资料和信息的获取手段。涉外企业可以利用它来规避高税负，达到避税目的。现行税法对电子商务的不适用给涉外企业避税造成了机会。

利用调节劳务费用等转移利润避税

在电子商务环境下，关联企业之间的交易非常隐匿，许多贸易对象被转化为“数字化资讯”，税务部门很难确定其是否为正常交易价格，而且电子商务具有个性化趋势，即便价格异常，税务部门也很难找到可供参考的价格对其进行调整。广告、软件开发、科研、咨询等劳务活动都可以通过互联网进行而不必派人员到现场。跨国公司可以根据集团整体利益的需要随意调节劳务费用，母、子公司之间专利权、著作权等使用费的定价似乎更加随心所欲，完全掩盖了价格、成本、利润间的正常关系，由于基层税务部门查询国际市场价格资料的渠道少且不畅，对涉外企业经济往来活动状况更加难以追踪和监管，举证困难，从而使来华投资的跨国公司利用调节劳务费用等转移利润避税的问题更加突出。据调查，在专利技术和特许权使用方面，境内受让公司往往采用提成方式向境外出让公司支付专利技术使用费，提成率在 20% ~60% 之间，而且合同期限很长，有的长达 20 年。韩国游戏在我国的提成一般在 40% 左右，一些著名的美国软件公司提成率高达 60%[1]。通过这种方式，境内涉外企业大量的利润被转移到境外。

利用在国际避税地建虚拟公司避税

电子商务使外商利用避税港避税更加可行。传统的有形贸易需在避税港设立一个基地公司，通过基地公司开展中介业务，在中介业务中利用转移定价手段，向避税港转移利润。电子商务从根本上改变了企业进行商务活动的方式，商业活动现在则更多地依赖于软件和机器来完成，涉外企业只需在避税港的服务器上建立一个网站（即虚拟公司），并通过其进行贸易，或将其作为交货地点，就可以利用避税地的税收优惠政策避税。联机银行和电子货币的发展，使跨国交易成本降至与国内成本相当；某些避税港联机银行对客户税收进行保护，使国际投资集团可将其来源于其他国家的投资所得直接汇入避税港联机银行，规避了应纳所得税；国际贸易及投资的自动化赋予了企业地点的决策自由，从而使跨国企业对避税地的依赖性急剧增长。来自商务部官方网站的数据显示：2006 年 1—11 月我国实际使用外资金额 542.63 亿美元[2]，其中来源于中国香港、英属维尔京群岛、开曼群岛、萨摩亚四个国际避税地的投资就占据了全部投资额的 56%[3]，外商利用避税港避税之盛行可见一斑。

利用税务部门的监管能力不足避税

避税分为两种，即正当避税和非法避税，两者有本质的区别。以往外

---

[1] 此部分数据由北京市地税局海淀分局提供。

[2] 商务部官方网站（http://www.mofcom.gov.cn）。

[3] 根据商务部官方网站利用外资统计数据计算而得，商务部官方网站：http://www.mofcom.gov.cn。

企为了降低风险，往往通过深入研究中国的税法，利用法律漏洞正当避税，但是在电子商务快速发展的今天，涉外企业利用税务部门的监管能力不足进行非法避税的比重越来越大。

电子商务交易中出现了越来越多的无纸化操作和匿名交易，许多电子产品的订购和交货都在网上直接进行，电子合同、电子票据取代了传统贸易中的书面合同、结算票据，电子货币可以在瞬间传向地球的另一端，非记账的电子货币可以实现无名化交易，无须传递信用卡号码就能够付账，使交易无法追踪。这些新情况都大大削弱了我国税务部门获取外商经营状况和财务信息的能力，而电子记录又可以不留任何痕迹和线索地加以修改，这就使确认购买和销售的过程趋向复杂化，为涉外企业避税提供了很大的操作空间，使税务部门在与涉外企业避税与反避税的较量中处于被动地位。比如：明明是在我国境内子公司进行的软件开发，开发的成果却被打包通过电子邮件发送到国外母公司，国外母公司做简单的“外包装”处理后卖给国内子公司，如此并不高明的手段却可以不留痕迹地转移利润。再如，数字化商品跨境交易“雁过无声”，信息流、资金流、物流均可以转化为数字通过无形的电子空间在国际传输，打破了传统交易下国家之间地理疆域的限制，缺乏明确清晰的地理路线，交易标的无须经过海关检验，令海关关税制度鞭长莫及，束手无策。

利用国际避税的专业人员策划避税

在巨大的“市场需求”的诱惑下，外企避税已逐步向专业化方向发展。国际上已经出现了一批专门从事国际避税研究和方案制定的从业人员，他们对各国的税收法规和政策都有比较深入的研究，能够迅速地对各个国家的新法规、新政策做出反应，提出对策，甚至能够通过政界的代表人物，影响有关国家政府对其实施有利的税收政策。跨国公司为了获取额外的利润，往往借助于这些专业人士的力量，与本企业的税收经营管理人员密切配合，研究制定各种各样的避税甚至逃税方案以寻求最大的税后利润。专业化使得涉外避税内容更复杂，手段更高明，手法更隐蔽，危害性也更大。某记者在某经济开发区采访时得知，有一家大型外资企业聘请了

20 多个税务师[1]。为什么一个企业要聘这么多税务师？这 20 多个税务师给企业创造出来的价值肯定比给他们的薪金高。

当前我国反避税工作存在的主要问题

税法本身存在漏洞，反避税规定可操作性差

税务机关是执法部门，要依法行政，而中国的税法并不完善，难免有这样那样的漏洞，为企业的避税提供了空间。如：中国对消费税是按照出厂价进行征收。因此，一些厂家便成立自己的销售公司，用较低的出厂价把产品卖给销售公司，这样便可避税以增加利润。对于此种钻法律空子的避税，税务人员明明知道对方的做法有违税收立法精神，却无能为力。

税法中的规定不够系统和具体，在实际执行中可操作性较差。如税法规定，企业与关联企业之间提供劳务，不按独立企业之间业务往来收取和支付劳务费用的，当地税务机关可以参照类似劳务活动的正常收费标准进行调整。然而，在交易个性化的今天，对于何为正常的收费标准、如何确定等实际问题税法并没有予以明确，导致基层税务部门实际操作的困难。

由于缺乏纳税人举证条款的法律支持，税务机关在实施转让定价调整时没有权威性，处于被动地位，外商大都采取与税务机关周旋的方法，一拖再拖、讨价还价，造成税务机关调整转让定价避税业务处理时间拖长，甚至到最后放弃调整。

应对资本弱化、避税港的法律规定几乎一片空白。利用资本弱化、避税港是当前国际上比较流行且有效的两种避税方法，已引起各国税务当局的密切关注，许多国家都采取了特殊的反避税规定。我国关于防止资本弱化的资本金管理制度，则主要散见于企业法、中外合资经营企业法等法律法规中，税法中并没有予以明确。

[1] 邓力平，孙钢，等．税收应为构建和谐社会做贡献［N］．中国财经报，2005-11-29.

反避税工作人员配备力量不足，专业素质有待提高

实施避税的多是跨国经营者，他们不但有丰富的避税经验，还专门花重金聘请法律专家、税务专家为其服务，专业的知识、丰富的经验、全面的信息及在全球范围内的精心策划，使得避税手法复杂隐蔽，跨国公司的内部财务核算有非常先进的软件和系统，财务运作方法也非常复杂。而目前，我国税务部门反避税工作人员配备力量严重不足。一些外资企业比较集中的地方，基本上没有专门机构，人员调配混乱，而且人员素质参差不齐，与反避税工作的要求不相适应。国家税务总局国际税务司副司长王裕康在接受记者采访时曾透露了一个惊人的数字：以我国现有的人力、物力、技术手段，现有的外资企业平均每家被审计的概率是800年一遇。如苏州市国税局算上全市各区县的反避税干部，仅有15人，却要面对7 900多户已开业的外企[1]。如此百年不遇的审计概率，使涉外企业普遍存在侥幸心理，非法避税的概率提高。

信息不畅，基层税务机关举证难

当前跨国公司进行国际避税，很少单独采用某一种方法，而是“综合利用”，常形成错综复杂的局面。我国的基层税务工作者很难做到利用互联网进行有效的信息搜索和利用，掌握国际市场的价格资料、查询国际市场价格资料的渠道少且不畅。在现有条件下，税务人员既无法进行境外调查，又缺乏国际合作，面对成千上万的跨国公司频繁的业务往来，税务机关如果一一搜集证据，必然要花费大量的人力、物力，举证仍然难上加难。对预约定价申请人报送的大量境外资料也是难辨真伪，征纳双方信息严重不对称给具体执行工作带来较大困难。

国地税之间缺乏必要的协调和沟通

我国实行分税制财政体制后，全国省以下税务机构有国税、地税之

[1] 崔砺金，刘健，姚玉洁．部分外企大玩假亏损真避税把戏［N］．经济参考报，2005-11-01.

分，除税收方针、政策和全国性的税种基本法由中央统一制定并由中央监督执行外，两机构按照收入归属划分税收管理权限。虽然目前国、地税间进行着一些协调和配合，但合作层次还比较低，如对税务登记信息实行共享、对举报案件属于对方管辖的及时移交、对函件给予答复等，高效、明确的协调与合作机制尚未形成，这对基层税务人员做好反避税工作造成一定的困难。首先，表现在日常管理中，企业的各种涉税资料数据之间均有一定内在逻辑，国、地税分税种管理，人为地割裂了各个税种间的内在逻辑关系，征管信息无法及时、有效的沟通交流，数据相关性无法核对，容易出现征管漏洞。其次，就涉外企业来讲，由于国、地税在一些审批事项上缺乏必要的协调，把握尺度不一，非常不利于后期工作的开展。比如国家外汇管理局发布的汇发〔1999〕372 号文《关于非贸易及部分资本项目项下售付汇提交税务凭证有关问题的通知》中规定对企业的付汇涉税证明，企业所得税由国税局开具，营业税由地税局开具。海淀地税涉外分局日前曾受理了某台湾独资企业付汇免税申请，合同称软件升级劳务发生在英属维京群岛，通过远程传输完成项目程序代码编写和技术检验工作，根据合同本身看，符合营业税免税政策[1]，但是比较有经验的受理人员在合同中发现一些疑点，最终通过努力核实了该合同是假合同，而此时国税已经批准了该企业所得税的免税申请，造成了税款流失，如此针对同一合同，国、地税做法不一也会影响我国政府对外的执政形象。

外汇管理局的新文件给税务监管增加了难度

1999 年 11 月，为完善国家售付汇和税收管理，国家外汇管理局、国家税务总局发布了《关于非贸易及部分资本项目下售付汇提交税务凭证有关问题的通知》，规定："我国境内机构（指公司、企业、机关团体及各种组织等）及个人在办理非贸易及部分资本项目下购付汇手续时，凡个人对外支付 500 美元（含 500 美元）以上，境内机构对外支付 1 000 美元（含

[1] 目前税务机关处理售付汇业务时对合同的审核是判断企业是否要纳税的直接而又唯一的依据。

1 000美元）以上，除需向外汇指定银行（或国家外汇管理局及其分支局）提交原有关法规文件规定的相关凭证外，还需提交税务机关开具的该项收入的完税证明、税票或免税文件等税务凭证。”几年来的税收征管实践表明，境内企业与国外的经济往来处理方式无论多么复杂，都还可以通过控制支付环节来控制税收。付汇涉税证明的开具是加强税收征管的重要措施。

2006 年 4 月 13 日，国家外汇管理局发布了《关于调整经常项目外汇管理政策的通知》（汇发〔2006〕19 号），大幅度简化了服务贸易售付汇审核凭证的种类，调整了服务贸易售付汇审核权限，规定境内机构和个人对境外机构支付等值 5 万美元以下（含 5 万美元）可凭合同（协议）或发票（支付通知书）办理服务贸易购付汇手续，而不需要到税务局开具完税证明。此新政策的发布实施，虽然有利于进一步便利服务贸易外汇收支活动，促进我国服务贸易的健康发展，但是由于新文件的出台，国家税务总局并没有在系统内转发相关文件，致使基层税务机关没能及时调整管理方案，售付汇工作处于被动局面。基层税务人员在实际操作中发现很多企业因为新政策的出台而不再到税务机关开具完税证明直接付汇，其中不乏人为分割合同，将单次付汇金额控制在 5 万美元以内，以求绕过税务监管的，这无疑加大了基层税务人员对涉外税收监管的难度。据北京市海淀区地方税务局统计，2006 年企业（个人）开具付汇完税证明的总数比 2005 年下降 38%。

地方政府横加干涉为跨国公司避税提供庇护

招商引资的规模是地方政府被考核的政绩之一，而跨国投资者是地方政府在招商引资中最关注的角色。地方官员为了本区域的经济发展，也为了能更快地升迁，必然积极运筹，以各种优惠政策博取跨国投资者的宠爱，包括明里暗里牺牲税收利益，甚至对税务监察工作进行干预。国家税务总局反避税处一位工作人员举例说，某地税务部门查处了一家外资企业，而当地政府负责人却威胁这个税务部门说：“再查下去你们的小孩儿不要想上当地的好学校。”江苏省国税局在查案时，跨国公司往往就以撤资为威胁或以增资为诱饵，逼地方政府就范。在保护地方利益的幌子下，许多政府官员大肆“放税”，实际上牺牲了国家利益，给税务机关反避税工作带来很大的阻力。

电子商务环境下涉外企业反避税的对策

补充调整相关税收法律法规

涉外企业避税利用的就是我国税法和税收征管中的某些漏洞和含糊之处。因此，我们首先应根据电子商务的特点，尽快调整、补充相关税收法律规定，将有关电子商务的一些特定内容纳入法律法规的范围。

☞ 我国是发展中国家，很长一段时期内都将是电子商务的净输入国，为了维护国家的税收利益，应该通过立法明确我国在国际税收管辖权问题上坚持收入来源地管辖权优先的原则，并扩大收入来源地管辖权的适用范围。将网上转让特许权使用费等无形资产的所得，网上提供技术劳务、咨询服务所得均纳入收入来源地管辖范围。

☞ 常设机构、固定基地等有形物理标志已失去标识非居民的经济活动与来源国存在持续性、实质性经济联系的作用，必须援引“实质重于形式”的原则，突破传统概念框架寻找电子商务与收入来源国的新的连接因素。

☞ 对于电子商务中涉及的纳税人、纳税环节、课税对象、纳税期限等税制要素加以补充明确；对增值税、营业税、消费税、关税、所得税和印花税等条例和细则进行补充解释，使它们适用于电子商务。

☞ 在立法中明确纳税人在转让定价或预约定价中的举证责任，扭转税务部门在避税与反避税博弈中的不利处境，使税务部门能更加有效地解决与跨国企业的税务争端，减少税款流失，保护国家的税收利益。

☞ 明确税务部门在得到适当的授权和履行必要的手续后，有权查阅、复制纳税人的电子数据信息，纳税人有义务如实向税务部门提供从事电子商务的有关资料，不得以涉及商业秘密等理由拒绝，并规定相应的法律责任。

☞ 借鉴国际经验，制定反避税地法规。首先，尽量避免与避税地签订税收协定，如果要签订必须以对方承诺提供高效、翔实的信息情报交换为前提；不给予具有双重居民身份的人税收协定的优惠。其次，加强与避税地银行的合作，积极争取与相关国家银行签订允许我国在某些情形下调查银行账户的条约。

制订严格的登记和管理制度

☞ 建立电子商务税务登记制度，采用国际标准对电子商务纳税人设立一个专门的纳税识别码。要求所有从事电子商务的涉外企业必须将网络域名、服务器所在地、电子邮箱地址、所有开户银行账号、网上商品名称、种类、交易结算方法等资料报主管税务部门。税务部门应建立详细的信息数据库，以便掌握纳税人网络贸易的活动情况。

☞ 税务部门必须对开展电子商务的涉外企业实行严格的财务软件备案制度，要求企业在使用财务软件时，必须向主管税务部门提供财务软件的名称、版本号、使用说明等信息，否则不允许使用。在电子商务活动中使用的商务软件、支付系统、电子会计系统也必须报税务部门备案。

☞ 明确各种电子数据、电子凭证的法律效力，规定各种电子数据、电子凭证的制作、使用和保存要求，确定纳税人不按照规定制作、使用、保存电子数据和电子凭证所应承担的法律责任。

☞ 参与电子商务的企业必然要通过电信部门或 ISP（互联网接入服务商），因此应赋予电信部门和 ISP 协税的义务，与之加强信息交流，从电信部门和 ISP 取得所有境内上网涉外企业的相关资料，从上网的入口处对可能发生电子商务活动的外企进行控制与管理。

☞ 目前，在我国进行的非贸易及部分资本项目，大多为涉及特许权使用费和劳务费的数字化产品（服务）交易。尽管其交易的形式多种多样，在互联网上以不同的数字形态传输，但实质是货币交换（即付钱和收钱）。因此，从税收的角度看，在电子商务过程中支付环节比较容易查核、跟踪和管理，并且可以提供交易额的大小，因此，在现阶段，通过支付环节监控资金流是简单而有效的管理方式。税务部门应加强与银行等部门的信息交流，对网络贸易实行追踪和交叉监控。与外管局密切配合，通过售付汇管理可以减少涉外企业避税现象的发生。为了避免涉外企业人为分割合同，将单次付汇金额控制在5万美元以内，以求绕过税务监管，税务部门还要加大与外管局数据交换的力度，及时掌握涉外企业外汇收支的信息。

加强情报搜集整理并创建信息库

及时有效的信息是电子商务环境下反避税的制胜法宝之一。电子商务操作方便、快捷，跨国公司的业务又遍及全球，如果没有健全的税收情报网络及动态价格信息，很难弄清涉外企业经营的实际情况。不掌握国际市场上的各种原材料、产品和无形资产的价格，税务部门无法对转移定价进行调整，对预约定价申请人报送的大量境外资料也难辨真伪。因此，加强情报的搜集和交流，建立涉外税收信息库是电子商务时代有效开展反避税工作的基本保证。

建议由国家税务总局组建国际税务情报收集和交换的专门机构，负责反避税信息的搜集整理和涉外税收信息库的建立与维护。可以考虑成立一个由计算机高手组成的“网上信息搜寻”小组，专门负责从税收信息化系统的海量数据中提取涉外企业的有用信息，形成反避税的基础信息，并通过国际互联网搜集国际知名大企业的投资、交易、利润分配及费用分摊等与税收有关的信息，也可以直接向我驻外机构派员广泛收集国际经贸税收有关资料，收集和跟踪国际市场主要商品价格、成本、行业利润率、贷款利率及费用收取标准等信息资料，收录典型的避税与反避税案件，等等。实时更新的动态涉外税收信息库可以给各地反避税工作者提供一个集中的便于共享的信息系统，使他们在反避税斗争中掌握主动。

加快高素质反避税队伍建设

电子商务环境下避税与反避税的斗争，归根结底是人才和科技的竞争。涉外避税的专业化趋势决定了我们的反避税队伍也必须向专业化方向发展。

来华贸易或投资的外商多是跨国经营者，他们不但有丰富的避税经验，还专门花重金聘请法律专家、税务专家为其服务，这些专家具备专业的知识、丰富的经验、全面的信息，以及在全球范围内的精心策划，避税手段更加专业、更加高明、更加隐蔽。面对如此强劲的对手，随时需要与之周旋，斗智斗勇，反避税干部的素质的确非常重要。因此，必须尽快选派一批既熟悉我国税法，又熟练掌握财务会计、国际贸易、国际金融、国际税法等专业知识，同时掌握现代化的通信技术、计算机网络应用的精兵强将，充实到反避税队伍中去，应对越来越严峻的涉外避税行为。

支持电子商务的通信技术和计算机网络技术发展迅猛，日新月异，而跨国公司往往站在技术革新的前沿，将最新的技术应用于其电子商务实践，避税手段也在不断翻新。为此，税务部门还要不断加大反避税人员培训力度，尤其加大反避税人员的电子商务知识、网络技术与应用知识，以及各种财务应用软件的数据提取知识等方面的培训力度，提高工作人员适应信息化时代的能力。从现实状况来看，还可以考虑选送优秀人才到国内知名高等院校学习培训，选派高级人才到美国、日本、德国、澳大利亚等反避税工作做得比较好的国家培训等，培养一批反避税战线的拔尖人才。

由于人手有限，在各级税务部门组建专业反避税机构似乎不太现实。但是，面对避税与反避税的斗争越来越复杂、越来越激烈、越来越严峻的形势，我们应该考虑在国家层面成立由税收、法律、通信、网络等各行业的专家组成的涉外避税专业研究机构。研究机构负责对国际避税进行跟踪研究；对基层税务部门遇到的复杂避税问题进行研讨、提出对策；提供专家支持，指导各级税务部门的反避税工作顺利进行。该机构应该搜集、整理全国避税与反避税典型案例，编成实务教程供各地税务干部学习参考，使他们掌握和通晓国际避税常用的手段和应采取的防范措施，提高反避税的经验值，增强处理实际问题的能力。

依托信息化系统和高新技术

电子商务环境下避税的新花样，究其根本是由网络技术和通信技术的广泛应用造成的。因此，在反避税的斗争中，我们必须认识和把握电子商务的技术特征和本质，依托互联网和已有的税收信息化系统，应用高新技术对付外企避税。

*加快税收信息化建设，逐步完善税收信息系统。*税务部门信息化建设起步较早，税收信息化系统已经成为税务干部进行税收征、管、查须臾不可离开的工具。2001 年颁布实施的新征管法中明确规定："国家有计划地用现代信息技术装备各级税务机关，加强税收征收管理信息系统的现代化建设，建立健全税务机关与政府其他管理机关的信息共享制度。"为税务部门加强税收信息化建设提供了法律保障。2006 年，国家税务总局以"一个平台、两级处理、三个覆盖、四个系统"为建设目标的"金税三期"工程立项获得了批准。税务部门应该以此为契机，进一步加强计算机网络建设和软件系统建设。在涵盖国地税系统的统一信息平台基础上，加快实现与海关、工商、公安、银行、出入境管理机构、外管局等部门的网络连接和信息共享，形成对涉外企业经营、税收的全方位网上监控体系，实现真正的网络监督和控制。

*充分利用税收信息化系统，提高反避税的效率和质量。*面对越来越多的涉外企业，在人手有限的情况下，税务部门必须依托税收信息化系统开展反避税工作。要充分利用我们现有的征管软件、征管数据，以及风险评估、行业对比、功能分析决策分析系统，筛选出"大案要案"作为调查审计对象，并自动形成调查初稿，有的放矢地展开稽查工作，用有限的精力堵尽可能大的税收漏洞。对于查出的问题要严格执法，体现法律的震慑力。

充分运用网络平台和网络媒体，加强反避税的宣传和教育。通过互联网进行信息传播成本低廉、传播面广、检索方便，因此，我们要利用税务部门的网站平台，通过文字、语音、图像等向广大涉外企业宣传我国的税收政策。对诚信纳税的企业大力表扬，对查出的问题进行曝光，充分发挥舆论的力量。在网站平台还可以利用网络电话、电子邮件、视频技术等与涉外企业进行广泛的互动交流，引导纳税人走出避税误区。如：在我国双主体税制模式下，有些涉外企业由于思维定式，采用高进低出转移利润，对我国财政、对外企本身都没有好处，我们就可以通过网络平台宣讲政策，将我国间接税与直接税的双主体模式税制下跨国公司利用内部化转移价格操纵利润转移的利弊分析透，促使他们清醒地认识到此举对他们自身利益的影响，主动放弃内部化转移价格的运用。另外，我们还可以在网站平台上建立税收秩序社会监督体系，充分发挥社会力量的监督作用。

密切关注国际上先进技术的发展和应用，借鉴最先进的网络、软件、加密解密等技术，对网上交易的涉外企业的经济行为进行实时追踪、汇总、分析和处理。如：美国的高科技公司发明了一种"地点定位"技术，即通过上网电脑的IP网址确定用户所属地点的技术，据称辨认用户所属国的准确率达98%，辨认用户所属城市的准确率达85%[1]。法国税务稽查局定期通过专门的软件，对网络上注册的域名进行搜索，确定域名拥有者的真实身份和网站的物理地点，一旦确定域名或网站的真实地点在法国，就采用常规手段进行税务稽查[2]，等等。在借鉴先进经验的同时，还要组织专家自主研发一些税收征管监控新技术。

加强电子商务下的国际合作

随着电子商务的迅猛发展，跨国交易更为便利，电子商务的开放性、流动性和无国界性使得国别、地域等概念在国际税收中逐步淡化，一国境内的税收管辖权和跨国经济活动的矛盾日益突出，加强国际合作与协商、联手打击利用互联网避税就显得十分重要。网络即时通信技术和快速便捷的信息传输功能给各国税务部门之间互换税收情报和相互协助监控提供了技术上的支持，有效的跨国协作成为可能。税务部门要充分利用我国与有关国家税收协定中的情报交换条款，积极争取其他国家税务当局的合作，互通情报，加强交流与合作；扩大与相关国家的税收监管合作，充分、及时、详细地掌握跨国企业的经济活动信息，以便做出正确、合理的税务处理。另外，一些发达国家或组织，如美国、欧盟、澳大利亚等，反避税措施已比较完善，学习和借鉴他们先进的反避税经验，对我国应对外商投资

[1] 网络空间浮现国界 [N]. 参考消息，2002-01-21.
[2] 网上偷税难逃法眼 [N]. 参考消息，2000-12-06.

企业避税也有着重要意义。

总之，避税与反避税永远是企业与政府做不完的游戏。电子商务环境下的涉外企业避税与反避税作为一个长期、复杂和普遍性的世界难题，有待于我们进一步的研究和探讨。

注：此文成稿于2006年年末，内容收于2007年年初完成的博士论文中。以此文为基础改写的论文《电子商务环境下的外资企业避税与反避税》发表于《涉外税务》2007年第6期。

12

依托第三方信息加强非居民税收管理的研究

第三方信息是加强非居民税收管理的重要依托

第三方信息的概念和作用

本文所指第三方信息是指来自征纳双方以外的其他单位、个人，以及网络、电视、广播等其他各类媒体的相关涉税信息。如来自商贸局、外汇管理局、文化局、海关、科技局、工商局等政府部门和执法部门的涉税信息，来自行业协会、中介机构、关联企业的涉税信息，等等。

2009 年，时任国家税务总局副局长宋兰在全国税务系统征管科技工作会议上提出“信息管税”的理念后，各地税务部门都加大了对涉税信息收集和运用的力度。实践证明，获取和运用第三方涉税信息，可以大大缓解征纳双方信息不对称的矛盾，客观验证纳税人申报数据的真实性和可靠性，使纳税人的各种经济行为更加透明，降低了纳税人经营方式多样性和复杂性带来的税收征管难度，提高税收征管的质效。

获取和运用第三方信息是国际通行做法

从国外的经验来看，世界各国尤其是发达国家纷纷把获取外部涉税信息相关条款明确写入法律，赋予税务部门利用法律手段广泛获取所需信息的权利，建立有效的外部涉税信息报告制度，并重点监控与企业资金流相关的涉税信息。

美国在《国内税收法典》第61章“信息和申报”用65个条款专门规定了政府部门、金融机构等多个主体应向税务机关报送与其交易或其他经济行为有关的纳税人的涉税信息。德国在《德国税收通则》中通过排除有关部门保密义务的方式，保证了税务部门向相关政府部门、机构获取涉税信息的权利。韩国有专门的《涉税资料提交法》及其实施细则，其中明确规定政府各机关、金融机构、行业协会、社会团体等六类主体向税务机关提交其所掌握的纳税人涉税信息的内容和方式，84套涉税信息报表，信息涉及面非常广。法国的《税收程序法》要求第三方提供纳税人付款记录及类似的信息，以便有效核实纳税人申报表的真实性，并用39个条款详细列举了不同主体提供的信息种类和要求。阿根廷法律明确规定了相关部门和单位必须向税务局提供相关信息的义务和罚则。巴西通过立法，赋予税务机关获得纳税人生产经营信息和涉税第三方信息的权利，纳税人生产经营信息几乎全部在税务部门监控之下。

总之，获取和运用第三方涉税信息是发达国家通行的做法，也是这些国家税收征管能力强的原因之一。

非居民税收管理需要第三方信息的支撑

非居民税收管理是指一国根据收入来源地管辖权，对非居民来源于本国收入和所得行使征税权，并进行相关税收征收和管理的活动。我国非居民税收管理的对象是指那些因为一个或多个经济行为而取得来源于我国的股息、红利等权益性投资所得或利息、租金、特许权使用费，以及财产转让所得等收入，形成有限纳税义务的外国企业。

非居民具有流动性大、隐蔽性强、涉税信息来源渠道窄的特点。为了维护国家税收主权，提升非居民税收管理质效，在进行应税行为判定时，需遵循实质重于形式的原则，客观准确地进行纳税判定，如果没有及时、准确、多方位的第三方信息做支撑，仅凭纳税人提供的资料，很难对非居民企业申报数据真实性、准确性进行分析判断。非居民企业实际管理机构不在中国境内，注册经营地可能在全球的任何一个角落，一旦漏征漏管，事后追征非常困难。

与非居民管理相关的源自政府部门的第三方信息主要包括：外汇管理部门的非贸易企业付汇信息和境外支付佣金、手续费信息；科技部门的高新技术企业认定信息，高新技术企业证书，新产品、新技术证明，知识产权证书信息；外经贸委的非居民股权转让信息、“走出去”企业信息、技术引进信息；文化局的外籍个人和团体来华演出信息；知识产权局的专利权转让企业信息，等等。除此之外，日常对非居民企业税收管理过程中更多需要从网络、电视、广播等各类媒体中查找相关涉税信息。对非居民税收管理来讲，跨国公司关联企业信息是针对性非常强的第三方信息。

海淀国税依托第三方信息加强非居民税收管理的实践

近几年，国家为了减轻公民的负担，对行政许可进行了一轮又一轮的清理和整顿，很多涉税事项由审批制改为备案制，税源监控和管理由事前审核改为事后核查，比如对外支付的事前审批改为备案。在这样的大背景下，第三方信息在加强征管、堵漏增收方面的作用越来越明显。

海淀国税地处国际税收的前沿阵地，非居民税收管理无论从工作量、业务全面性、复杂度、涉税金额大小在全国都是首屈一指的。局领导非常重视非居民税收管理工作，近几年来在依托第三方信息加强非居民税收管理方面做了很多努力和探索，取得了一定的效果。

利用第三方信息核查宣传引导，堵漏增收

第三方信息核查的目的不仅仅是查补税款，更重要的是进行有针对性的税收宣传，在明晰征纳双方责任和义务的基础上，提高纳税人的税收遵从度。

海淀国税局的第三方信息核查任务主要来源于北京市国税局。从2012年起，北京市国税局陆续与北京市商委、北京市工商局、北京市文化局等建立涉税信息交换机制，定期交换信息，加强对非居民企业的主动管理，

提高税源管理的针对性和有效性。海淀国税局对每一项信息核查工作都是以政策宣传和辅导先行，严把各种提交材料的审验关，积极探索非居民税收管理的新途径。2014 年主要对市局派发的股权转让、中外合作办学、承销境外上市、球员转会、文体演出五类信息进行了核查。

股权转让信息核查

2014 年，海淀局收到市局国际处转来的 329 条股权转让待核查记录，占全市核查信息量的 23.7%。全局认真研究、周密部署、科所联动，在总结以往年度经验的基础上，把握核查要点，突破工作难点，拓宽工作思路，力求核查出实效、出成果。各管理所在逐户逐条全面核查的基础上，重点核查了涉及非居民税收的外转外和外转内股权转让业务，以核查为契机，进一步加强宣传，提示未代扣代缴税收风险，对有转让收益，但未主动申报纳税的企业追缴了税款并加收滞纳金；初审完成后又组织对平价、低价股权转让事项进行了重点复查，对转让价格明显不合理的情况进行了调整补税。经全部核查，落实已缴税款 1 830.6 万元，核查期间补缴税款 115.5 万元、滞纳金 3.6 万元。

本次股权转让信息核查虽然补缴税款并不多，但是经核实，大部分发生股权转让有收益的企业在转让当期已经主动代扣代缴外方税款，并到主管税务机关申报纳税，说明之前年度进行的股权转让核查工作及日常的宣传告知效果明显，纳税人税法遵从度不断提高。

中外合作办学核查

海淀区是全国著名的高校云集区，中外合作办学呈现“数量多、类型新、涉及面广”的特点。2014 年需要海淀局核查的中外合作办学项目 61 个，中外合作办学机构 8 个。为了做好此项信息核查工作，海淀国税局通过多种渠道充分获取第三方信息，占据信息优势，加强中外合作办学税收宣传和管理。一是在督促高校向税务机关报告合作办学相关资料备查的同时主动出击，利用教育部门网站、电视、广播、报纸、杂志等各主流媒体刊登的信息，境内外机构披露的信息，微信平台等途径获得尽可能多的项目信息；二是在信息比对的基础上，有的放矢地到中外合作办学项目的国内承办学院开展走访调研，详细掌握该项目的具体情况，为其提供全面的政策支持与解读。提高税源管理水平。经过对69条信息逐条核查，落实已缴税款1 233.37万元，补缴税款4.26万元。

承销境外上市核查

海淀局接到对承销境外上市的非居民企业缴税情况进行核查的信息共3条。由于此项业务以前鲜有接触，为了顺利完成核查任务，经过研讨，大家理清核查思路，找准核查重点，在查询掌握基本信息的基础与境外上市企业约谈进行政策宣传，对提交的资料进行案头审核。经认真核对中英文承销合同、承销商人员来华时间表，以及对外支付款项等说明材料，判断3户企业均不构成常设机构，不需缴纳企业所得税。但是在核查过程中发现，某公司增发承销商在华期间提供咨询服务取得咨询所得未代扣增值税，追缴税款107.58万元。

其他第三方信息核查

2014年根据市局提供的信息，海淀局对辖区内的外籍球员转会及外国团体和个人文体演出信息对应纳税情况进行了核查。外籍球员转会信息1条，经核查球员转会合同均与个人签署，不涉及代扣缴企业所得税问题。外国团体和个人文体演出信息共5条，涉及3个纳税人。经核查，到北京市文化局办理演出审批的往往是中介公司，主要负责办理引进的相关手续，真正对外国及港澳台地区文艺表演团体及个人的营业性演出承担付费和税款扣缴义务的是另外的协议单位，未必与办手续的企业在同一税管辖区。演出付费的相关合同往往直接与演出团体中的演艺人员个人签订，只涉及地税管辖的营业税、个人所得税，不涉及企业所得税，我局核查的5条信息均不涉及非居民企业所得税。

审核同期资料，深挖非居民税源

同期资料审核是反避税管理环节的主要工作内容，是税务机关反避税工作增收的最重要方式，审核的目标是判断关联企业的转让定价是否符合独立交易原则。同期资料审核主要面向居民企业，但是在审核中经常遇到向关联方非居民企业支付大额管理费、技术服务咨询费及特许权使用费等情况，因此，我们往往通过对居民企业同期资料审核深挖非居民企业税源。

海淀国税反避税基础工作刚刚起步，对避税行为的打击力度总体偏弱，被审核企业在避税问题上往往存在侥幸心理，甚至有的企业在同期资料中故意隐瞒相关信息，人为增大审核难度。在这种情况下，能否收集利用更多的第三方信息，掌握信息主动权极为关键。为此，海淀国税局成立攻关小组，一方面认真研读企业提交的同期资料，从关联信息、功能分析及财务数据中寻找异常点，一方面在税务内部信息系统中查找与调查企业相关的申报和备案信息，同时充分利用上市公司的公开信息、行业协会发布的年度行业调查报告、专业论坛和行业调研报告来收集经济运行和行业发展信息，通过 BVD 数据库查找企业相关资料，衡量被调查企业的利润率情况，在获取尽量多的第三方信息基础上进行深入分析和挖掘，拟定约谈方案，有的放矢地约谈企业，进行反避税税收宣传辅导和税收风险提示。因为数据准确、图表清晰、事实清楚，半数以上约谈企业能意识到转让定价中的税收风险，主动提出自行调整补税方案，合理调整关联交易利润水平，较好地维护了国家税收权益，为海淀经济发展营造了更公平有序的税收环境，对跨国企业的避税行为起到一定的震慑作用。

摸索规律，厘清实质，严把对外支付备案关

国家税务总局40 号公告生效后，对外支付税务证明开具由审批制改为备案制，此举在极大方便纳税人对外付汇的同时也增大了税务机关后续税源监管的难度。海淀区非居民税源分布广泛，国际税收业务繁杂，对外支付备案业务量非常大，仅 2014 年上半年就开具对外支付税务证明1 072份，征收税款 11. 15 亿元，同比增长 3. 7 亿元。

为了既服务好纳税人，又维护好我国税收权益，强化对非居民税收的管理，海淀国税局一方面紧紧依托非居民税收管理系统，提升对外支付备案工作质效；另一方面通过约谈纳税人、咨询相关专家、网络搜索信息等获取更多的第三方信息，摸索规律，厘清实质，严把对外支付代扣代缴非居民税收关。非居民构成常设机构提供境内劳务对应的核定征收企业所得税，在非居民税收中占比不高，而且提供劳务形式多样、税源管理难度大，但海淀局通过对各种第三方信息的比对分析，积极探寻不同类型劳务获取利润区间的规律性，在核定利润率工作环节，打破以往统一利润率标准，将咨询和设计类劳务的利润率从20%提高到30%，从严从高核定利润率，有力维护了我国税收利益。

利用情报交换助力非居民管理

税收情报交换是我国与其他国家（地区）税务主管当局之间进行国际税收征管合作、保护我国合法税收权益的重要方式。在非居民税收管理过程中，为了正确执行税收协定及其所涉及税种的国内法，通过与相关税收协定缔约国家的主管当局进行情报交换获取第三方信息是非常必要的。

海淀国税局非常重视情报交换在非居民税收管理中的应用，2014 年 5 月，根据京国税际便函〔2014〕11 号的要求，对荷兰税务局提供的自发情报进行了详细调查，查补企业所得税及滞纳金合计 29. 91 万元。此外，海淀国税局还派出专业干部参加了市局关于澳大利亚某专项情报核查工作，对澳方提供的信息进行了梳理和比对分析，查找出涉及北京的关键文件和关键信息。经过与互联网信息等外围资料、CTAIS 系统中各类信息进行比对分析，初步圈出具有进一步核查价值的企业名单，并根据案件查核发现的新情况，继续向澳大利亚税务局发起专项情报请求。

总之，为了寻找非居民税收的线索，掌握非居民税源的动向，减少国际税源流失，维护国家税收主权，海淀国税局通过充分利用媒体、网络等信息资源，加强与其他部门间的信息综合利用等加大第三方信息收集和利用力度，强化非居民税收管理成效显著。

提升第三方信息采集应用质效的建议

从海淀国税局依托第三方信息加强非居民税收管理的实践来看，第三方信息在加强征管堵漏增收方面的确有着不可替代的作用。虽然海淀国税局在第三方信息采集和应用方面已经取得了较好的效果，积累了一定的经验，但从第三方涉税信息应用的广度、深度和质效来看，还只是在为数不多的点上有所突破，远没有形成系统全面的工作机制，全社会的综合协税护税力量尚未得到充分调动。为了全面提升利用第三方信息加强税收征管的质效，结合海淀国税局实践，提出建议如下：

通过立法建立有效的外部涉税信息报告制度

非居民税收管理需要收集大量的第三方信息，涉及面广，涉及主体众多，初期的信息收集借助互联网会比较高效。但是互联网上的信息需要验证之后才可采信，而在向有关部门申请获取相关资料时往往面临诸多的困难和阻力，导致部分涉税信息难以采集到位。造成这种现象的根本原因就是法律支撑不足，虽然《征管法》规定“纳税人、扣缴义务人和其他有关单位应当按照国家有关规定如实向税务机关提供与纳税和代扣代缴、代收代缴税款有关的信息”，但对部门和个人提供涉税信息的责任、义务、罚则，以及提供涉税信息的内容、格式、频次、方式等未做具体规定，现实工作中缺乏实际操作性，遇到需要信息时税务机关只能靠协调来解决，个别情况下协调不成也就不了了之。

习总书记在党的十八届四中全会中提出全面推进依法治国的总要求，落实到税务系统就是要依法治税。建议借鉴发达国家的做法，通过立法建立有效的第三方涉税信息报告制度，赋予税务部门利用法律手段广泛获取所需涉税信息的权利，为涉税信息获取提供具体、有效、全面的保障。

搭建第三方信息应用平台，提高应用质效

第三方信息应用平台是指以信息化建设为支撑，为第三方涉税信息归集、分析、展示、应用、反馈而建立的信息运行平台。它是第三方信息归集和应用的有效载体，是提高第三方涉税信息采集和运用成效的关键。在非居民税收管理中，第三方信息的采集和应用往往存在一事一办、个案获取、用后即弃的现象，缺乏积累和继承，每一项核查任务、每一个纳税判定都需要从无到有地搜集第三方信息，消耗了大量的人力物力，效率效果大打折扣，需要一个功能强大的第三方信息应用平台做支撑。

税收信息化发展到集成阶段最忌讳的就是系统林立，形成一个又一个的信息孤岛，所以建议第三方信息应用平台搭建在现有的信息化平台之上(如 CTAIS 系统)。另外，为了支持异构数据，具有良好的兼容性，易于扩展和升级，第三方信息平台应采用模块化设计。平台设计可运用数据仓库技术和理念，合理划分数据层、业务层、展示层的任务边界，实现数据层和应用层的分离，提高对海量数据分析查询的响应速度。信息的采集、加工、存储、交换、发布要有技术标准规范，统一导入平台信息数据的格式和统计口径，提高信息数据的加工比对和应用工作效率。

建议平台尚未搭建起来之前，在 CTAIS 系统中开放一个信息入口，把每一次核查、审核的主要证据和结论以文本的形式按照纳税人归集，不断积累，避免重复劳动，共享丰富的第三方信息，为第三方信息的“交叉应用”“链条应用”等增值服务奠定基础。

关注国际前沿，拓宽信息获取渠道

非居民税收管理与居民税收管理的最大区别在于管理对象和适用法律不同。非居民税收管理除了受国内税收相关法律的约束和支持外，还要遵循国际规则；在第三方信息的获取和应用上，也和国际规则息息相关。

跨国公司利用各国税制和征管差异，在居民国和所得来源国两个层面将应纳税额降至最低，从而大幅减少其全球总体税负，导致“双重不征税”的客观结果，造成对各国税基的严重侵蚀，已经引起了全球的关注。美国作为反避税先锋首先推出了《境外账户税收法合规法案》(FATCA)，G20 圣彼得堡峰会上发布的《G20 领导人宣言》涉及税基侵蚀和利润转移(BEPS)、《多边税收征管互助公约》、自动情报交换等多项内容，OECD 发布了 BEPS 计划的阶段性成果，全球 51 个国家在德国首都柏林签署了一项自动交换银行信息协定……这些都在向全世界传递各国税务机关共享信息，携手向跨国公司避税开战的讯息。作为我国执行国际税务管理的基层局，要密切关注国际动态，关注国家税务总局关于国际信息交换的最新精神和成果，加大情报交换力度，拓宽信息获取渠道，把国际信息和情报交换的作用发挥到极致。

创新思路，提高核查管控质效

在海淀国税的第三方信息核查过程中发现，有的企业已注销，在办理注销时税务机关尚不掌握企业的涉税信息，待第三方信息核查时已经找不到企业，可能造成税款流失。有的涉税企业已经变成非正常户，无法调查追征。建议类似中外合作办学信息、外籍球员转会和外国团体和个人文体演出信息等，与相关部门协商，形成按月或者按季交换信息的机制，常态化开展第三方数据交换，以利于税务部门及时掌握信息，强化税收征管。

有的信息核查工作量大，但针对性不强，整体效率低。比如2014年海淀国税对股权转让信息的核查结果显示，329条股权变更信息中真正涉及非居民股权转让的只有39条，仅占13%，但是由于要逐条核查，整个核查过程耗费了大量人力。建议对于信息量较大的，加大核查信息推送前的预处理力度，将无关信息筛除，提高核查的针对性和有效性。

在信息采集和应用的过程中，如发现关键环节，主动与相关部门协商，由税务机关事后采集第三方涉税信息进行核查，改为由信息提供部门直接在关键环节进行控制。比如，与工商管理部门协商，在外商投资企业股权变更环节实行“先税后变”，不但可以节约征管资源，而且从源头上控制了非居民税收的漏征漏管。

加强专业化人才队伍建设

“以人为本”是现代管理伦理的核心，依托第三方信息加强非居民税收管理必须大力推进“人才兴税”战略，加强对人才的选拔和培养，重点培养高级复合型人才。

第三方信息是为税收管理服务的，从信息的采集到信息的处理和应用形成一个有机的链条，每一个环节都很重要。在社会分工越来越细的情况下，加强专业化人才队伍建设，就是要缺什么补什么，一个环节也不放过。

信息化时代一定要提高整体人才队伍的信息化意识，树立“运用技术实现高效管理，以最低的成本取得国家应征税款”理念。同时，加大对岗位人员信息搜集和获取、数据处理、经济分析方面的培训，着力建设一支紧跟国际税收管理发展趋势，拥有先进管理理念、完整的税收理论框架，具备税收经济分析、反避税、纳税评估技能的高素质的人才队伍。

注：此文是依托海淀国税局的第三方信息核查工作进行的调研，文章成稿于2015年年初，内容收于北京大学的博士后出站报告《电子商务税收征管的困境与对策》中。

13

跨国公司在华研发机构反避税的研究与实践

在华研发机构的概况

跨国公司纷纷在华设立研发机构

研发全球化作为跨国公司实施全球战略的又一重要举措，与生产全球化、贸易全球化、金融资本全球化一样，从发达国家逐步向发展中国家扩散。

自20世纪90年代以来，跨国公司为实现其全球化的战略，纷纷在中国设立研发机构。根据联合国贸发组织的调查，过一半比例的全球跨国公司表示首选中国作为其海外研发机构的设立地。全球500强中已经有超470家在中国设立研发机构。很多中心已成为除母公司在本国或传统区域研发机构外最大的研发机构。据商务部的统计，截止到2013年6月，跨国公司在华设立的研发机构已经超过1 800多家，而且数量还在不断增长。

中国作为跨国公司实施全球化战略的一个重要战场，越来越受到跨国公司的关注，尤其是像北京市海淀区这样教育资源丰富、人力资源充沛、教育程度极高的区域，必然极受青睐。与之伴行的，便是跨国公司对中国直接投资结构升级，即从最初的劳动密集型的简单制造活动升级为资金技术密集型的制造活动，进而扩展到向服务领域，最终向地区营运总部和功能性研发机构扩展。

中国当前正处于快速的发展阶段，对于这样的发展中国家，发展生产力的决定性因素是科技进步和科技创新，因此，引进跨国公司的研发机构具有重大的战略意义：一是有利于改变粗放型的经济，提高我国的科研水平，发展知识经济；二是有利于改变我国在“微笑曲线”的底部位置，提升中国在国际分工体系中的站位；三是由于跨国研发机构具有促进我国研发能力的溢出效应，有利于我国的自主创新战略。

而对于跨国公司在中国设立研发机构（R&D Center）是跨国公司全球化进程不断升华的过程和结果，通常可以获得以下竞争优势：

☞ 扩散研发带来全球化新机遇。在原有的生产、销售等职能上增加研发职能，全面的职能有利于公司深入地参与东道国本地经济中。

☞ 中国研发人员质优价廉，科技人员的平均工资只为发达国家的1/10，大大降低跨国公司研发活动的成本，增强竞争力。

☞ 中国已成为多种商品世界上最大的需求市场，通过本地化研究，研发出适合中国市场的产品，才能保持其在竞争不断的国际市场中优势地位。

☞ 建立良好的跨国公司形象，不仅让中国客户更了解公司品牌，也能有效改善与东道国政府关系，享受到更多的优惠政策待遇。

基于前述竞争优势，诸多世界知名 IT 公司也在中国纷纷设立自己的研发机构。这些在华研发机构随着其研发战略的升级，投资规模不断扩大，职能也不断拓展，不少研发机构已悄然从最初本地市场研发机构发展成为全球战略研发机构。

自 20 世纪 90 年代以来，跨国公司为实现其全球化的战略，纷纷在中国设立研发机构。中国政府也出台一系列的相关鼓励政策，更使得跨国研发机构蜂拥而入。对于跨国公司研发机构这样一个引人注目的经济体，如何充分发挥它对我国技术创新的溢出效应（spillover effects），并有效控制对本土研究和发展活动的挤出效应（crowding-out effects），如何加强对其加强税收管理，如何实现跨国公司研发机构与我国自主核心研发的共赢局面，越来越引起社会的关注。

贸发组织研究表明，跨国公司在发达国家的投资回报率为 5%，在发展中国家的投资回报率达到 8%，而我国由于处于“微笑曲线”的底部位置，跨国公司往往能获得更大收益。根据中国统计局的数据，1982—2013年，经常项目下投资收益汇出累计达 1.44 万亿美元。2013 年汇出投资收益高达2 276亿美元，大约是 1982 年的 355 倍。可见，跨国公司在我国获得了丰厚的投资回报。然而，跨国公司在获得如此丰厚的收益背后，存在的纳税问题也越来越严重，很多外商投资企业在我国一边获取丰厚的投资收益，一边却享有低税负。原因主要有以下两方面：一是我国给予外商投资企业颇为优厚的税收优惠政策，各种的政策倾斜，使得外商投资企业所得税和流转税的实际税负低于国内企业税负。二是外商投资企业普遍采用各种各样的手段筹划避税，降低整体税负。跨国公司的避税方式多种多样，最主要的手段是转让定价，保守估计认为，每年仅通过转移定价，我国就损失税款近 300 亿元。在税收实践中，跨国公司利用设立的研发机构作为转让定价工具的比比皆是。

税收关乎国家的经济和财政命脉，我国给予跨国公司研发机构较多的税收优惠，但它们依然存在巨额避税现象及税收遵从度不高的现象，随着在实际工作中接触到越来越多跨国公司研发机构避税的案例，笔者越来越深地体会到加强对跨国公司研发机构反避税管理的重要性和紧迫性。

海淀区吸引跨国公司研发机构得天独厚

海淀区在吸引跨国公司设立研发机构方面的优惠政策和人才优势得天独厚。2002 年国务院批准三部委修订的《外商投资产业指导目录》，明确将外商投资研发机构列为国家鼓励类项目，享受优惠待遇。随后北京市政府出台了专门针对跨国公司研发机构的地方性规章《北京市鼓励在京设立科技研究开发机构的规定》，对研发机构的土地使用、研究开发、人才引进，以及知识产权保护方面给予税收与财政的支持。中关村科技园区发展战略纲要（2008—2020 年）中明确指出，要“更多地引进跨国公司研发机构，鼓励本土企业与跨国公司建立技术战略联盟，增强本土企业再创新能力”。而海淀区就位于中关村科技园区的核心区域。

另外，海淀区有着雄厚的科研实力和人才基础，而且已经形成相当规模和水平的科技园区，有着巨大的核心优势来吸引跨国公司设立研发机构。这里聚集了中国科学院、中国工程院、中国农业科学院等200多家研发实力强劲的科研院所；北京大学、清华大学、中国人民大学、北京航空航天大学等50多所中国规模最大、教学水平最好、科研能力最强的高等院校坐落在海淀；国家重大学科工程、国家级重点实验室、中国科学院和中国工程院院士，“973”计划项目、“863”计划项目数不胜数。在对22家外资研发机构进行深度沟通的过程中了解到，选址海淀的考量因素中，“人才、教育与科研优势”排第一位，其余依次是“首都优势及因此带来的外溢效益”、“产业发展环境”、“接近市场和客户”，最后才是“地区优惠政策”。

为了摸清家底，2014年中关村外资协会课题组对北京市、海淀区的564家外资研发机构进行了定量研究，研究结果显示：北京市外资研发机构的总体数量为564家，在海淀区分布数量占比62%。2013年，海淀区外资研发机构行业分布上特征显著，236家是电子信息产业，达到了总量的67%。排名第二位的是生物产业，数量为34家，占比约10%。数据说明，外资研发在海淀区主要集中在电子信息领域。2012—2013年度世界500强外资企业中，在京设立研发机构的有22家，海淀区9家，主导行业仍然是电子信息业。

外资研发机构在京的投资总额为143.24亿美元，其中在海淀区占比41%（近60亿美元），名列榜首。海淀区外资研发机构投资总额在国别来源分布上看，中国香港排名第一，其次是开曼群岛、美国和BVI，前四名累计占比近3/4。

跨国公司研发机构享税收优惠多但贡献偏低

长期以来，中国采用多方位的鼓励政策来吸引跨国公司在华设立研发机构，其中税收优惠是很重要的鼓励措施之一。国家出台的适用于在华研发机构的税收优惠政策主要包括：外资研发中心进口科技开发用品免征进口税收，采购国产设备全额退还增值税；允许将企业为研发人员缴纳的“五险一金”、专门用于研发活动的仪器设备的运行维护费用、新药研制的临床试验费等列入加计扣除的研究开发费用范围；一个纳税年度内，居民企业技术转让所得不超过500万元的部分，免征企业所得税；超过500万元的部分，减半征收企业所得税；取得高新技术企业证书的，向主管税务机关申请可减按15%的税率征收企业所得税；跨国公司研发机构向境外单位提供的研发服务和设计服务适用增值税零税率；对非营利性科研机构自用的房产、土地，免征房产税、城镇土地使用税，等等。

据统计，跨国公司研发机构在我国享受各种税收优惠的比例超过一半以上，中关村外资协会课题组调查的海淀区受访的22家在华研发机构中，14家企业享受到了我国政府给予的税收优惠政策，占比64%，包括：英特尔、微软、惠普、高通、甲骨文、超威、三星电子、法国电信、日立、松下电器、霍尼韦尔、拜耳、诺维信、宝洁。主要享受的优惠政策是免征研发相关的增值税、高新技术企业所得税税率15%，以及研发费用加计扣除。

目前跨国公司研发机构大多服务于国外母公司，其功能职责多数是从母公司引入先进的产品和技术，进行本地化研究，改造为适合中国市场的产品和技术，以及与全球的研发机构进行跨空间的团队合作，参与母公司的核心研发任务，通常研发的技术成果归属为母公司。调研数据显示，外资研发机构技术交易总体上非常不活跃。2013年北京外资研发机构技术交易额（卖方登记制）为106亿元人民币，约占全市技术交易总额2 000亿元的5%。其中海淀区外资研发机构的贡献是62%，约占全市总额的3.1%。

现阶段国家对于跨国公司研发机构给予大量的税收政策优惠，但在实际税收实践工作中发现：跨国公司研发机构依然存在利用现有税收征管和税收政策的盲点，以及跨国公司的关联交易进行避税现象，依然存在对税法和税收征管法遵从度不高的现象。大幅度、全方位的税收优惠并没有给我国带来应有的回报。

在华研究机构避税现象严重

跨国公司研发机构税收征管的特点

跨国公司研发机构真的很不活跃吗？他们的税收贡献率真的就是那么

低吗？还是我们的税收征管有漏洞？带着这个疑问，我们来研究一下跨国公司研发机构税收征管的特点。与其他国内普通居民企业相比，跨国公司在华研发机构在税收征管方面具有以下特点：

国际法优于国内法

我国涉外税收征收管理，除依据与内资企业共同适用的国内税收法律、法规之外，还要执行与各税收协定缔约国所签订的税收协定。税收协定具有高于国内税法的法律效力。缔约国各方必须对协定的一切条款承担义务，任何一方的国内法与协定相抵触，要优先适用税收协定的规定。这样，对跨国公司征收企业所得税、个人所得税时，不但要严格依照国内税法办事，而且必须要遵守税收协定的规定。

涉税业务极其复杂

跨国公司研发机构税收征收管理的对象是跨国公司、受雇的和独立提供劳务的外籍人员，以及华侨、港澳台同胞。在中国设立研发机构的跨国公司在全球均设立有机构，它们之间存在的关联关系错综复杂，往往与国际市场有广泛联系，通常跨越国界来提供劳务、交易商品、融通资金等。税务机关征税时涉及关联企业国际收入与费用的合理分配，关联企业之间非独立企业交易价格的调整，进行收入来源地、优先征税权的判定，还要进行国际避税、逃税的防范等一系列复杂国际税收问题。

税源监控的难度更大

凡是我国的居民纳税人（包括法人居民和自然人居民），中国同时实行了居民居住地管辖权和所得来源地管辖权。外国公司在华设立的独立研发机构作为居民纳税人必须对其来源于国内和国外的收入一并报税。但目前我国涉税信息来源渠道单一，尤其是境外信息还没有畅通的沟通渠道，对居民境外取得所得难以准确掌握信息。由于现有税收信息系统缺乏外部相关的涉税信息，税源监控的力度很低，监控难度增大。

会计核算和财务制度不同

在国内，各种经济性质的企业都要按照全国统一的《财务通则》和《会计准则》，以及各行业统一的会计制度执行，而外商投资企业一般按规定执行财政部制定的财会制度外，也可执行各自国家的财会制度和核算办法。大多研发机构使用境外母公司统一的 ERP 系统[1]，虽然《税收征收管理法实施细则》第二十四条规定“纳税人使用计算机记账的，应当在使用前将会计电算化系统的会计核算软件、使用说明书及有关资料报送税务机关备案”，但在实际工作中，研发机构基本没有主动进行电算化系统备案的，没有说明书，整个系统符号代码如同天书，而且大都没有汉化，税务部门很难实施检查。

财税业务外包化

按照国外的管理习惯，通常跨国公司研发机构没有自己的财务和税务团队，在中国设立的研发机构大都使用总部统一采购的第三方来进行财务和税务管理，多数会聘用四大外资会计师事务所［普华永道（PWC）、德勤（DTT）、毕马威（KPWG）、安永（EY）］为其提供服务，加之有些研发机构为了保守经营机密，常常会把不同的涉税业务分配给不同的事务所来办理。这种财税外包的模式导致财税人员不稳定，很难有人掌握全面准确的财税信息。而且，国内外的财税信息不通畅，第三方掌握的涉税信息滞后，经常会出现由于国内外信息传递不及时造成漏税。海淀区曾经发生的某知名 IT 研发公司总裁，涉嫌卷入某跨国公司研发机构漏税丑闻，最后调研结果就是由于信息传递不及时导致税款超期申报，类似的案例并不罕见。

跨国公司研发机构避税筹划严重

转让定价是跨国公司国际避税采用的最常见的方法。所谓转让定价，是指跨国公司为了获取其集团整体的最大利益，往往在关联企业之间的交易中，采用低于或高于市场正常交易价格的经济行为。Copithorne 和 Horst 于 1971 年提出了下面有关跨国公司转让定价的著名命题，即，在面对不同国家的不同税率时，跨国公司会通过基于关联企业之间的交易的内部贸易，潜在地对商品价格进行操纵，以达到将利润从税率高的国家转移至税率低的国家 。Choi 在 1998 年研究了跨国公司内部工作激励与降低税负之

[1] ERP：Enterprise Resource Planning，企业资源规划管理系统。

间存在的均衡关系问题，得出：当各个子公司的边际税率不一致时，跨国公司会从降低其整体税负的角度，考虑如何运用转让定价进行避税；而当各子公司的边际税率相同时，转让定价的确定则应侧重考虑对各子公司的工作激励及目标协调。

经调研，跨国公司在华研发机构主要服务境外母公司，一般由母公司提供研发经费，研发任务绝大部分来自母公司，技术合同大多以母公司的名义签署，知识产权和技术专利归母公司所有，对外技术合作和技术转移的最终决定权在母公司手中，转让成果也体现在境外母公司。在关联企业转让定价上，他们往往会以不承担开发风险为由，用较低的成本加成率与总公司结算，或者直接采用高进低出的办法转移利润，达到降低税负的目的。高进，即向境外总部或关联企业支付高额的接收数字化产品和服务的特许权使用费和服务费。低出，即以较低的费用加成金额向境外总部或关联企业收取费用并作为收入的依据。通过这种方法来减少应税收入，增加支出，使企业经营处于亏损或微利，达到避税效果。由于现有税收政策缺乏对数字化产品的定价依据，也缺乏对数字化产品价格的评估系统，基层税务机关在上述问题中非常被动，对转让定价问题很难进行有效的税收管理。

举例来看：某国际知名公司在北京海淀辖区内设立了一个外商独资企业，注册资本11 902万美元，经营范围包括提供软件产品有关的研究、设计，开发及咨询服务；开发，生产，包装电脑软件，硬件产品。进口母公司产品为研发机构正在进行的研发项目进行市场测试，提供与产品的使用有关的培训，教育；销售（含批发）自产、进口及国内生产的软件、硬件及外设产品，并提供上述产品的售后服务、技术咨询、培训和服务，等等。该企业有四个相对独立的单位：中国市场与销售部门，亚洲研究院，中国研究开发中心，全球技术中心。其中三个部分在北京，研发机构非独立核算。

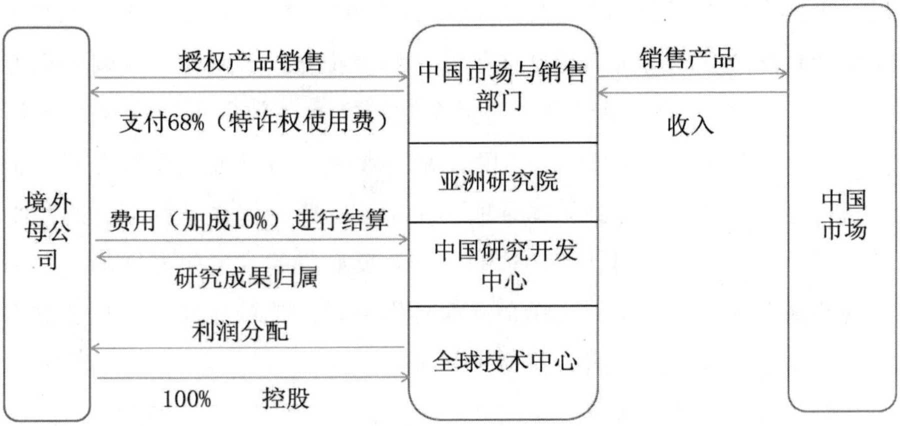

图 1　某国际知名公司业务架构图

如图 1 所示，在华研发机构“中国研究开发中心”主要服务对象是其境外母公司，在中国国内的研发成果也将返回并归属境外母公司，最终由母公司统一在境外申请专利并获得知识产权，其技术转移主要在母公司体系内部循环流动。研发机构与境外母公司之间的结算方式，以研发机构的各种支出如人员工资、设备折旧、房租等作为基数，进行加成，加成的利润率为 10%，没有采用独立公司的原则，北京公司以此记为研发机构的收入。而同时，国外母公司授权许可北京市场与销售部门在中国市场进行产品销售，销售收入的 68% 作为国外母公司的特许权使用费汇到国外母公司。通过以上的低进高出的转让定价方式，进行国际避税。该外商投资企业在我国曾一度处于亏损状态，引起中国税务当局的关注，经历几年的预约定价的谈判，该企业在我国补税高达数亿元。

在海淀区，由于跨国公司研发机构集中在信息产业，经营模式具有共同性，上述利用研发机构作为一个“高进低出”的工具，从而通过转让定价的方式来避税的现象普遍存在。

电子商务使避税更方便更隐蔽

跨国纳税人的避税方式本来就形形色色、千奇百怪，电子商务及其相关技术使得避税变得更方便更隐蔽。电子商务的出现，使交易活动越来越多地通过网络和软件来完成。数字化产品（劳务）的交易，完全可以在互联网上进行。特别是企业可以通过互联网连接世界各地的程序员联手开发、生产软件产品。而网上交易（生产）的虚拟化、数字化、无国界和支付方式电子化等特点（即交易情况大多被转换为“数据流”在网络中传送），使税务机关难以根据传统的税收原则掌握交易对象、交易场所、制造商所在地、交货地点、服务提供地、使用地等情况，并进行有效的税收征管（尤其是税务机关对转让定价的确定和反避税的难度明显增加：电子商务使跨国公司增加了新的关联企业和合作方式，其转让商品、劳务更为容易，更易于将利润从一国转移到另一国）。

比较典型的表现形式有：跨国公司通过内部的业务网将境内发生的研发劳务转移到境外关联企业，如某软件公司（甲）开发了一组程序（分模块），通过互联网发给境外关联公司（乙），关联公司打包形成产品，又发回甲公司，以此表明其研发地在境外；国外网站在向国内网站提供具有著作权（版权）的资讯时（如消息、通讯、评论等），故意隐去作者的署名和资讯拥有者的名称，以提供服务的名义向国内网站出售资讯，国内的网站则以“国内某某网站讯”（而非以“某某国外网站讯”）的形式刊登有关资讯，以掩盖其著作权（版权）交易的行为；一些企业（如金融机构），在使用外国的操作系统（软件）时，故意将交易行为确定为接受服务而非购买具有著作权的软件；还有一些企业，在签订购买含有著作权的软件产品的合同时，有意模糊购买软件是供自己使用还是复制、销售的界限。

这些做法，其目的是否认发生劳务的事实，或是以接受服务代替特许权转让，或是以购买产品代替特许权转让，进而逃避缴纳预提所得税和营业税（我国税法规定，国内的企业接受国外企业提供的服务应按交易额的5%代缴营业税；国内的企业与国外企业进行特许权转让，应按交易额的10%缴纳预提所得税和按交易额的5%缴纳营业税）。

税务部门开展反避税工作的难点

支付环节监管失控，反避税难度加大

外资企业的主要业务、资金运作均与境外母公司有关，关联交易大量存在且隐蔽性强。同时，由于技术不断进步，网络交易得到迅速发展，部

分应税服务、商品买卖甚至通过网络即可实现。在此条件下，税务机关往往要以对外收付环节为抓手，通过申报材料的蛛丝马迹发现问题，强化非居民税收管理。但目前外汇管理局的规定，对外支付环节只有单笔交易 5 万美元以上的才需要到税务部门备案，限额以下售付汇的涉税工作处于失控状态，税务机关的工作处于被动局面。在实际操作中，基层税务人员发现，不乏人为分割合同，将单次售付汇金额控制在 5 万美元以内，以此来避开税务机关监管的现象，这无疑加大了基层税务人员对涉外税收监控的难度。而且在简政放权的指挥棒的指挥下，下一步还可能取消对外支付的备案手续，支付环节失控，反避税难度更大。

信息不畅造成基层税务机关举证难

当前跨国公司进行国际避税，很少单独使用一种手段，而是进行多种方法的“综合利用”，这样形成的局面往往错综复杂。虽然有文件规定，关联企业之间未按照公允价格进行交易，主管税务机关可以参照类似市场商品交易、劳务活动的正常收费标准来纳税进行调整。然而，在税收实践中，由于社会交易呈现个性化，跨国公司之间的交易、服务全球化，关联企业的交易隐蔽化，没有畅通的信息渠道，如何认定关联企业间正常的收费标准？如何确定全球关联公司共同创造产品实现收入后，利润在全球关联公司之间合理分配？对于这些实际问题，我国税法中并没有明确的处理原则和操作方法。我国的基层税务工作者没有现成的工作平台进行有效信息的搜集和利用；查询和掌握国际市场的交易价格渠道少且不畅；在现有条件下，税务人员不能实施境外调查，国际合作作用有限；税务机关也不可能对跨国公司成千上万的频繁而复杂的业务往来一一搜集证据材料；对申请预约定价的跨国公司报送的大量境外关联公司的资料也是难辨真伪，征纳双方信息严重不对称，这给具体税收执行工作带来较大困难，导致基层税务部门难以开展有效的反避税工作。

避税与反避税力量悬殊

跨国公司具有较为便利的避税条件。他们的经营全球化，关联交易复杂，这为避税提供可能；他们还专门重金聘请税务专家、法律顾问为其提供服务，丰富的经验、专业的知识、全方位的信息有利于跨国企业在全球范围内进行精心的策划，这更让避税手法复杂隐蔽。跨国公司使用先进的ERP系统，财务结算方法也非常复杂。而与此相对应的是我国税务部门专门从事反避税工作的税务人员严重不足。一些外资企业比较集中的地方，甚至没有设立专门的税务管理机构。当前反避税税务人员素质参差不齐，普遍缺乏丰富的反避税经验、现代税收管理知识和较强的外语能力，也缺乏专业的培训，难以适应反避税这项高难度的工作。国家税务总局国际税务司某领导曾透露：以我国现有的人力、物力、技术手段，现有的外资企业每家平均被税务审计的概率是800年一次。如海淀区国税局从事涉外税收管理的税务干部不足20人，专职从事反避税的干部只有1人，却要面对4 000多户税务登记的外商投资企业，反避税力量严重不足。

对税法不遵从行为查处力度不够

只有税务机关的行为让纳税人高估违法受罚的风险，才能降低其从事不遵从行为的动机。要使纳税人高估违法受罚的风险，首先，税务机关应限定执法处罚的自由裁量权，制定处罚相当、具体、明确的法定处罚标准。其次，税务机关必须让纳税人感到加大了对税收违法犯罪的查处力度。而让纳税人有这样的感觉，一方面税务机关要切实加强实际查处力度，另一方面也要加强对查处案件的宣传力度。如为促使纳税人在4月中旬申报截至日前如实完成上个纳税年度的申报，美国国内收入局常常选择集中在3月后曝光一些逃税案件。但目前我国税收征管对于不遵从还存在处罚标准低、执行不到位、违法查处结果宣传不够现象。如对于不配合基层的税务管理，通过反避税局立案调查后所做的纳税调整，只加收基准利率，没有任何惩罚措施，使得纳税人做避税筹划的利益很大，风险很小，不遵从的意愿就会增强，不利于和谐征纳环境的创建。

海淀区反避税基础管理工作经验分享

笔者2014年开始负责海淀国税局的反避税基础工作，是全局600多名干部中唯一一个反避税岗位人员。海淀区位于国际税收管理的前沿阵地，反避税工作任重道远。为了提高工作质效，笔者在单位领导的支持下，做了很多积极的尝试，也取得了丰硕的成果，相关做法和经验分享如下。

同期资料审核是反避税的基础工作，也是在互联网环境下发现跨国公司转让定价问题、积极应对跨国公司避税筹划的主要途径，其工作重点是对审核目标企业的关联交易定价原则、方法及合理利润水平进行了解，通过多方获取信息和约谈，对审核目标企业转让定价是否符合独立交易原则进行初步判定，引导不符合独立交易原则的企业自行调整。

作为没有反避税立案权和检查权的基层税务部门，海淀国税局积极探索“立足服务，寓服务于管理”的反避税工作新方法新路径：以同期资料审核为载体，依托全方位的信息获取和对同期资料的深入研究，发现并提示企业存在的转让定价税收风险，以风险提示为服务切入点，宣讲相关政策，引导企业自行调整补税，降低征纳成本，和谐征纳关系，树立依法治税新形象。截至 2014 年年底，累计调整补税 6 658 多万元，占全市各区调整补税总额的 70% 以上。

组织得力，协调有序

领导重视是最强有力的支持

海淀国税局领导非常支持和重视同期资料审核工作。在接到直属二分局的工作通知后，分管局领导李建军副局长带头参与研究工作方案。大国科依据对同期资料审核的要求，列出工作事项分解表，明确不同事项的完成时点、完成要求和责任部门。分管局领导主持召开工作会，强调此项工作的重要意义并进行统一部署；在初步筛选出疑点企业后又主持召开专题会，对同期资料疑点企业约谈补税等工作进行具体部署。

科所联动是有序推进的基础

海淀国税局符合准备 2013 年度同期资料要求的企业 123 户，审核任务相当艰巨。在初步审核阶段，主要依靠各管理所对本所收集的同期资料覆盖式逐户进行初审，大国科负责业务。通过初核筛选出 21 家疑点企业，各管理所逐户撰写初步审核疑点报告报大国科。

团队作战是取得最终成果的关键

初步审核完成后，海淀国税局由大国科牵头，从各管理所和大国科选派专业骨干人员在分局层面成立3个同期资料审核小组，实施团队作战，集中对疑点企业进行深度审核。各个小组针对疑点企业重新进行案头审核，并通过约谈企业，了解披露不完整的信息，澄清疑点信息，下发《重大涉税事项提示函》，提示其存在的转让定价税收风险。经集体讨论，选定疑点清楚、存在明显转让定价避税现象的12户企业的疑点报告报直属二分局。通过谈判，引导，9户企业提交了调整补税方案。

培训提升，历练切磋

转让定价审核一直被认为是税务系统最高端最复杂的业务，对参与的税务人员业务素质和谈判水平要求比较高。面对巨大的审核工作量及基层缺乏同期资料审核经验的现状，为提高同期资料审核的质效，海淀国税通过派出骨干参加直属二分局组织的培训、请普华永道的专家来分局做同期资料审核讲座、请大国科的岗位人员就同期资料审核要点及注意事项进行针对性培训，以及小组研讨、问题切磋等多种方式，迅速提升参与审核税务人员的业务素质，为同期资料审核提供人力资源保障。

海淀国税反避税基础工作毕竟刚刚起步，对避税行为的打击力度总体偏弱；同期资料审核判断转让定价是否合情合理，没有严格的法条规范，被审核企业在避税问题上往往存在侥幸心理；甚至有的企业在约谈过程中故意隐瞒相关信息，人为增大调查工作难度。但是参与审核和调查的人员毫不畏惧，他们付出超常的努力迎难而上，创新信息获取方式，边学边用，以较高的专业素质顺利完成审核任务。攻关小组一方面认真研读企业提交的同期资料，从关联信息、功能分析及财务数据中寻找异常点，一方面在税务内部的信息系统中查找与调查企业相关的申报和备案信息，同时充分利用互联网，通过各种途径搜集企业的相关资料和行业信息。在对企业信息进行深入分析和挖掘的基础上，拟定约谈方案，有的放矢地约谈企业。因为数据准确、图表清晰、事实清楚，经过反避税税收宣传辅导和当场税收风险提示，半数以上企业能当场意识到转让定价中的税收风险，大大提高了约谈质效。

这里可以简单举两个小例子。有一户企业接到海淀国税的反避税约谈通知后，非常重视，派出总公司财务总监和被审核企业的财务负责人一行来到海淀国税局，起初他们找出种种理由来说明为什么被审核公司利润下降很大。后来局谈判小组拿出一份该企业的数据分析图（见图2），把企业近几年来的收入、成本、费用、应税所得随着税收优惠结束发生的变化非常清晰地表达出来。企业负责人的话我们记忆犹新："面对你们如此细致的工作，我们再说什么都是辩解，我们心服口服，回去自查调整。"后来该企业不仅自己调整补税456.6万元，同时自查海淀区内另一家关联企业，补缴税款290万元。

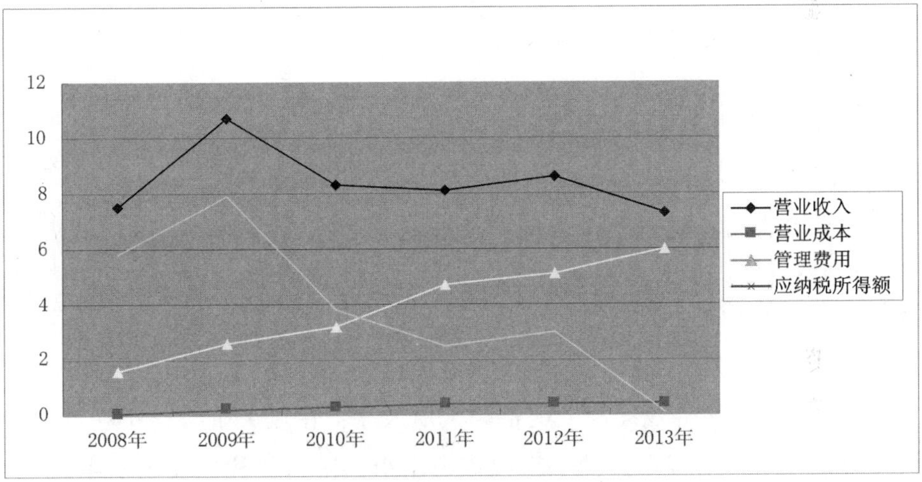

图2　财务指标分析图

某公司是全球500强企业的在华研发机构，由位于英属维尔京群岛的母公司出资成立。该企业2010—2013年度享受技术先进型服务企业减按15%的税率征收企业所得税的税收优惠。2012年营改增后，该企业享受离岸外包服务免税的增值税优惠政策。该企业全部收入来自关联交易，与关联方的定价采用完全成本加成法，完全成本加成率为5%。2013年海淀国税局就注意到该企业可能存在转让定价风险，但是一直没有实质性的突破。2015年，审核小组对该企业的信息做了全面的收集和分析，在充分准备的情况下与企业进行了一场精彩的谈判。公司100%收入来源于关联交易；关联交易方在维尔京和荷兰都是典型避税地；表面上5%的完全成本加成，事实上相当于把企业享受的离岸外包增值税减免部分拱手让给总公司，中国公司还要再贴补一部分成本，是赔着本做研发；企业利润率水平远远低于同行业利润率水平，也远远低于总公司的利润率水平（海淀国税局列举了总公司连续10年的利润率，令他们很惊讶）。资料翔实，推理清楚，企业财务总监和安永聘请的税务代理都不由得对海淀国税局的工作人员竖大拇指，并当场表明主动配合税务局进行调整的愿望，最终企业自愿按照8%的完全成本加成率调增2009—2013年的关联交易，补缴企业所得税408万元。虽然这个调整也未必调整到位了，但是作为基层税局在不立案的情况下引导企业进行了自行调整，也是取得了阶段性的胜利。

总结提高，实现三大突破

2014年同期资料审核工作，海淀国税局实现了三大关键突破。

理念突破：由于基层分局没有反避税的立案权和检查权，无法有效开展反避税工作。2014年的反避税基础工作首先实现理念上的突破。树立“以服务促管理，找准企业风险点，引导企业自查调整”的反避税基础工作新理念，积极主动帮助企业查找关联交易税收风险并给出专业化建议。

人才优势：局领导重视，亲自参与工作研究和部署，并且合理配置人力资源。在反避税专业岗位上配备高素质人才；在攻关阶段科所联合，抽调年轻化、专业化的业务骨干组成攻关小组，团队作战，攻关小组博士、硕士达50%以上。通过强化专业培训，大量内部研讨，理论联系实践，快速提升团队战斗力。

方法创新：多渠道占有信息是法宝，加强研究、找准风险点是关键。除了在同期资料和内部信息系统中查找信息、寻找异常点之外，充分利用上市公司的公开信息、行业协会发布的年度行业调查报告、专业论坛和行业调研报告、BVD数据库信息等第三方信息，深入分析和挖掘，找准转让定价风险点，有的放矢约谈企业，进行反避税税收宣传辅导和税收风险提示，引导企业自查调整补税。

总之，跨国企业在华机构通过转让定价转移利润，不仅损害了中方投资者的利益，使我国税收严重流失，而且造成了我国境内外商投资企业之间的不公平竞争。通过扎实有力的反避税基础工作，可以扩大反避税工作的影响面，较好地维护国家税收权益，为经济发展营造了更公平有序的税收环境，对跨国企业的避税行为起到一定的震慑作用。

注：此文是依托笔者在海淀国税局从事基层反避税工作的实践，结合对海淀区研发机构的调研撰写而成。文章成稿于2015年年初，内容收于北京大学的博士后出站报告《电子商务税收征管的困境与对策》中。

14 关于数字经济下的税制构想

关于未来网络时代的征税方案，笔者在十年前就做了乌托邦式的设想，没想到在与上海财大的朱为群教授的交流过程中发现，两人在十年前后的想法居然有异曲同工之妙，就连笔者所说的，网络时代新税制最大的缺点是只能“为国聚财”，无法发挥经济杠杆的作用对宏观经济进行调节，朱教授都调侃道，大道至简，税收不是必须能调节宏观经济的……暗自拍掌，与笔者心有戚戚焉。

这里把笔者在2006年对网络时代新税制的思考和朱教授2015年对在大数据时代透明税制的构想，与曾经被提出的比特税和托宾税一起，罗列在此，供后来者品读。

曾被提出的电子商务税制方案

文献中曾被提出的电子商务税制方案主要有两大类，一类是开征新税种，一类是对现有税制的完善补充。

要求对电子商务开征新税种的认为，电子商务税制的设计要符合网络经济的特点，既适用于有形交货，又适用于电子交货，并能以最小成本或零成本进行交易。国际上主要有控制“信息流”和“资金流”两种思路，代表方案主要有比特税和托宾税。

以控制“信息流”为主要思路的是著名的比特税方案。比特税（Bit Tax）方案最早于1994年由加拿大税收专家阿瑟·科德尔（Authur

Cordell）在一篇论文中构思了一种被称为“比特税”的方案，后经荷兰教授卢·苏特（Lue Soete）正式向欧盟委员会提出。该方案认为，电子商务是未来的贸易形式，必须征税，但Internet威胁现有的税收机制，因此必须采用新的手段来迎接这种挑战。它主张对数字化传送的每一数字单位（即Bit）征税，包括对增值的数据交易，如数据搜集、图像或声音传输等征税。支持该方案的理由主要有：互联网上的各种信息存在着大量的附加值，因此，应把所有被传输的信息都视同形成税基的信息予以征税。对全部网上信息征税可减少网上的“信息污染”。对滥用互联网的人来说，按信息流量收税可鼓励人们更有效地使用互联网，并限制人们浪费网络信息资源。征收比特税可以被看作是一种保护知识产权的工具。如软件、书籍、小册子等，不交费也很容易被转载下来，对数据传输量的征税将会减少这种活动。比特税的反对者则认为：比特税的设计者只是单纯地从计算机角度出发，没有联系到税收实际。一些专家认为，此项方案过于草率，例如，哪些信息传输要征税，哪些不征税，税收管辖权如何划分，怎样避免重复征税。比特税以网上所有数字信息为征税对象，完全忽视了非商业性互联网用户的权益，这将阻碍网络产业的发展。

应该说比特税既具有合理性，又具有矛盾性。从合理性来看，它是以电子商务的税基——信息流为征税对象，因而它在理论上最符合电子商务的运行特征；而且它也具有征管简便易行的可操作性。从矛盾性来看，信息流与资金流的非统一性，将使该税面临两个矛盾：一是商业信息流与非商业信息流同时负税的矛盾。由于比特税对因特网上的所有信息流量均要征税，因而必然造成商业信息流与非商业信息流（如网上提供一些免税服务）同时负税的矛盾。二是信息流量与税负成正比变化的矛盾。由于比特税是以信息流量为计税依据，因而信息流量就与税负成同方向变化关系：信息流量越大，税负越高；信息流量越小，税负越小。但是信息流量并不完全与商品价值量成正比关系，例如，软件A技术含量高，售价高，而信息流量小，税负小；软件B技术含量低，售价低，而信息流量大，税负大。因此在比特税下，有可能出现数字化产品的价值量与税负相背离的矛盾，从而违背税收公平原则与量能负担原则。

由于上述原因，比特税没有被欧盟采用。目前，比特税的主张似乎已被打倒，但许多人认为这只代表发达国家的意见，预测此项主张很可能东山再起。

通过控制“资金流”来实现税收征管，研究的主要思路是通过金融机构在资金支付环节进行管理控制，以资金流转额为计税依据进行课税。欧洲国家提出了建立以监管支付体系为主的电子商务税收征管体制的设想，德国联邦财政部在现有的技术和法律条件下，设计了一种适应电子商务的新的流转税方案，该方案选择介入支付体系的信用机构作为代征点，并由其扣缴税款给税务机关，税务稽查部门设计了通过金融部门资金流动掌握电子商务企业涉税信息的方案，这虽然不是新的税种，但也是对电子商务如何征税的一种积极尝试。韩国也在运用信用卡支付体系进行电子商务的税收征管。此外，谈到“资金流”控制，还有人提到了托宾税。托宾税（Tobin Tax）是以美国著名经济学家诺贝尔经济奖得主詹姆斯·托宾（James Tobin）的思想为基础设计的一种金融交易税。早在20世纪70年代初，詹姆斯·托宾提出：对所有的外汇交易征收一个很小比例的税金（比如0.1%或0.5%），设置这项税收的主要目的则是“向市场经济的齿轮里抛沙子”。通过在每次货币交易时征收交易税，增加了频繁进行短期交易的成本，降低了汇率的波动率，并减少了短期资本流动的规模，使投资者更加关注长期基本因素的变化，减轻了对于市场传染效应的敏感程度。这种税与经济活动的关系很清楚，对实际交易和国际互联网经济都适用，也不要求纳税人提供个别信息，但要求各国税务当局对每一笔电子交易的货币值做翔实的记录。实际上，托宾税只是行政干预金融市场的一种形式。

另一类是现行税制的拓展，如虚拟常设机构方案、征直接税方案和征流转税方案等，通过拓宽现行税制的内涵和外延，使其能够适用于对电子商务征税。其出发点是认为电子商务只是一种新的商业模式或交易方式，现行税制对电子商务的征税方式仍可适用，只需要做必要的调整，没必要“推倒重来”，更不需要专门对电子商务开征新税。在目前情况下，对电子商务免税的政策主张占主导地位，如何对电子商务征税问题只是一个值得深入研究的课题。一般来说，各国将首先力图使现行税制适应于对电子商务征税，只有当电子商务发展到一定程度，现行税制已经完全不再适用时，比特税和托宾税才被提上议事日程。

对网络时代新税制的思考

从古至今，随着社会经济的不断发展变化，世界各国的税收理念、税收制度也经历了不断的变化。在古代，社会生产力的发展比较迟缓，农业是最主要的生产部门。古代经济的这种客观经济基础决定了以农业生产者的收获物为直接课征对象的直接税，必然成为各奴隶制和封建制国家的一个最基本的税类。我国古代的贡、助、彻和田赋，亚洲其他国家的土地税，欧洲各国的什一税，都属于这一类对农业收获物课征的直接税。随着人类社会从封建社会进入到资本主义社会，资本主义私有制下的商品经济彻底摧毁了封建土地私有制下的农业自然经济，社会财富表现为庞大的商品堆积。于是，以商品流转额为征税对象的间接税，便代替了以农业生产者的收获物为征税对象的古老直接税，而成为自由竞争时期各新兴资本主义国家的主要税类。当资本主义经济逐步发展壮大时，所得税应运而生。而且伴随着垄断资本主义的生产国际化与跨国公司的发展，到 20 世纪初，所得税已在世界大多数国家中得到普遍推行，并在一些主要资本主义国家中代替间接税而成为主要的税类。经过发展演化，各国最终形成了由流转税、所得税和财产税共同构成的税制结构。由此可见，经济基础的变化引起了税基的变化，与之相适应的税收理念决定了具体税制的变化。

电子商务的出现使贸易形式发生了巨大变革，现有税法的很多规定都不能恰当地适用于这种具有极强技术性的贸易方式，税收法律制度也出现了很多适用上的漏洞。如果只是在原有税种上修修补补，不仅会与现行税制产生诸多冲突，而且有可能导致现有法律制度的混乱。传统的税种机制已不能适应信息时代社会销售体系的变革，必须针对数字经济的特征，以新的税收机制替代基于物质商品和服务增值的税收机制，才能达到税负公平、节约网络资源和提高征税效益的目的。

对于这个问题，作为一个税务工作者，笔者曾经做过长时间的思考，由于想法比较乌托邦，几近空想，所以只把它作为研究感想的一部分呈现给读者，希望能对新形势新环境下的税制设计思路有所帮助。

税制越复杂，税收效率越低。笔者从事税收管理工作若干年，曾到大大小小的企业进行纳税辅导或税务检查，可以说99%的企业存在偷漏税现象，只是程度不同而已。分析其原因，不排除有的纳税人有意逃避纳税义务，但是我国税制太复杂也是一个主要原因。中国的各种税收法规政策、管理办法及其他公告、通知等，摞在一起足有一人多高，财税专业人员都很少有人能全面掌握，更何况纳税人。尤其是目前三两人就可以注册一个有限责任公司，兼职会计满天飞，一人兼三四十户企业的比比皆是，其专业素质很难保证，造成无意识的偷漏税。税务部门斥重资大力进行信息化建设，希望能提高税收征管效率，提高纳税人的纳税遵从度，但是效果并不是很明显，其根本原因一方面是由于税务部门在技术上无法实现对纳税人经济活动的全面掌控，另一方面还是在于税制过于复杂，税收豁免、税收优惠种类繁多。

随着市场经济的全面发展，每天都有大量的新企业诞生，每天都有大量的企业倒闭、清算，每个税收管理员都要面对上百户甚至上千上万户企业，实在无力应对，加上寻租现象严重，关系税、人情税无法根除，导致偷逃税现象严重。另外，随着电子商务的发展，经济行为也变得更加复杂隐蔽，变化莫测，税务部门如果不加强征管，加大对偷漏税行为的打击力度，必然对守法者造成不公，而要加大征管力度，税务部门又明显感觉力不从心，挂一漏万。信息爆炸时代，当一切好像失去控制的时候，不管是纳税人还是税务工作者，每个人都在喊累，每个人都在焦虑，回归自然成为大家的一种心愿，那么我们的税制能否回归“自然”呢？“大道至简”，税收的最原始功能不就是要聚集一部分社会财富用于维持国家机器的正常运转，提供公共产品吗？只要这个聚财的方法是公平的、可操作的、有效的，不就可以吗？由此，笔者提出网络社会全球统一单一税制“资金流转税”的“狂想”。

“资金流转税”实施的前提假设：一是全球网络化成熟，网络应用渗透到人们生活的各个环节。二是现金已经被废弃，所有交易均通过银行转账进行。三是每个人从生到死身份证号码不变，在银行开户时银行账号与身份证号码相对应。每个经济实体从建立到破产也只有一个唯一的企业代码，并与银行账号相对应。

“资金流转税”的税制设计：只要是交易必然涉及资金的流入和流出，所以抛开信息流和物流不管，只控制资金流。凡是流入个人和企业账户的资金，在流入环节一律按照比例扣出资金流转税划入国库账户，无任何减免税。比例税率可以以财政需求和GDP的比例为依据每年进行调整。例如：税率为10%的情况下，某企业应收货款20万元，那么在货款到账的过程中自动分流，18万进入企业账户，2万进入国库账户。所有的经济行为，凡是涉及账户资金增加的，一律自动扣税，不管是接受货款、服务费、工资还是遗产，甚至是父亲给儿子的压岁钱……

“资金流转税”的优点：首先，减轻了税务部门的负担，税制越简单，税收成本越低。事实上，在这种税制设计中根本不需要庞大的税务机构，只需要财政部门下设一个很小的税收系统维护部门即可，因为税款是通过软件操作自动进入国库的，完全符合效率原则。其次，绝对公平。完全的自动化操作，程序设定，如果不缴税款，资金就无法进入账户，把人情税、关系税和其他偷漏税的门堵严了；财政收入稳定并能得到保障，而且可以根据经济发展情况进行比较准确的预测；税制简单明了，每个人对自己将要负担的纳税义务都有比较明确的预期，大大减少了纳税人因为对税制不明而产生的焦虑。政府对低保线以下贫困人员的转移支付有比较明显的参照，扶贫针对性强，有利于社会的和谐与稳定等。

当然，这种税制设计最大的缺点就是功能单一，只能“为国聚财”，无法发挥经济杠杆的作用对宏观经济进行调解。不过这个缺憾可以由转移支付或者其他的宏观调控手段来弥补。

大数据时代的透明税制构想（朱为群教授）

随着经济、社会和技术的不断发展，交易主体、客体、内容和模式日益多元复杂，征纳双方围绕税收展开的博弈和斗争也日趋复杂和激烈，导致税制及其征收制度也日趋复杂化。这种税制复杂化的现状和发展趋势造成稀缺资源的低效配置，也有损社会公平正义的实现。然而，在互联网日益发达、信息处理技术日新月异的大数据时代，理论家所倡导的简单透明的理性化税制构想已经具有了技术上的可行性。基于目前的技术条件，上海财经大学朱为群教授提出了在大数据、网络化时代的透明税制构想，主要观点如下：

构建国家统一的集中信息处理系统

国家建立集中信息处理系统，将所有部门、单位、个人的基础信息和财务信息集中起来并进行多维度、多层次的分类和综合处理。同时，所有经营者和个人必须纳入国家信息处理系统；所有零售商必须依法配置终端收款设备，以保证所有的交易信息被收集到国家集中信息处理系统。此外，为了保证最大限度地将所有交易信息全部纳入国家集中处理系统，必须将现金使用控制在最小范围，实行最严格的先进管理制度。严格的现金管理制度在欧美等发达国家已经基本实现。

设立个人或者组织的唯一财税专户

任何合法的个人或者组织，无论是企业、个人还是非营利组织，都必须按法律规定在国家集中信息处理系统建立一个唯一的财税专户，其号码就是唯一的个人身份信息和组织机构信息。该账户的主要用途是归集个人或者企业、非营利组织各种来源的全部收入。凡是进入银行或者其他金融机构的收入，无论其来源和性质，都必须按照法律规定转入此财税账户，否则构成违法行为。同时，个人或者组织在不同银行或者其他金融机构开户的账号，必须包含该财税专户的户主身份信息，这样就可以在保证银行间自由竞争的基础上，将所有银行或者其他金融机构的收支信息归集汇总到国家集中信息处理系统的这个财税专户上。

实行简单透明的税制和税款缴纳机制

在实现了全面集中的信息整合和资金运行全面纳入银行交易系统的基

础上，税收制度及其征收缴纳机制有望得到根本性简化。

首先，建立起真正的个人税制，可以取消所有针对企业的税收，所有的税收都由个人来负担，从而完全避免税负的转嫁问题。

其次，就个人税制设计而言，所得税既可以设计为按收入全额的一个统一比例来征收的单一比例税，也可以设计为按年或者更长时间的分级累进税制；还可以考虑为每个人或者家庭设置合理的免征额，以保护低收入群体的基本生活水平。消费税可以设计为单一比例税和免税相结合的模式，也可以设计为不同货物或交易项目实行差别税率的制度。而财产税的设计，可以基于地理信息系统和财产评估系统的自动结合来确定税基。

再次，就税款的征收而言，由于所有收入都汇集到了唯一的财税专户中，这就使所得税税款的征收可以完全依赖银行或者其他金融机构自动扣缴并划入国库。就消费税而言，由于任何货物和服务都可以通过条形码等技术进行信息采集和数据传输，纳税人只要将含有其身份信息的银行卡在终端收款机上“刷卡”或者“扫描”，通过信息处理系统就实现自动将税款划入国库。

此外，为了加强纳税人对政府的监督和控制，可以在银行系统自动扣缴税额时为应纳税额规定一个预缴比例（如 80%），也就是说，政府在平时只能收到规定比例的预缴税款，其余部分暂时冻结，要等待纳税人完成对政府绩效考核评价后，再通过类似支付宝的方式对冻结部分的税款进行全部或部分支付。

税收征缴成本将会根本性降低

如果上述构想能够得以实现，就可以取消税务机关，这就从根本上将税收征管成本限制在最低程度；同时，纳税申报工作也可以变得更加便利甚至最终成为不必要，因为所有相关信息都可以采集并储存在国家集中信息系统中，这就从根本上降低了税收的遵从成本；而且，由于税制简单透明，企业不必纳税，个人税收的逃避空间被限制在极其狭窄的范围内，因此，税收征收和缴纳成本就会有根本性的降低，最终将使全社会的生产率得到很大的释放。税制的根本性简化和税务机关的撤销，还可以将税务官员和税务专业人员从繁杂的税收事务中解脱出来，使他们有机会去从事其他社会所需要的且最能展现其天赋的工作。

此外，在采用银行扣缴和终端收款机刷卡或者扫描纳税方式的情况下，国家集中信息处理系统还可以将个人缴纳的所得税、消费税和财产税等所有税收信息汇集起来，统计出纳税人一定时期内所缴纳税收的总额，从而不仅是纳税人清楚了解所缴纳税收的具体结构和总体数额，也便于国家层面进行各种经济数据的分析利用。

上述税制及其征收机制的构想，从技术上看应该具有可行性，因此绝不是纯粹的空想。真正的障碍和挑战可能并不在技术方面，而在于整个国家政治体制、法律规定、文化和消费等各方面能否适应这样的根本性变化。制度变革不是一蹴而就的，但是，具有技术可能性的税制构想应该成为制度变革的大方向和大目标。有了这种大方向和大目标的引导，我们就可以通过代代相传的努力，最终实现它，以造福未来的人类。

A Corpus of E-commerce Tax Research

基础研究篇

00

前言：电子商务税收的框架性研究

笔者对电子商务税收问题的框架性研究主要完成于2005—2007年，后在2014年做了简单的补充。这部分内容主要摘自2007年2月完成的博士论文《电子商务税收问题研究》。

电子商务税收问题的研究有一个内在的逻辑性，或者说是研究的先后顺序，要沿着一定的研究线路逐步展开。

整个研究的起始点就是电子商务本身。因为只有对电子商务进行深入研究，准确把握电子商务的本质，才能正确分析电子商务对现行税制的适应性问题；只有了解了电子商务的技术特征，才能发现和把握电子商务交易的关键环节，准确判断目前的征管手段能否对电子商务税收进行有效控管，探讨更便捷、更有效的新征管手段。文中“电子商务概述”部分就是对电子商务自身的全面研究。

在认清电子商务本质的前提下，接下来就要对照我国现行税制，研究传统的税收原则、税收法规、税收征管手段对电子商务的适用性和有效性问题。文中“电子商务对税收的影响”部分就是在把握电子商务本质特征和深刻了解中国税制及其税收征管的基础上，重点研究电子商务对现行税制和税收征管的种种不适应和不适用，并从税收原则、税收法规、税收征管、稽查、税收管辖权等方面研究电子商务带来的冲击和挑战。

电子商务的税收问题，是全世界都要面对的一个共同问题，关注各国和主要经济组织对电子商务及其税收问题的理论研究与政策建议，对于制定我国的电子商务税收政策具有借鉴意义。国际税收既涉及竞争又涉及合作，要知晓共同规则，才能在一个平台下共事，要知己知彼，才能在竞争中占优。因此，有必要在大量查阅资料的基础上形成一个对国际电子商务税收问题研究进展状况的比较全面、客观的综述。文中“世界各国电子商务税收政策研究和实践”部分就是对国际上已有研究的梳理和总结。

接下来要研究的是我国的国情和符合我国国情的电子商务税收原则与对策，这是整个研究工作的基本落脚点。前面所做的研究，最终目标都是正确制定既维护国家利益又符合国际惯例，同时符合电子商务发展要求的我国电子商务税收原则与对策。文中“我国电子商务发展及税收对策”部分，就是研究我国电子商务的发展及税收对策，研究我国国情、EC 的发展状况，了解我们在全球发展中所处的位置。尤其是在完善税收法律法规方面进行了细致的研究，以求通过对现行税法一些相关概念、范畴和条款的增加、删除、修改、重新界定，妥善处理电子商务引发的税收法律问题。

当电子商务的税收法规政策逐步明晰之后，电子商务税收征管手段就上升为核心问题。大家知道，如果税收征管手段无法满足税收制度的要求，那么理论上设计得再完美的税收制度都是无效的。电子商务税收避不开各种技术问题，文中“电子商务与电子税务局”部分就是研究如何对电子商务实行有效征管，即电子税务局的构建。重点加入了技术方面的研究，主要是对互联网、Java、Web、安全技术等实现电子商务的物质基础与技术手段，以及构件化技术、数据挖掘技术、高可用集群技术等电子税务局构建的关键技术进行了初步的研究和介绍。通过对国际上十多个税收信息化比较发达或者比较有特色的国家和地区税收信息化情况进行考察，提出对我国税收信息化建设的可借鉴之处。这在我国已有的相关论文中是很少谈及的。

01
电子商务概述

没有对互联网等先进技术的特征的理解，就无法制定出相应的对策。因此，研究电子商务税收问题，必须从研究电子商务本身开始，对电子商务的历史、现状、未来发展趋势，实现电子商务的物质基础与技术手段，电子商务的范围、功能与分类，电子商务的社会经济意义等了解得越深入、越透彻，越有助于电子商务税收问题的全面解决。

1.1 电子商务基础

1.1.1 电子商务的定义

我们研究电子商务的税收问题，首先要对电子商务做一个概念的界定。但是事实上，虽然电子商务这个名词已经家喻户晓、耳熟能详，却并没有一个较为全面、具有权威性的、能够为大多数人接受的电子商务的定义。20 个世纪 90 年代中期以后的十多年，国际组织、各国政府、学者、企业界人士等都根据自己所处的地位和对电子商务的参与程度，给出了许多表述不同的定义，仁者见仁，智者见智。

1. 比较早又比较权威的电子商务的定义是由国际商会给出的

1997 年 11 月 6—7 日，国际商会在巴黎举行了世界电子商务会议，全世界商业、信息技术、法律等领域的专家和政府部门的代表，共同讨论了电子商务的概念问题。与会代表认为，电子商务是指对整个贸易活动实现电子化。从涵盖范围方面可以定义为：交易各方以电子交易方式而不是通过当面交换或直接面谈方式进行的任何形式的商业交易；从技术方面可以定义为：电子商务是一种多技术的集合体，包括交换数据、获得数据及自动捕获数据等。电子商务涵盖的业务包括：信息交换、售前售后服务、销售、电子支付、组建虚拟企业等[1]。

世界贸易组织（WTO）电子商务专题报告中定义：电子商务就是通过电信网络进行的生产、营销、销售和流通活动，它不仅指基于 Internet 上的交易，而且指所有利用电子信息技术来解决问题、降低成本、增加价值和创造商机的商务活动，包括通过网络实现从原材料查询、采购、产品展示、订购到出品、储运，以及电子支付等一系列的贸易活动。简单地讲，电子商务就是利用电信网络进行的商务活动[2]。

经济合作和发展组织（OECD）是较早对电子商务进行研究的，它对电子商务的定义：电子商务是发生在开放网络上的包含企业之间、企业和消费者之间的商业交易，是利用电子化手段从事的商业活动，基于信息技术与电子化处理，如文本、声音和图像等数据传输。OECD 的定义特别强调了 Internet 基础上的电子商务。

加拿大电子商务协会对电子商务的定义较为严格：电子商务是通过数字通信进行商品和服务的买卖及资金的转账，它还包括公司间和公司内利用电子邮件（E-mail）、电子数据交换（EDI）、文件传输、传真、电视会议、远程计算机联网所能实现的全部功能（如市场营销、金融结算、销售，以及商务谈判）。

此外，美国、欧洲议会和全球信息基础设施委员会（GIIC）等国际组织和政府也给出了类似的定义，他们的定义偏向于划清电子商务和传统商务的界限，并定义电子商务涵盖的内容。

---

[1] 高媛，欧阳志明，石晓军. 电子商务［M］. 北京：企业管理出版社，1999.

[2] 覃征，岳平，田文英. 电子商务与法律［M］. 北京：人民邮电出版社，2001.

2. 美国 HP 公司、IBM 公司、SUN 公司、GE 公司等一些国际知名企业也对电子商务进行了定义和界定

他们的定义除了强调电子商务是通过电子化手段来完成的商业贸易活动之外，还进一步对电子商务的分类、技术应用等进行了探讨。如 IBM 公司强调只有先建立良好的 Intranet，建立比较完善的标准和各种信息基础设施，才能顺利扩展到 Extranet，最后扩展到 E-commerce。HP 公司强调电子商务是商家和客户之间的联系纽带，它包括两种基本形式：商家之间的电子商务及商界与最终消费者之间的电子商务。GE 公司提出企业与企业间的电子商务：以 EDI 为核心技术，增值网（VAN）和互联网（Internet）为主要手段，实现企业间业务流程的电子化；企业与消费者之间的电子商务以 Internet 为主要服务提供手段，实现公众消费和服务提供方式，以及相关的付款方式的电子化等。

3. 权威学者、学术团体对电子商务定义时往往会从概念、功能、分类等全方位系统地探讨

美国学者瑞维·卡拉科塔和安德鲁·B. 惠斯顿在他们的专著《电子商务的前沿》中提出："广义地讲，电子商务是一种现代商业方法。这种方法通过改善产品和服务质量、提高服务传递速度，满足政府组织、厂商和消费者的降低成本的需求。"[1] 陕西财经学院电子商务研究所李琪教授对电子商务给出了更严格和体现时代要求的定义[2]：电子商务是在技术、经济高度发达的现代社会里，掌握信息技术和商务规则的人，系统化地运用电子工具，高效率、低成本地从事以商品交换为中心的各种活动的总称。这个定义从系统的观点出发，强调人在系统中的中心地位，将人与环境、人与工具、人与劳动对象有机联系起来，用系统的目标、系统的组成来定义电子商务，从而使它具有生产力的性质。李琪教授还将电子商务划分为广义和狭义的电子商务。简而言之，广义的电子商务是商务电子化，狭义电子商务是电子商务化。电子商务专家杨坚争教授[3]在他的专著中

[1] 祁明. 电子商务实用教程 [M]. 北京：高等教育出版社，2000：4.

[2] 李琪. 电子商务概论 [M]. 北京：高等教育出版社，2004.

[3] 杨坚争. 电子商务基础与应用 [M]. 4 版，西安：西安电子科技大学出版社，2004.

指出，如果将“现代信息技术”看作一个子集，“商务”看作另一个子集，电子商务所覆盖的范围应当是这两个子集所形成的交集。

总之，无论是国际商会的观点、政府的观点、企业的观点还是学者的观点，都认同电子商务（E- Commerce）是通过网络进行的生产、销售和流通等活动，它不仅指基于因特网上的交易，而且指所有利用电子信息技术来解决问题、降低成本、增加价值和创造商机的商务活动。

电子商务的前提是“电子”，没有现代信息技术及网络技术的产生和发展就不可能有电子商务；掌握现代信息技术和商务理论与实务的人是电子商务活动的核心；以商品贸易为中心的各种经济事务活动，即从商品的需求咨询到计划购买、订货、付款、结算、配送、售后服务等整个活动过程是电子商务的对象。

1.1.2 电子商务的分类

从不同角度、按照不同的标准，可以对电子商务进行各种分类。

最常用的是根据交易主体的不同来划分，主要有以下几种模式：

1. B2B 模式

B2B（Business to Business，企业对企业）是指企业与企业之间通过互联网技术或者各种类型的商务网络平台实现产品、服务及信息交换的电子商务模式。首先，卖方企业通过自建或第三方的 B2B 网络平台向潜在的买方企业发布关于产品或服务的信息；同时，买方企业通过 B2B 网络平台向潜在卖方企业提出购买需求；买卖各方通过对平台上的信息浏览和筛选，选定意愿合作方进行沟通，达成买卖意愿后草签合同。接下来的支付和货物交付大多数是依赖于第三方支付平台和第三方物流，也有个别大规模的企业建立了自己的物流网络，用于货物的传递。此模式比较典型的有阿里巴巴、我的钢铁网、中国制造网、慧聪网等。

B2B 属于发展较早的电子商务模式，因此也较为成熟，加上数量多、金额大的特点，使得 B2B 模式在当前的电子商务市场份额中占绝对优势。虽然电子商务模式在不断创新，B2B 模式依然有着较强的生命力。

2. B2C 模式

B2C（Business to Customer，企业对消费者）是指企业直接面向消费者提供产品和服务的商务模式。B2C 是网络零售的重要组成部分，在形式上主要表现为企业通过互联网为消费者提供购物环境，消费者则通过网络完成购物。B2C 的一般流程为：①消费者通过互联网在线浏览商店或企业的主页。②消费者选定中意的货物后通过购物对话框填写姓名、地址，以及购买商品的品种、规格、数量和价格等信息，通过互联网提交订单。③消费者可以选择开通网络支付的信用卡、借记卡在线付款，也可以通过支付宝、财付通、微信钱包等第三方金融机构电子支付，还可以选择货到付款。④在线商店确认对方付款后准备发货，由于 B2C 业务量大且收货方非常分散，所以一般都依赖于中通、圆通等专业的第三方物流公司送货。⑤消费者确认收货，如通过支付宝等第三方支付机构付款，则在确认收货的同时，货款通过支付平台到达企业账户。典型的 B2C 有天猫商城、当当网、苏宁易购、唯品会，等等。

从发展趋势上来看，中国 B2C 电子商务市场交易规模增长潜力巨大。未来 10 年，中国将有 70%[1]的贸易额将通过电子交易完成；此外，由于电子商务向行业的渗透将更加深入，加之 B2C 市场对投资者的吸引力加强，B2C 市场的份额将呈现明显的扩大趋势。

3. C2C 模式

C2C（Customer to Customer，消费者对消费者）指的是在消费者之间直接进行网上交易活动。在 C2C 的交易过程中，没有企业的直接参与，只是通过 C2C 的网络交易平台，在协商中达成交易，其基本流程与 B2C 类似，只不过交易的卖方也是个人。典型的 C2C 模式交易平台就是为大家所熟知的淘宝网。

B2C 与 C2C 共同构成了网络零售业务，从数量和规模上看，B2C 占据了网络零售市场的主流。

---

[1] 2014 年电子商务发展趋势解析［OL］. http://www.narkii.com/news/news_112327.shtml.

4. 其他模式

近几年来，伴随着信息技术的不断发展及交易需求的日趋多样化，电子商务模式也在不断地推陈出新，许多新兴的电子商务模式应运而生。这些电子商务模式包括但不限于：

（1）C2B（Customer to Business，消费者对企业）模式，又称个性化定制模式。在这种模式下，消费者能够根据自身的需求定制个性化的产品和服务，甚至可以对价格提出一定的要求，企业则据此提供相应的产品和服务，从而满足消费者的需求。

（2）B2G（Business to Government，企业对政府机构）模式，多数是指政府采购，即政府和企业借助互联网技术所进行的交易活动。当前主要指的是政府部门在进行采购时，就所需要的产品和服务在网上进行公开招标。

O2O（Online To Offline，线上对线下）模式，即消费者在进行实地消费时，预先通过网络平台对产品和服务进行筛选，从而使得互联网成为传统线下交易活动的展台和收银台，为线下交易规模的扩大提供了更多商机。目前盛行的美容美发、餐饮住宿、旅游等的团购，就是典型的 O2O 模式。

这些模式是顺应市场需求的产物，富有旺盛的生命力，可以预期到，未来的电子商务将以更为多样化的形式出现，从而可以更好地满足人们对于交易方式日益多元化的需求。

总结不同的交易模式，它们的共同点是通过不同的网络平台传递买卖信息，通过专业物流配送，通过线上线下各种形式支付；不同的是买卖双方的身份。

各种模式的支付结算方式大致相同，主要有以下几种：①传统的通过 ATM 转账或者银行、邮局柜台汇款；②货到付款，移动 POS 机收款或现金；③通过银联等各大银行提供的网上支付功能在线支付或转账；④通过支付宝、财付通、快钱、微信钱包等第三方支付机构付款。此外还有在某些特定领域流通的电子货币付款，比如 QQ 币、比特币等。其中支付宝由于在这一轮电子商务兴起的初期很好地解决了陌生人之间交易的信用保障问题，所以在 B2C 和 C2C 领域应用相当广泛。

电子商务按交易对象可划分为有形商品电子商务和无形商品电子商务。

有形商品电子商务又称间接电子商务。有形商品指的是占有三维空间的实体类商品，如鲜花、汽车、食品、书籍等，这类商品的交易过程中所包含的信息流和资金流可以完全实现网上传输，但由于商品本身无法数字化，物流无法实现网络传输，必须借助于邮政业、货运、快递公司等物流企业来完成送货任务。间接电子商务的发展，使得传统的物流配送向消费者端延伸。整个电子商务中的商品配送呈现范围大，送货点分散、批量小，送货要求及时等特点。

无形商品电子商务又称直接电子商务，其本质特征就是交易的标的物是可以数字化的商品，比如计算机软件、电影、音乐、电子读物、法律及会计信息服务的网上交易和服务，等等。可数字化的无形商品可以直接通过互联网实现高速、有效、定点传递和下载，因此，相当于可以通过网络将商品直接送到购买者手中。直接电子商务彻底冲破了地理空间对商务活动形成的障碍，成为网络时代最具革命性和代表性的商务形式，具有极大的发展潜力。

除此之外，按电子商务交易的地域范围由小到大可分为企业内部电子商务、本地电子商务、远程国内电子商务和全球电子商务四类；按电子商务交易过程划分为交易前、交易中、交易后三类；按有无网上支付可分为电子事物处理（无支付）和电子贸易处理（有支付）两类。

本文在研究电子商务对税收的影响时，把直接电子商务作为研究的重点。即以可数字化的商品和服务为交易内容，所有阶段的贸易活动包括售后服务、货款支付等直接通过互联网完成的电子商务。因为这种电子商务是对传统交易的彻底创新，也是产生诸多税收征管法律问题的交易方式。至于间接电子商务，虽然目前大多数的网络交易都属于这种，但由于这种交易方式存在物流过程，与传统的交易方式没有本质的区别，对税收征管的冲击也相对较少，不能成为本文的研究重点。

1.1.3 电子商务的主要经营模式

现代电子商务的经营并没有固定的模式，如同它的技术基础一样日新月异，通常表现为一种理念或者构想的实现。下面介绍几种比较典型的经营模式。

1. 在线店铺

采用在线店铺模式开展电子商务的比较普遍，国际上有代表性的在线店铺是美国的 Amazon[1]、国内有代表性的在线店铺有卓越网[2]、当当网[3]等，他们的店铺存在于互联网的 WEB 上，主要通过 CRM（Customer Relationship Management，客户关系管理）提供高质量的情报，根据顾客情报库提供顾客服务。

2. 网络拍卖

网络拍卖是在特定的竞拍时间内，根据网站约定的交易规则对特定的物品出价，其中出最高价者将获得该物品[4]。比较有代表性的拍卖公司之间为联合开展拍卖业务而合作建立的网站有“中拍网[5]”、“嘉德在线[6]”；网站经营在我国以 eBay 易趣[7]、淘宝网[8]为首要代表。

3. 逆拍卖

所谓逆拍卖，指的是购买方在互联网上提出价格和购买条件，然后由销售方竞卖的经营方式。例如，购买方在 Priceline. com 站点上提出“要买什么时间到什么地方而且只愿意花多少钱的飞机票”，Priceline. com 把这个信息告诉航空公司。如果有能够满足这样条件的航空公司，这宗交易便成交。Priceline. com 是最早采用逆拍卖模式经营并拥有逆拍卖专利的公司。

---

[1] http：//www. amazon. com。
[2] Amazon 旗下网站：http：//www. joyo. com/。
[3] 号称全球最大的中文网上商城：http：//home. dangdang. com。
[4] http：//www. oa77. com/lunwen/ecommerce/200601/lunwen_ 29492. html。
[5] 号称中国最大的专业拍卖网站：http：//www. a123. cn/auctioncompany/。
[6] 主要从事古董、收藏、邮品、艺术品、鉴定和拍卖：http：//www. guaweb. com/。
[7] http：//www. ebay. com. cn/。
[8] 阿里巴巴旗下网站：http：//www. taobao. com/。

4. 网上采购

网上采购指政府或企业的采购部门通过互联网，寻找、管理合格的供货商和物品，随时了解市场行情和库存情况，编制采购计划，在线采购所需的零件、资材、办公用品等，并对采购订单和采购物品进行在途管理、台账管理和库存管理，实现采购的自动统计分析。通过网上采购方式，可以形成更加有效的竞争；降低采购成本；缩短采购周期；提高采购效率；减少采购的人工操作错误；减少采购的流通环节，实现端对端采购，降低采购费用。目前我国的一些政府部门和企业已经在尝试建立自己的采购网站，实行网上采购，如珠海政府、北京铁路局、联想集团、首钢集团、彩虹电子等。

5. 网络平台

网络平台的主要功能是提供一块网络虚拟空间，让商品或服务的买家和卖家在此对接，同时它站在中立的立场上向顾客提供咨询、建议、担保等附加增值服务。如中国新农村市场的营销平台百农网（www.100nong.com），此平台目前已经和中国300万个中小企业和500多个政府机构结成了战略合作伙伴关系。

随着理论和实践的进一步推进，电子商务的模式将日趋多元化，并在与传统商务融合的过程中日趋复合和复杂，所谓“B2B”和“B2C”等过于简化的模式分类很快将成为历史；电子商务模式创新将从业务流程创新到管理创新，再到组织创新，渐次展开，渐次深入，这是一个相互作用、激荡、混沌和自组织的进化过程。

1.2 电子商务的特点

1.2.1 电子商务的经济特征

电子商务虽然只是经济活动的“微观革命”，却导致了整个经济运行的巨大变化，推动了整个经济领域乃至社会领域的全面变革，带有自己鲜明的经济特征。

1. 电子商务是直接经济

电子商务运用互联网联系由生产到消费的各个环节，缩短它们之间的差距。具体表现在：

首先，它缩短了生产到消费的信息流距离。消费者非常轻松地直接通过网络获取自己想要了解的消费品的资料并直接下单订购；生产性企业可以通过网络直接查找到原材料及供应商的信息，也可以通过网络寻找新客户。

其次，它缩短了生产到消费的商流距离。一方面，电子商务的发展，实现了交易链的扁平化，减少了交易中间商的存在，拉近了商品流通领域中卖方和最终消费者的距离，消费者可以通过网络直接从批发商手里买到需要的消费品；另一方面，谈判、签约、付款都可以在"线上"实时进行，提高了商流运行的效率。

再次，它提高了生产到消费的资金流转速度。电子商务提倡便捷、及时，网上银行业务的开通、电子货币的使用，使得买卖双方达成协议之后，买方在电脑前足不出户就可以马上付款，而卖方可以实时收到对方付款，资金以空前的高速度流转。

最后，它缩短了生产到消费的物流距离。电子商务的发展促进了现代物流的发展。官办、民办的物流公司如雨后春笋般地发展起来，形成一个遍布全国的细密而又强大的物流网络，提供方便快捷的物流服务。因此，绝大多数的商贸公司，不管规模大小，都可以借助专业化的物流服务缩短生产到消费的物流距离。对于纯数字化的产品，则可以直接通过互联网传输，传输速度可达光速。

2. 电子商务是网络经济

简单地说，经济信息化和网络化称为网络经济，商务的信息化和电子化称为电子商务。电子商务和网络经济实际上是一个事物的两个侧面。电子商务和网络经济都是以现代电子、信息、通信技术为支撑，有着自身的规律和特征，如广泛沟通、全球开放、动态更新、整体关联等。电子商务是网络经济的运作过程和主要手段。

电子商务和网络经济塑造了一个真正意义上的无形市场，为企业提供了无限的商机。借助 IT，在电子商务环境下，企业、消费者、政府、社团等自身内部和相互之间都可以直接进行广泛的沟通，极大地克服了信息障碍导致的信息滞后或者信息不对称现象，所有企业可以最大限度地分享当代市场提供的一切市场信息，供需直接沟通，其效率是不言而喻的。

电子商务和网络经济的全球开放性，与经济发展中的国际化、全球化、一体化是紧密相连的。经济国际化、全球化、一体化为电子商务和网络经济的发展提供了动因，电子商务和网络经济为经济国际化、全球化、一体化提供了手段。

3. 电子商务是信息经济

信息经济确立了信息作为一种经济资源的地位，在信息经济中，信息拥有和信息技术成为获取经济利益的重要途径。

电子商务是信息技术在商务活动中的应用，它通过人们对信息占有的扩大和信息处理能力的提高，改善了微观和宏观经济活动的效果。市场经济体制是发达的交换体制，交换成功与否，以及交换的效率关系着整个社会经济的运行效率。电子商务的发展扩大了人们信息搜集的范围，减少了经济活动的不确定性，降低了信息收集的成本，提高了经济活动的效益，提高了信息加工的速度，保证了信息应用的及时性。商品的生产是以销定产，而消费者的需求是通过市场销售来实现的，那么抓住了交换这一中间环节，就可以带动生产、消费双方，而电子商务正是担当此重任的系统。

4. 电子商务是知识经济

知识经济的特征在于知识成为经济增长的关键。电子商务是现代科学技术（知识）在商务领域的应用，是知识经济的范畴。

电子商务是商务劳动新的生产力，它是在掌握电子商务技能的复合型人才的控制下，运用系列化、系统化的电子工具从事的商务活动。即相对于传统商务而言，劳动力三要素——人、劳动工具、劳动对象中最积极、最活跃、最具创造力的前两个要素发生了深刻的变化，有了质的提高。人由只懂商务变成既懂商务又懂信息技术的能使用现代电子工具的人，工具也变成了信息时代的网络化电子信息工具，在劳动对象不发生改变甚至更复杂的情况下，运用电子商务的效率比传统商务有了质的飞跃。可见，电子商务是掌握现代信息技术和商务技术的人与代表当代科学技术的电子工具，以及当代商务活动全过程的完美而有机的结合，是当代商务活动先进、优秀的生产力。

1.2.2 电子商务的优越性

近年来，网络技术的快速发展，人们对网络认识进一步加深，对商务活动多样化、个性化的需求等都为电子商务提供了更好的发展环境和更大的发展空间，电子商务的优势逐渐显示出来。

1. 开放性、全球性和机会均等性

电子商务具有开放性和全球性，交易空间无限大。电子商务依托于一个联结全球的Internet网络，利用互联网无国界、无地域距离限制的优势，可以触及世界每个角落，开辟了巨大的网上商业市场，使贸易发展空间跨越国界，遍布全球，远距离交易不仅成为可能，而且可以经常发生。通过信息的共享，世界各地的企业和消费者都可以在互联网上找到自己需要的商务信息，很容易形成交易方面的规模经济（economy of scale）。电子商务的机会均等性使大、中、小企业能以相近的成本进入全球电子商务市场，“上网”后的中、小企业能与大企业一样通过计算机网络及时掌握市场商品供求信息及其他各种数据资料，并对原材料、期货、汇率等众多的市场信息进行深入、全面、及时、准确的分析预测和判断，从而使中小企业有可能掌握和大企业同样的信息资源。电子商务给不同规模的企业带来了均等的市场机遇与挑战，这有利于提高中、小企业的市场竞争能力，为它们创造更多的贸易机会。

2. 交易效率高，时间无断点

电子商务能够有效地缩短交易时间，加快资金流、商流、物流和信息流的周转速度。贸易双方从贸易磋商、签订合同到支付等均通过计算机互联网完成，标准化商业报文能在世界各地瞬间完成传递，依托数据库服务器和计算机强大的自动处理功能，原料采购、产品生产、需求与销售、银行汇兑、保险、货物托运及申报等过程均无须人员干预，实现一天24小时无时间断点的自动反馈、自动处理，各项业务受理不再受工作人员上班时间的限制。

3. 交易成本低、速度快

对销售者而言，传统商务中无论其店铺空间有多大，它所能容纳和展示的商品都是有限的，而在电子商务中，你只需在一个虚拟的服务器空间内存储所有商品的数字信息，并与互联网做有效链接，世界各地都可以查询到这些商品的信息。利用互联网中商品的分类、搜索功能，购买者可以很方便地找到需要的商品，而挑选、对比世界各地的商品，只需要登录不同的网站，或是选择不同的频道就可以在很短时间内完成，省时省力。网络上进行信息传递的成本相对于信件、电话、传真的成本而言也是较低的；买卖双方通过网络进行商务活动，无须中介，减少了交易的中间环节；通过网络进行产品介绍、宣传，节省大量的广告支出；商家通过消费者下订单和配送商品的时间差，减少库存和资金的积压，甚至使得无库存生产和无库存销售成为可能，使库存成本降为零；电子商务实现“无纸贸易”“无纸办公”，提高了信息传递效率，节省了时间。例如：法国的农场主于 1999 年联合建立了一个农产品采购网站，这样他们可以不通过任何中间商，直接把产品卖给超市。在那之前，农场主以每公斤 5 分钱的价格将番茄卖给中间商，到了消费者手中就变成了 5 角钱，价格已整整提高了 10 倍[1]。

4. 交易动态性、透明化

在电子商务中，商品信息更新很容易，只要将新商品的图片、介绍资料上传到网上，或者对商品信息、价格进行修改，购买者就可以看到最新的商品信息了，而且立刻在全球范围内统一更新。同时，买卖双方从交易的洽谈、签约及货款支付、交货通知等整个交易过程都在网络上进行。通畅、快捷的信息传输可以使各种信息彼此核对，有效防止伪造信息的流通。全球电子商务交易是一个不断更新的系统，每时每刻都在进行运转，网络上的供求信息在不停地更换，网上的商品和资金在不停地流动，交易的双方也不停地变更，商机不断地出现，竞争不停地展开。正是这种物

[1] http：//bbs. ad-ren. com/thread-9871-1-34. html。

质、资金和信息的高速流动，使得电子商务具有了传统商业所不可比拟的强大生命力。

1.2.3 从税收角度看电子商务的特点

以上可以看出，电子商务的确具有传统商务无法比拟的优势和魅力，但是从税收管理的角度上，我们也不得不注意到这些优点令现行税收体制难以应对，因而产生了很多课税的难题，间接为销售者和消费者创造了避税的环境。概括来说有如下几点：

1. 物流、信息流、资金流三流分离

简单地说，商务就是交易主体之间的信息、物资和资金的相互流动，电子商务同样是基于这“三流”之上。物流是指产品和服务的配送及传输渠道；资金流是指资金的转移过程，包括付款、转账、兑换等过程；信息流是指供需信息的提供、促销营销、技术支持、售前售后服务等。传统商务模式通过商业中介实现，交易双方三流合一（如图 1–1），而电子商务中信息流主要借助 Internet 在全球范围内传送，资金流主要依靠网络银行和电子货币，物流依靠专业高效的第三方系统，完全实现了三流分离（如图 1–2）。[1]

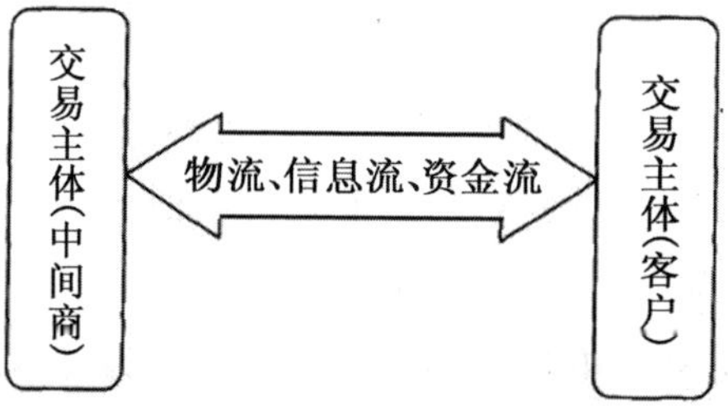

图 1–1　传统交易模式三流合一

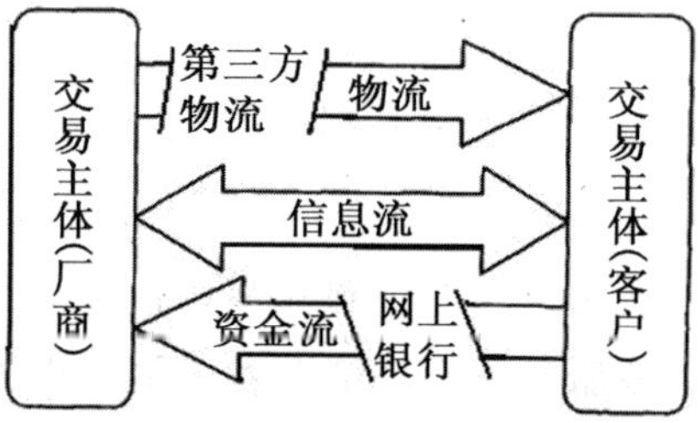

图 1–2　电子商务模式三流分离

2. 业务范围无限扩大，轻易跨越国境

由于互联网是开放的，基于互联网的电子商务是突破地域、国界概念的贸易，其经营范围可以轻松延伸到网络开通的全世界的每一个角落，大家都在“地球村”中从事贸易活动，跨国贸易和国内贸易在电子商务下没

[1] 叶赟. 我国电子商务税收政策研究 [D]. 杭州：浙江大学，2005.

有本质区别，传统贸易中的国界观念在互联网环境下毫无意义。

3. 市场准入标准降低，缺乏统一管理

互联网奉行完全自治，没有统一的管理者，使得网上贸易缺少中央控制。只要拥有一台电脑、一个调制解调器、一部电话就可以参与网络交易，而且可以轻而易举地改变经营地点，从一个高税率国家移至低税率国家，流动性和隐匿性大。而且电子支付体系的采用，使货币、账薄也变得电子化、无形化，加大了对交易内容和性质的辨别难度；能在互联网上传输的信息大都是数字化的信息，这些信息在传输时一般都被压缩，加之加密技术的发展和广泛应用，只有具有私人密钥才能破解信息等都会给管理增加难度。

4. 陌生人之间的交易

电子商务在互联网中建立的虚拟市场上进行，网上的商店不是一个实体，而是一个虚拟店铺，网上的经营者可以没有有形的场所和人员出现。网上所见的任何商品都是触摸不到的，就连商品交易手续中的合同、签章、单据都以虚拟方式出现，交易过程中没有纸化单据或凭证的交换，经过卖方的交货和收款、买方的付款和收货，就标志着交易完成。从始至终买卖双方互不见面。另外，网上大多数站点都设有镜像站点。镜像站点通常是位于其他国家的计算机，其中存储与原始站点完全相同的信息，采用镜像的目的是避免互联网上“交通阻塞”，使互联网用户访问与之物理位置相对较近的计算机，从而加速信息的交互过程。因为镜像站点的存在，对网络贸易的消费者而言，他并不知道是哪个国家的计算机为他提供了产品或服务，作为消费者，他们更关注交易的内容和质量，只要获得所需的产品和服务，它们的来源情况如何是无关紧要的。然而这一特性却加大了税务当局的工作难度。

5. 劳务提供和消费异地

传统经济模式中，劳务提供地、消费地一般是一地，统一称劳务发生地，但对于电子商务而言，互联网的普及使人们可以坐在家中的电脑前，为另一国（地）的消费者提供诸如会计、法律、医疗、设计等劳务，而不需要像传统商务中提供劳务活动那样，在另一国（地）设立从事劳务活动的“固定基地”，也不需在另一国（地）停留多少天。如在线咨询、在线教育、音乐下载等，服务的提供都通过互联网进行，服务提供者和消费者可能分布在世界的不同角落。

1.3 电子商务主要支撑技术

1.3.1 电子商务技术的发展历程

从技术的角度看，电子商务的发展经历了传统电子商务、电子数据交换（Electronic Data Inter-change，EDI）和 Web/Browser（W/B）电子商务三个阶段，并向第四个阶段智能电子商务阶段发展。

传统电子商务是运用电子手段进行商务活动的开始。早在 1839 年，当电报刚刚出现的时候，人们就开始了运用电子手段进行商务活动的讨论[1]。其中基于网络的应用始于 20 世纪 70 年代，它是伴随着电子资金转账（EFT）的出现而开始的，但是这些应用仅仅局限于大公司、金融机构和少数胆子大的小企业。

随后，EDI 出现了，美国运输数据协调委员会发表了第一个 EDI 标准，开始了美国商务信息的电子交换。EDI 是通过增值网络 VAN（Value-Added Networks）实现的，参加 EDI 商业运作的双方或多方按照协议，将按照事先规定的统一标准进行格式化的具有一定结构的标准商业信息，通过 VAN 在参与方计算机之间进行传输和自动处理。EDI 传递标准的数据流可以避免人为的失误、降低成本、提高效率，通过增值网络使企业可以不间断地对产、供、销各个环节进行有效协调。EDI 在国际贸易、海关业务和金融领域得到了大量的应用，它是电子商务的基础。但是，EDI 是满足大企业需要而发展起来的技术手段，是一种大企业专有的“特权电子商务”。因为它专用、静态、昂贵，所以中小企业难以应用，消费者更是与之无缘。

---

[1] 方美琪，付虹蛟．电子商务理论与实践［M］．北京：中国人民大学出版社，2005.

电子商务真正的发展是建立在INTERNET技术上的Web/Browser（W/B）模式电子商务。W/B模式电子商务基于Internet这一通用网络，企业无须建设专门网络，也无须开发专门应用程序，基础设施建设成本大为降低，使得广大中小企业开展电子商务成为可能。在Internet开放的网络环境下，基于W/B模式的电子商务实现了消费者的网上购物、商户之间的网上交易和在线电子支付。

基于Web的动态电子商务是目前的主流电子商务模式。所谓动态电子商务，是指企业可以通过Web服务重建其业务流程，在实时条件下动态地集成分布在互联网上的诸多商业应用，从而拥有一个动态的商业伙伴群，不断地寻找新的合作伙伴并能轻而易举地与之开展商务活动，以获得最佳的经济效益。动态电子商务的基础是web服务。动态电子商务的创建和实施，有效解决了系统集成和个性化客户需求订制等问题。

电子商务的本质在于便捷和高效，如何让人们在浩瀚的信息海洋里找到自己所要的有用信息，而又不需要花费大量的时间和精力？如何使交易过程自动化？把目光投向IT技术发展的未来，我们会发现移动电子商务将是下一个对我们的生活和工作方式影响最大的技术。而作为移动电子商务的一个组成部分，基于多Agent，融合了智能芯片和嵌入式技术的智能电子商务将成为未来电子商务的主流。

1.3.2 实现电子商务的物质基础——互联网

互联网是实现现代电子商务的物质基础，在电子商务中扮演商品信息选择载体、支付载体、记录载体、谈判载体和通讯载体，甚至运输载体（对于完全可数字化产品和服务）的角色。

Internet网的兴起将分布于世界各地的信息网络、网络站点、数据资源和用户有机地联为一个整体，在全球范围内实现了信息资源共享、通信方便快捷，为电子商务发展提供了强有力的工具和广阔的发展空间。

Internet的先驱是ARPANET。起初，它仅用于连接美国军事机构的计算机网络，但随后不久，这个网络很快扩展到与国防有关的公司和研究机构。到20世纪80年代中期，随着TCP/IP协议族的研究开发和随后在大学和研究机构中迅速传播，互相连接的网络广泛深入到大学和其他组织。个人计算机迅速普及后，该网络扩展到全球大部分地方，并且开始吸引成千上万的个人及盈利组织加入，由此逐渐形成了所谓的 Internet（因特网）。1991 年 HTML 问世之后，Internet 得到了迅猛发展，到 20 世纪末，Internet 已经成为一种通过服务器将小型网络连接起来的错综复杂的全球性大型网络结构。

目前来讲，Internet 主要由下列网络群构成：

（1）主干网：通常为大规模的网络，这些网络主要用来与其他网络互联，如美国的 NSFNET（NSF 是指美国国家自然科学基金会）等。

（2）区域网：如连接各大院校的区域网。

（3）商用网络：为客户提供连接骨干网的服务网络，或者只供公司内部使用，但是连接到 Internet 上的网络。

（4）局域网：如校园网等。

Internet 的物理构成包括服务器、客户终端、集线器、路由器、同轴电缆、光纤、局域网、城域网、广域网、网络软件，等等。而 TCP/IP 协议组构建了一个能提供公共通信服务的网络互连，使得一切数字化信息都可以在网中传输和交换。互联网的商用加速了互联网的扩张，现在已经遍布全球。

1.3.3 实现电子商务的关键技术——Web 和 Java

1. Web 技术

Web 技术是电子商务的核心技术，它的本质内涵是一个建立在 Internet 基础上的网络化超文本信息传递系统，它的外延是不断扩展的信息空间。URL、HTTP、HTML（及 XML）、Web 服务器和 Web 浏览器是构成 Web 的五大要素。

（1）URL（Universal Resource Locator，统一资源定位器）用来唯一标识 Web 上的资源，包括 Web 页面、图像文件、音频文件、视频文件。

（2）HTTP（Hyper Text Transfer Protocol，超文本传输协议）是用来在互联网上传输文档的协议，它是 Web 服务器和 Web 客户（如浏览器）之间传输 Web 页面的基础。

（3）HTML（Hypertext Markup Language，超文本标记语言）提供的链接机制是 Web 的本质特性之一。它旨在使得 Web 页面能显示在任何 HTML 使用的浏览器中，而与联网的机器平台无关。

（4）Web 服务器（或称 HTTP 服务器）提供 HTTP 服务。Web 服务器可提供“静态”内容，即返回在 URL 里指定的文件的内容，一般具备将 URL 名映射到文件名的功能，并能实施某种安全策略。还可采用 CGI（通用网关接口）技术或 Java Servlet 技术从一个运行的程序里得出“动态”内容，而且现在的 Web 服务器通常还具备连接数据库的功能，提供其他服务，如 FTP 服务，有的还可作为代理服务器。

（5）Web 浏览器是专用于定位和访问 Web 信息的软件工具。常见的如 Netscape Navigator 和 Microsoft Internet Explorer。这种浏览器能理解多种协议，如 HTTP、FTP；也能理解多种文档格式，如 text、HTML、JPEG、XML；并具备根据对象类型调用外部应用的功能。需要指出的是，HTML 文档中的链接在 Web 浏览器中通常以带下划线的方式显示，用户点击某个链接就能浏览到所链接的 Web 资源，这也是 Web 的魅力所在。

2. Java 技术

电子商务的实施要求程序代码安全、可靠，同时要求能与运行于不同平台机器的全世界客户开展业务。传统的编程语言难以胜任电子商务系统的要求。而 Java 以其强安全性、平台无关性、硬件结构无关性、语言简洁同时面向对象，在网络编程语言中占据无可比拟的优势，成为实现电子商务系统的首选语言。

Java 语言作为一种支持网络计算的面向对象程序设计语言，其主要特性如下：

（1）平台无关性：Java 能运行于不同的平台，使用 Java 编写的程序能在世界范围内共享。

（2）安全性：Java 的编程类似 C++，但是 Java 舍弃了 C++的指针对存储器地址的直接操作，程序运行时，内存由操作系统分配，这样可以避免病毒通过指针侵入系统。Java 对程序提供了安全管理器，防止程序的非法访问。

（3）面向对象：Java 吸取了 C++面向对象的概念，将数据封装于类中，利用类的优点，实现了程序的简洁性和便于维护性。类的封装性、继承性等有关对象的特性，使程序代码只需一次编译，然后通过上述特性反复利用。程序员只需把主要精力用在类和接口的设计和应用上。Java 提供了众多的一般对象的类，通过继承即可使用父类的方法。

（4）分布式：Java 建立在扩展 TCP/IP 网络平台上。库函数提供了用 HTTP 和 FTP 协议传送和接受信息的方法。这使得程序员使用网络上的文件和使用本机文件一样容易。

（5）健壮性：Java 致力于检查程序在编译和运行时的错误。类型检查帮助检查出许多开发早期出现的错误。Java 自己操纵内存，减少了内存出错的可能性。这些功能特征大大提高了开发 Java 应用程序的周期。

1.3.4 电子商务的安全技术

电子商务的交易中存在一些安全漏洞使得买卖双方都要面对安全威胁。目前，销售者面临的安全威胁主要有入侵者假冒合法用户改变用户数据、解除用户订单或生成虚假订单，恶意竞争者以他人的名义来订购商品，客户资料被竞争者获悉，等等；消费者面临的安全威胁主要有付款后不能收到商品，个人私密数据传递过程中被窃听等。面对威胁，需要一定的安全技术来保障电子商务的顺利进行。

目前常见安全问题的解决如表 1-1 所示，其中比较核心的技术包括加密技术、数字签名技术、防火墙等。

表 1-1　电了商务常见安全问题的解决方法

威胁	解决途径	解决方法	技术
数据被非法截获、读取或者修改	加密	加密数据以防止篡改	对称加密、非对称加密
用户被冒名所欺骗	鉴别	对信息传递双方进行身份验证	数字签名
未经授权的用户访问网络	防火墙	对访问网络上或服务器上的某些流量进行过滤或者保护	防火墙 虚拟私有网

1. 加密技术

加密技术是最基本的安全技术，是实现信息保密性的一种重要的手段，其目的是为了防止合法接收者之外的人获取信息系统中的机密信息。加密技术就是利用技术手段把重要的数据变为乱码（加密）传送，到达目的地后再用相同或不同的手段还原（解密）。加密包括两个元素：算法和密钥，两者对加密同等重要。

加密技术分为对称加密（私人密钥加密）和非对称加密（公开密钥加密）。对称加密的特点是文件加密和解密使用相同的密钥，即加密密钥也可以用作解密密钥。这种算法使用起来简单快捷，密钥较短，且破译困难。但是，由于对称加密是基于共同保守秘密来实现的，采用对称加密技术的贸易双方必须保证采用相同的密钥，保证彼此密钥的交换是安全可靠的，导致对称密钥的管理和分发工作成为一个具有潜在危险的烦琐的过程。非对称加密需要公开密钥（public key）和私有密钥（private key）两个密钥。如果用公开密钥对数据进行加密，只有用对应的私有密钥才能进行解密；如果用私有密钥对数据进行加密，那么只有用对应的公开密钥才能解密。

2. 数字签名技术

采用数字签名，能确认信息是由签名者发送的、信息自签发后到收到为止未曾作过任何修改。完善的数字签名应具备签字方不能抵赖、他人不能伪造、在公证人面前能够验证真伪的能力。因此，在电子商务安全保密系统中，数字签名技术有着特别重要的地位，电子商务安全服务中的源鉴别、完整性服务、不可否认服务中都要用到数字签名技术。

数字签名是通过密码算法对数据进行加、解密变换实现的。应用广泛的数字签名方法主要有三种，即 RSA 签名、DSS 签名和 Hash 签名。这三种算法可单独使用，也可综合在一起使用。数字签名使用的是发送方的密钥对，发送方用自己的私有密钥进行加密，接收方用发送方的公开密钥进行解密，任何拥有发送方公开密钥的人都可以验证数字签名的正确性，而秘密密钥的加密解密则使用的是接收方的密钥对，任何知道接收方公开密钥的人都可以向接收方发送加密信息，只有唯一拥有接收方私有密钥的人才能对信息解密。在实际应用中，通常一个用户拥有两个密钥对——一个密钥对用来对数字签名进行加密解密，一个密钥对用来对秘密密钥进行加密解密。这种方式提供了更高的安全性。

数字时间戳服务（digital time stamp service，DTS）是数字签名的一种变种应用，是电子商务安全服务项目之一，能提供电子文件的日期和时间信息的安全保护，由专门的机构提供。时间戳（time-stamp）是一个经加密后形成的凭证文档，它包括三部分：需加时间戳的文件摘要（digest）；DTS 收到文件的日期和时间；DTS 的数字签名。

3. 防火墙技术

“防火墙”（firewall）是一种形象的说法，其实它是一种由计算机软件和硬件设备组合而成的一个或一组系统，处于企业或网络群体计算机与外网之间，用于增强因特网与内部网之间的访问控制。它具有限制外界用户对内部网络访问及管理内部用户访问外界网络的权限。它可以确定哪些内部服务允许外部访问，哪些外部服务可由内部人员访问，保护内部网免受外部的非法入侵。

现有的防火墙技术主要有两大类：数据包过滤（packet filtering）技术和代理服务技术（proxy service）。

数据包过滤技术是在网络层对数据包实施有选择的放行。事先在防火墙内设定好一个过滤逻辑，对于通过防火墙数据流中的每一个数据包，根据其源地址、目的地址、所用的 TCP 端口与 TCP 链路状态等方面进行检查，再确定该数据包是否可以通过。代理服务技术是一种基于代理服务器的防火墙技术，它通常由内网客户与代理服务器连接，代理服务器再与外部服务器连接，而内部网络与外部网络之间没有直接的连接关系。基于代理服务器上的防火墙比基于路由器上的防火墙安全保密性能要强一些，也要复杂一些。

防火墙的局限性主要在于：防火墙不能防止不经防火墙的攻击；防火墙经不起由于管理原因造成的人为破坏；防火墙不能保证数据的秘密性，不能对数据进行鉴别，也不能保证网络不受病毒的攻击。所以，防火墙并不是网络安全的全部保障。

4. 数字证书和认证授权机构

数字证书是网络通信中标志通信各方身份信息的一系列数据，它提供了一种在 Internet 上验证身份的方式，其作用类似于司机的驾驶执照或者人们日常生活中的身份证。在网上的电子交易中，如双方出示了各自的数字证书，并用它来进行交易操作，可免除双方对于对方身份真伪的担心。数字证书克服了密码在安全性和方便性方面的局限。数字证书可以控制哪些数据库可以被查看访问，因此提高了总体的保密性。

数字证书通常分为三种类型：个人证书、企业证书、软件证书。个人证书（Personal Digital ID）提供给单个用户，以帮助其在网上安全进行电子交易操作。企业证书，也就是服务器证书（Server ID），提供给网上的服务器，拥有 WEB 服务器的企业就可以用具有证书的 Internet 网站（WEB Site）进行安全电子交易。软件证书通常是为网上下载的软件提供证书，应用并不广泛。数字证书能够起到标识贸易方的作用，是目前电子商务广泛采用的技术之一。

在电子交易中，无论是数字时间戳服务（DTS）还是数字证书的发放，都不是交易双方完成的，而是具有权威性和公正性的第三方——电子商务认证授权机构（Certificate Authority，CA）来完成的。电子商务认证授权机构也称为电子商务认证中心（简称认证中心），是承担网上安全电子交易认证服务，能签发数字证书，并能确认用户身份的服务机构。

5. 安全技术协议

迄今为止，国内外已经出现了多种安全技术协议，其中有两种被广泛使用，即安全套接层（Secure Sockets Layer，SSL）协议和安全电子交易（Secure Electronic Transactions，SET）协议。

SSL 协议是一个保证任何安装了安全套接字的客户和服务器间事务安全的协议，它主要提供三方面的服务：用户和服务器的合法性认证，使得它们能够确信数据将被发送到正确的客户机和服务器上；加密数据以隐藏被传送的数据，防止非法用户进行破译；维护数据的完整性，所有经过安全套接层协议处理的业务，在传输过程中能完整准确无误地到达目的地。

SET 是一个为在线交易而设立的开放的、以电子货币为基础的电子付款系统规范。SET在保留对客户信用卡认证的前提下，又增加了对商家身份的认证，这对于需要支付货币的交易来讲是至关重要的。由于设计合理，SET协议得到了许多大公司和消费者的支持，已成为全球网络的工业标准，其交易形态将成为未来“电子商务”的规范。

与电子商务技术永远都在不断往前发展一样，安全技术也永远都不会有一个终极版本，它必定会在业界人士的不断努力下，越来越趋于成熟、趋于完善。

1.3.5 电子支付技术

电子商务支付系统是电子商务系统的重要组成部分，基于Internet的电子商务，需要为数以百万计的购买者和销售者提供在线支付服务，目前已开发出了很多网上支付系统。

1. 在线电子支付

在线电子支付是指以计算机及网络为手段，将载有特定信息的电子数据取代传统的支付工具用于资金流转，并具有实时支付效力的支付方式。在线电子支付系统改变了传统的支付结算方式，降低了成本，提高了效益，从而得到迅速发展，各国相继建立了大额电子支付系统和主要为消费者服务的POS系统、ATM系统。

2. 电子货币及其特征

电子货币事实上是一种电子数据，使用者以一定的现金或存款从发行者处兑换并获得代表相同金额的数据，以可读写的电子信息方式储存起来，当使用者需要支付时，通过某些电子化媒介或方法将该电子数据（电子货币）直接转移给支付对象。电子货币的特征：无形性，不再以实物、贵金属或纸币的形式出现；普遍性和多用途性，无须在线授权，也无须在交易后对客户银行账户进行借记或贷记处理；预先储值性；隐秘性。因特网在人们生活和工作中的广泛应用，使得人们可以利用电子货币更快地处理经济事务。

1.4 电子商务在全球的发展及影响

1.4.1 电子商务发展概况

目前国际互联网覆盖了各大洲150多个国家和地区，近7万个计算机网络已连为一体，用户高达3亿人。据统计，全球500强大型企业均在网上开展业务，98%的采购经理在网上搜寻采购信息[1]。但由于对电子商务的理解不同，至今仍没有一个权威统计数字能够准确描述电子商务发展的现状。据瑞士信贷银行的统计数字表明：全球电子商务贸易额1998年为380亿美元，1999年为980亿美元，2000年为1 970亿美元，每年的增长率均超过100%。按此趋势发展，到2003年全球电子商务贸易额将超过13 000亿美元。联合国贸易及发展委员会2004年发布的《电子商务发展报告2004》称，截至2003年年底，全球近6.76亿人使用了互联网，与2002年年底相比增长了7.8%，从而占到世界人口总数的11.8%。美国统计局的数据显示，2004年第1季度美国的B2C交易额已占到总零售额的1.9%，几乎是2001年的2倍。零售业电子商务交易额以每年28.1%的速度增长，按照这种趋势发展，到2006年中期，零售业电子商务交易额将达到1 000亿美元。此外，美国的电子商务B2B交易也在以每年6.1%的速度增长。2002年B2B交易额已经占到企业间商业交易额的16.28%。不论怎样，人们对电子商务发展的迅猛势头都是充满信心的[2]。

然而，全球电子商务的发展极不平衡，其中以美国为首的北美地区占据了全球电子商务贸易额的4/5，其次是欧洲地区，随后是近年来高速发展的亚太地区，其主要代表是日本、印度、中国。份额占据的不同也正显示了上述地区电子商务发展所处的不同阶段：美国已经进入了一个比较稳定的高增长期，风险投资开始退缩，网络的基础市场全面形成，消费习惯

---

[1] 张荣海. 浅谈电子商务对我国税收的影响及对策 [J]. 盐城工学院学报（社科版），2003 (2).

[2] 谭荣华. 税收信息化教程 [M]. 北京：中国人民大学出版社，2005.

已经适应，网站的商业模式开始多元化，电子商务进入利润主导时期；欧洲则正处于第一个高增长期之后的调整期，主流消费者开始进入网络，投资的淘汰率很高，电子商务企业的利润开始出现；亚太地区处于启动之后的第一个高速增长期，风险投资大量涌入，网站如雨后春笋般出现，但是电子商务企业还没有产生利润，市场发展速度大大超过收入速度，发展基础较为脆弱。

无论目前的基础如何，世界各国都将发展电子商务作为本国政府的重要目标，并采取了相应的推进措施：

1. 美国

1993 年，克林顿就任总统后设立了"电子商务计划总统特别小组"，1994 年提出了"信息高速公路计划"，1997 年以来，美国政府又相继发表了《全球电子商务框架》《崛起的数字经济》，宣布实施"国家信息基础设施计划"（NII），1998 年和 2001 年国会两次通过《互联网免税法案》，2004 年通过《互联网税收不歧视法案》，将电子商务的免税期延长至 2006 年。与此同时，美国政府成立了一个由副总统直接领导下的、以商务部为首的跨部门电子商务工作组，每年投入几十亿美元的巨资用于支持电子商务立法、技术标准的确定、信息安全及应用等各个方面。

2. 欧洲

欧盟于 1997 年 4 月发表了《欧洲电子商务行动方案》，1998 年初，欧洲委员会发表了《加强国际协作的需要》的电子商务政策法律研究报告，提出政府必须为促进电子商务发展提供良好的环境，并尽快以电子政府的工作方式适应和促进电子商务的发展。欧盟还专门设立了若干专家委员会和专家小组，研究制定适应电子商务发展的单一市场管理框架，并在市场开放、信息安全、隐私和知识产权保护及税收等方面陆续提出了框架性意见和措施。同时，欧共体还承诺将在未来五年内加大投资建设大容量电信网络。

3. 日本

1996 年日本成立了电子商务促进会，决定投资 100 亿日元开展大规模的电子商务推进计划。

4. 新加坡

1998 年 4 月，新加坡政府发布了《电子商务政策框架》，并设立了“新加坡一号”信息化工程示范项目。

5. 韩国

制订了《促进信息化基本计划》，在此基础上确定了“网络韩国 21 世纪”的发展目标，设立了“电子商务纠纷协调委员会”。发表了《促进电子商务综合对策》，将《对外贸易法》修改为《网络贸易法》。

与此相适应，各大国际组织也对推进电子商务的发展不遗余力：

1. 联合国国际贸易法委员会（UNCITRAL）

1996 年 12 月通过了第一个法律示范文本《电子商务示范法》，提出了重要的“非歧视原则”，即不能因为信息以电子方式存在而否认其法律效力，强调电子环境下的书面文件，签字和原件与传统纸质环境下相同概念是完全一致的，并享有相同的法律效力。

2. 世界贸易组织（WTO）

1998 年 3 月发布了《电子商务与 WTO 的角色》研究报告，同时 WTO 部长级会议通过了一项关于全球电子商务的政治宣言，提议对全球电子商务给国际贸易带来的多方面影响进行研究，确认了成员方不对网络传输的数字化产品征收关税的原则。同年 9 月，WTO 总理事会通过了对规范电子商务带来极大影响的《电子商务工作方案》。

3. 经济合作与发展组织（OECD）

1998 年初发表了初期研究成果——《电子商务的经济和社会影响》。1998 年 10 月，渥太华 OECD 部长级会议通过了三项行动计划：一是《OECD 电子商务行动计划》；二是《国际组织电子商务行动报告》；三是由企业界起草并向政府推荐的《全球电子商务计划》。会议提出，政府应该利用政策法律手段消除对电子商务不必要的障碍，建立一个有利于竞争的环境。同时，政府对电子商务发展必要的管理应该是合理的、持续的、透明的、可预见的，并保持技术中立的原则。

4. 亚太经济合作组织（APEC）

1997 年 11 月的温哥华 APEC 会议决定启动电子商务计划。1998 年 2

月成立了电子商务工作组。同年 11 月的部长级会议上签署通过了《APEC 电子商务行动蓝皮书》（*APEC Blueprint for Action on Electronic Commerce*），提出政府的作用主要体现在促进和帮助电子商务的发展，提供良好的环境，包括建立各国电子商务框架、促进电子商务立法[1]。

1.4.2 电子商务对社会经济的影响

电子商务的应用，推动了商业、贸易、营销、金融、消费等社会经济领域的创新，对全球社会经济产生深远的影响。

1. 改变传统商务贸易模式

在传统贸易中，谈判、订货、销售、分发、支付等商务活动往往分别在不同场所进行，最典型的情景就是商家“推销员满天飞”、“采购员遍地跑”，“说破了嘴、跑断了腿”；消费者在商场中筋疲力尽地寻找自己所需要的商品。电子商务则把这些贸易活动集中到网上来实行。通过国际互联网，交易双方可以不受时间与地点的限制进行沟通和交易。人们可以进入网上商场浏览、采购各类产品，还能得到在线服务；商家们可以在网上与客户联系，利用网络进行货款结算服务；政府可以利用网络方便地进行电子招标、政府采购等。电子商务缩短了生产厂商与最终用户之间的距离，改变了传统市场的结构，减少了交易成本。低廉的交易成本和方便的市场准入环境使大公司和小公司能在较为公平的基础上开展竞争。

2. 改变传统企业的经营模式和营销理念

从企业内部信息交流的模式看，借助网络，企业员工可以轻松实现信息内部横向交流和越级交流。企业的最高领导可以直接了解下情，企业基层管理人员可以直接与最高领导对话，逐步弱化了中间管理层的功能，使企业对瞬息万变的市场快速、机动、灵活地做出反应，提高了决策效率和质量。从企业的生产模式来说，电子商务企业不再根据大工作量的市场调查和预测来安排生产，而是直接根据订单来组织生产，缩短了产品的生产周期和商品的库存时间。就企业营销手段而言，计算机网络可提供即时互

[1] 谭荣华．税收信息化教程［M］．北京：中国人民大学出版社，2005.

动交流，网络广告可以根据顾客进行分类，传送定制的广告。潜在的消费者或顾客还可以借助网络的帮助与销售商、技术人员进行实时对话，了解自己感兴趣的产品和服务并提出问题。制造商根据顾客的信息对产品进行改进，或推出更受消费者欢迎的新产品。

总之，电子商务能使企业降低采购成本，提高工作效率，缩短生产周期，增加销售，减少库存，扩展市场范围，与客户进行良好沟通，提供全天候的服务，为客户提供个性化的服务，等等。

3. 改变传统金融业的运作模式

在线电子支付是电子商务的关键环节之一。随着电子商务在电子交易环节上的突破，传统金融的构成发生了变化，传统的货币支付（现金流动）和票据支付（票据流动）转为电子支付（数据流动），传统银行变为网络银行或电子银行。电子现金、电子支票、电子资金转账、银行卡支付网络的应用将传统的金融业带入一个全新的领域。1995 年 10 月，全球第一家网上银行“安全第一网络银行”（Security First Network Bank）在美国诞生[1]，它标志着银行界一个新的革命崛起。这家银行没有建筑物，没有地址，营业厅就是首页画面，员工只有 10 人，客户不论身在何处，只要有一台与 Internet 连接的电脑，输入该行的网址就可以享受该行的“24×7”服务，服务项目涉及开户、存款、转账、申请信用卡、申办贷款、购买保险及进行金融投资的买卖等。

4. 改变政府管理行为

政府承担着大量的社会、经济、文化的管理和服务功能，尤其作为“看得见的手”，在调节市场经济运行、防止市场失灵带来的不足方面有着很大的作用。在电子商务时代，世界上大多数国家已设立了政府网站，实施电子政务，普遍把适合通过互联网操作的为公众服务的项目放在网上进行。如公众社会生活必需的法规、政策发布，法律咨询等；办理纳税、驾照年审、工商登记、福利审批、护照领取、贷款申请等；公众通过互联网参政议政，对政府的政策、决议、工作效绩等提出意见或者进行表决和评

[1] 西方国家网络银行发展对比研究［OL］. http：//www.raxh.cn/tz/2007128125010.asp.

议。“让数据而不是让公民跑路”的电子政务，使政府改变了传统的公文处理及事务管理等办事方式，提高了工作效率，降低了社会管理成本，在一定程度上遏制了腐败问题的发生，促进了政府工作透明度的提升和社会民主化的进程。

5. 改变世界贸易格局

电子商务的兴起，加快了经济贸易全球化的步伐，极大地改变了世界贸易体制和经济格局。电子商务的出现为世界经济注入了新的活力，作为各国经济发展的新的增长点，电子商务对世界的生产、消费、市场和产业结构都产生了重大的影响。电子商务所依托的互联网的方便、快捷、不受时间和国界、地域限制的特性使得信息在互联网中加速流动，由此带动资本、商品、技术、人才等生产要素在全球统一的虚拟市场中得以超越地域、时间限制充分流动，使得各国之间的经贸联系和合作大大加强，因而促进了全球经济的加速发展。但是网络贸易中发达国家和发展中国家利益分配不均，发达国家技术发达，电脑网络普及，且大多数企业已经上网，与此相比，发展中国家在网民人数、上网时间、网络基础环境等方面大大落后于发达国家，如果把握不好会使国家之间的贫富距离拉得更大。

1.4.3 电子商务对工作和生活方式的影响

电子商务不仅对社会经济产生了影响，而且改变了人们的生活、工作、学习及娱乐方式。主要体现在信息传播方式、生活方式、办公方式、消费方式、教育方式等方面。

1. 信息传播方式

互联网已成为传递信息的枢纽，人们使用固定电话、移动电话、小区宽带与互联网连接，可以随时随地获取、传递各种信息；互联网亦成为人际交流的工具，人们在互联网上利用网络电话、电子邮件、视频技术，通过在网上传递语音、文字、图像进行广泛、互动的交流。

2. 生活方式

互联网已成为人们接受服务的“服务器”，人们坐在家里或办公室，轻松点击鼠标，聚会、购物、看电影、玩游戏、看书、收藏、游泳、讨论……只要你喜欢，你都可以在网络上解决，时间、费用、心情都要比传统的方式美妙得多。“足不出户，享受服务”的网上生活已成为部分网民的生活常态。

3. 办公方式

日不离家，在家里利用电脑与网络办公成为可能。无论是什么任务，通过网络的传输功能，随时随地都可以完成。这样，在家里或者其他地方，随时都可以办公，而不像以前那样局限于办公室。在家里办公，上下班花费在路上的时间节省了，交通堵塞也大为减轻。

4. 消费方式

在线购物、电子支付、送货上门等都给21世纪的消费者提供了最佳的选择。电子商务消费者通过国际互联网可以了解更多的商品劳务信息，并方便地对商品进行比较、鉴别，选择符合自己需求的商品；同时，国际互联网上同种商品的种类比较多，产品之间的替代性强，消费者有更多的选择余地和购买机会来满足其消费需求。他们再也不用将时间花在商场选择、排队等待上面，而是坐在家里就可以利用电子商务系统完成整个购物过程。

5. 教育方式

交互式的网络多媒体技术给人们的教育带来了很大的方便。讲课、作业、讲评、提问、回答一切都在网络上进行。网络大学作为远程教育的一种方式，被越来越多的人所接受。网络大学打破了时间和空间的限制，给学习者自由规划纵深学习提供了机会。

1.4.4 电子商务未来发展趋势

尽管各国的发展阶段、发展规模、发展模式各不相同，但是未来电子商务的发展趋势是一致的，即：纵深化、个性化、专业化、国际化、融合化。

1. 纵深化趋势

随着技术创新和应用水平的提高，以及其他相关技术的发展，图像通信网、多媒体通信网将建成使用，三网合一潮流势不可挡，电子商务的发展将具备良好的网络平台和运行环境，制约电子商务发展的网络瓶颈有望得到缓解和逐步解决。企业和个人对电子商务的应用将从目前点对点的直线方式走向多点的智能式发展。电子商务内容向纵深发展成为必然趋势。

2. 个性化趋势

消费者的个性化定制需求将不断增多，消费者对个性化商品的深度参与成为必然，个性化定制信息需求和个性化商品需求成为发展方向。互联网的出现、发展和普及本身就是对传统秩序型经济社会组织中个人的一种解放，使个性的张扬和创造力的发挥有了一个更加有力的平台，也使消费者主权的实现有了更有效的技术基础。对所有面向个人消费者的电子商务活动来说，能否把消费者个人的偏好参与到商品的设计和制造过程中去，能否提供多样化、个性化的服务，是决定电子商务成败的关键因素。

3. 专业化趋势

要满足消费者个性化的要求，提供专业化的产品和专业水准的服务至关重要。目前，全球上网人群以中高收入水平的为主，他们购买力强，受教育程度高，消费个性化需求比较强烈。相对而言，面向消费者提供一条龙服务的垂直型网站及某类产品和服务的专业网站发展潜力更大。对 B2B 电子商务模式来说，其面向的专业电子商务平台前景看好。

4. 国际化趋势

互联网最大的优势之一就是超越时间、空间的限制，能够有效地打破国家和地区之间各种有形和无形的障碍，这对促进每个国家和地区对外经济、技术、资金、信息等的交流将起到革命性的作用。电子商务将有力地刺激对外贸易，经济全球化、一体化、国际化的特征将日渐明显。

5. 融合化趋势

电子商务网站在最初的全面开花之后必然走向新的融合。一是同类网站之间的合并。大量定位相同或相近，业务内容相似属于“重复建设”的网站激烈竞争的结果只能是少数企业最终胜出，而处于弱势状态的网站最终免不了被吃掉或者关门。二是同类别网站之间互补性的兼并。那些处于领先地位的电子商务企业在资源、品牌、客户规模等诸方面有很大优势，具备良好基础和发展前景，它们在扩张的过程中必然采取收购策略，主要模式将是互补性收购。三是战略联盟。由于个性化、专业化是电子商务发展的两大趋势，每个网站在资源方面总是有限的，客户需求又是全方位的，所以不同类型的网站以战略联盟的形式协作必成为趋势[1]。

[1] 王同柏. 电子商务发展现状及趋势 [J]. 信息技术与网络服务》, 2006 (29).

02

电子商务对税收的影响

电子商务交易的产品或服务可以直接在网上传送，费用的支付也可以通过网络瞬间完成，其本身所具有的虚拟、快捷、便利、超越时空限制等特征，给商家带来无限商机，给消费者带来很大的便利。但是电子商务交易过程并不是物理世界传统商务活动的翻版，除了买家、卖家外，还需要有银行或其他金融机构、政府机构、认证机构、物流配送等机构的加入，网上银行、在线电子支付等条件和数据加密、电子签名等技术在电子商务中发挥着重要的不可或缺的作用。从税收角度，电子商务交易行为和传统交易行为在本质上还是一致的，只是交易物、交易环节、交易渠道的差异。然而，就是这些差异，使得现行税制面临着前所未有的冲击和挑战。

试分析下面这个较为典型的电子商务活动：美国 A 公司租用位于避税港英属维尔京群岛的服务器，通过互联网直接向位于中国的 B 公司销售韩国 C 公司版权所有的音像制品，B 公司直接通过互联网从其在香港汇丰银行的电子资金账户向 A 公司支付价款。如此一个在电子商务活动中极为平常的交易活动，是否应该纳税？如果应纳税，那么这项经济行为要按照销售商品、提供劳务，还是转让特许权使用费处理？哪个国家对它行使征税权？税务部门要通过何种方式对这些交易进行控管？事实上，目前无论是美国、韩国还是中国都无法非常圆满地解决这些问题。而类似的交易每天都在数以万计地进行着，并以惊人的速度向前发展。

如同大多数国家一样，中国现行的税收体系及其征管手段亦不足以对电子商务进行成熟和有效的管理。在以电子商务为主体形成的网络经济冲击下，旧规则不适用、新规则未出台，必然会导致电子商务税收问题的混乱，导致漏征漏管的大量存在，以及税源的大量流失。

电子商务对税收的影响可以从多角度分析。从税收原则上来看：从事互联网贸易的企业税负明显低于传统贸易企业，形成对税收公平原则的冲击；税源由原先的相对集中转变成小额分散，无经验的纳税人骤增等对税务机关行政效率形成冲击。从对稽查的影响看，稽查环境更加复杂多变、稽查范围大大拓宽、稽查线索更加隐蔽等。而从立法和征管实践两方面分析，电子商务对税收征管的冲击和挑战更是讨论电子商务税收问题的基础。

2.1 电子商务对税收原则的挑战

按照《辞海》的解释，“原则”是观察处理问题的行为准则。具体到税收原则，可以定义为根据社会、经济的要求确定税收政策、税收制度和税收管理的准则，是规范化的治税思想。翻开历史长卷可以发现，不管是英国古典政治经济学创始人威廉·佩蒂[1]也好，古典经济学奠基人亚当·斯密[2]也好，还是德国新历史学派的代表人物阿道夫·瓦格纳[3]，古往今来，中外经济学家们提出了内容丰富、为后人所称道的税收原则，成为我们研究新形势下税收政策的出发点。虽然这些思想和原则在历史发展的不同阶段，伴随着社会和经济的不同特点而调整变化，并具有鲜明的时代特征，但是深入其间我们可以探究到一些具有共性的、稳定不变的税收原则的核心，那就是公平原则和效率原则。而电子商务的发展对公平和效率都

[1] 威廉·佩蒂最著名的代表作是《税赋论》和《政治算术》。在这两本书中，他较为全面、深入地研究了税收的重大理论问题，第一次提出了税收原则理论。

[2] 亚当·斯密是古典政治经济学派的创始人，也是将税收原则提到理论高度进行系统阐述的第一人。他在《国富论》中首次明确提出了税收四大原则，即平等原则、确实原则、便利原则、最少征收费用原则。

[3] 19世纪下半叶，瓦格纳在他所著的《财政学》一书中将税收原则归纳为四大点，即财政收入原则、国民经济原则、社会正义原则、税务行政原则。其中，国民经济原则注意到了税收与经济的互动关系，形成理论上的一个创新。

产生了不同程度的冲击。

2.1.1 对税收公平原则造成冲击

公平是人类追求的一个美好的目标，然而不同利益的群体、不同的收入阶层、不同的国家，甚至一个国家，不同的历史时期对公平的理解是不同的。税收的公平原则就是指政府征税要使纳税人所承受的负担与其经济状况相适应，并且在纳税人之间保持均衡[1]。税收公平原则包括纵向公平和横向公平两个方面。所谓纵向公平，就是指具有不同纳税能力的纳税人必须得到不同的税收待遇；所谓横向公平，是指具有同等纳税能力的人给予相同的税收待遇，征税后，纳税人之间的生活水平或收入水平比率不发生变化。

但是由于现行税制是以有形交易为基础制定的，随着电子商务的发展，这种建立在国际互联网基础上的与传统的有形贸易完全不同的“虚拟”贸易形式，往往不能被现有的税制所涵盖，导致现行税制没有对电子商务征税的合法依据；由于缺乏有效的征管手段，从事“虚拟”网络贸易的企业可以轻易逃避纳税义务；加上为鼓励电子商务发展而对电子商务实行税收优惠，这都使从事互联网贸易的企业税负明显低于贸易企业，形成对税收公平原则的冲击。许多传统贸易企业纷纷上网，迈进“网络空间”的“免税区”，从而导致对社会经济运行的扭曲。

2.1.2 对税收效率原则造成冲击

税收效率原则是指因征税所导致的经济损失最小[2]，它实际上是帕累托效率原则在税收问题上的具体应用。税收的效率原则要求税收的征收和缴纳应尽可能确定、便利和节约，尽可能避免额外负担，以最小的税收成本取得最大的税收收益，促使市场经济有效运转。税收效率原则包括行政效率和经济效率两个方面。

---

[1] 杨秀琴，钱晟．中国税制教程［M］．北京：中国人民大学出版社，1999.

[2] 陈忠，邵建华．国家税收［M］．北京：中国财政经济出版社，2004.

电子商务借助互联网实现了买卖双方的直接交易，造成中介机构在交易中的作用被削弱，大批交易中介（如代理商、批发商、零售商等）消失。同时，参加交易的企业数量，特别是中、小企业的数量大大增加，甚至个人也可以通过建立网站进行商务活动，这使得税源由原先的相对集中转变成小额分散，无经验的纳税人骤增，使税务机关工作量增大。与此同时，网上经营主体的界定、课税对象的甄别、税率标准的适用和纳税地点的确认等，也都会遭遇难题。税务机关必须从更多的、分散的纳税人那里收取相对而言金额较小的税款，还不得不为获取纳税人的信息而运用高科技现代化手段，投入大量的人力、物力、财力，税务机关的管理成本必将增加，明显有违税收效率原则。

2.2 电子商务对税收立法的挑战

“税收法定，依法治税”，电子商务对税制的挑战首先表现在对税收立法的挑战上。

税收法定原则就是指税的开征、税种设置、税收要素及税收征纳程序、税务争议处理程序等均须有法律规定，没有法律依据，国家不能征税，纳税人也不能被要求纳税。税收本质上是政府将资源强制地、无偿地从企业和个人手中转移到自己手中的一种方式，它对纳税人最直接的影响就是纳税人因而减少了一笔可支配收入，而这笔收入如果不纳税，则可以用于消费和投资。从个体讲，纳税是不情愿的，政府要满足社会公共需要，行使各项职能，征税又是取得收入的最主要途径之一，所以必须依法治税，以此来保证税款征收的顺利实现。

现行各税法是建立在传统商务基础上的，而电子商务作为一种全新的商品经营模式和交易方式，因其自身具有虚拟化、无纸化、无址化、高流动性等特点，使得现有的税收立法对它很难适用，无法形成有效的规范和约束，这在一定程度上形成了法律真空。

电子商务对税收立法的挑战既包括对税收实体法的挑战，也包括对税收程序法的挑战。

2.2.1 对税收实体法的挑战

电子商务对税收实体法的挑战主要表现于电子商务使原有判断各项税制要素的基础变得模糊不清，使得现有的税收实体法中纳税人、课税对象、税目税率、纳税环节、纳税地点等税收基本要素的规定对电子商务产生不适用或不确定。

1. 纳税主体不确定

电子商务超越国界，交易直接、方便、快捷，交易隐匿性强，从而使纳税主体国际化、复杂化、边缘化和模糊化，具有不确定性。纳税主体是必须依据税法承担纳税义务的自然人或法人，一般要符合可控性和合法性。在国际互联网中，联机计算机的IP地址一般是动态分配的，同一部电脑终端不同时可以拥有不同网址，不同的电脑终端不同时也可以拥有相同的网址。现在的网络监督技术，事后只能通过服务器中的日记文件判断交易人交易时使用的电脑所在的区域，无法唯一锁定交易人的电脑，电子商务的交易双方在网络上可以利用WWW的网络信箱轻易地隐匿真实身份，税务机关进行事后监督或审计追踪，交易中唯一可能与交易人直接对应的恐怕就是用于支付的信用卡号。但是，国际上大型的信用卡组织都要执行SETP（Secure Electronic Transaction Protocol）协议[1]，这种记账方式将不对卖方公开买方的身份和信用卡信息，税务机关要想获得这些信息难度也很大，因此，即便税务机关发现了某个电子交易行为，也很难通过常规手段获取纳税人的身份信息。

电子商务的这一影响在确定流转税的纳税主体时表现得尤为突出，不论是增值税、营业税、消费税还是关税，均是如此。通常认为，简单并且纯粹的所得税纳税主体的判定不受电子商务的影响。其实不然，传统的跨税权区域所得税制在设计上对纳税主体引入了很多复杂的概念，电子商务的发展打乱了这些原有概念的一致性。如：当一个公司仅在网络中通过网站进行经营时，这个虚拟的空间与物理地点不存在一一映射关系，传统的

[1] 王君．电子商务税收问题研究[M]．北京：中国税务出版社，2006.

对法人居民的判定标准包括管理中心、注册地、资本控制、主要营业地等都失去了基础，尤其是涉及国际税收管辖权的问题，比较复杂。

2. 课税对象性质模糊不清

课税对象是征税的目的物，是一个税种区别于另一税种的主要标志，一般来说，每一种税都必须明确规定对什么征税，它体现着税收范围的广度。税制设计首先要判断是否为课税对象，然后对应判断税目税率。我国现行的税制以有形交易为基础，对有形商品的销售收入、劳务收入及特许权使用费收入等规定不同的税种和税目。互联网使得有形商品和服务甚至特许权使用的界限变得模糊。由于电子商务的出现，计算机软件、音乐、电子报刊等都可以被转换为数字化信息在互联网上传播，税务机关很难确定其内容到底是劳务、商品还是许可证，而且即使税务机关获得传输数字信息的副本，由于加密技术的应用，也很难了解其实质性内容，造成难于认定税收征管税种。如某非居民公司利用互联网向中国顾客传送统计信息，若该信息已被书籍杂志刊载，那么传送统计信息与销售类似书籍无异，其所得应视为销售所得；如果这些数据专门为该顾客搜集的，此时所得应视为劳务所得；假如这些统计数据是某项研究的智力成果，其所得则应视为"特许权使用费"。现行税法规定，货物的赠送、抵债、以物易物等，都应被认定为"视同销售"而被判定为应税行为，那网上的软件免费下载服务等应如何认定？网上发布商业信息行为是广告还是信息服务（涉及收入的征税和支出的税前列支）？服务商服务行为的经济性质，是通讯服务还是信息服务？再如网络游戏中点卡的销售，到底是看成一种销售行为征收增值税还是当成提供服务征收营业税，也是比较典型的一个争议。可见，对某些经济行为的性质判定模糊不清，将直接导致适用税种税目发生困难。

税务机关难以依据现行税制确定其所得应归为销售所得、劳务所得还是特许权所得，进而难以确定适用税种和税率。这一问题是目前世界各国普遍面临的税收征管难题，其解决亟须相关专家的积极探讨和立法明确。

3. 纳税地点有争议

纳税地点是税法规定纳税人缴纳税款的地点，通常在各税种的法律法规或者规章中有明确的规定。在传统商务活动中，纳税人的经营地点相对固定，相关经营行为所围绕的地理中心也相对明确。电子商务的虚拟化和无形化，使纳税地点具有流动性、随意性。交易行为的发生所涉及的买方主体、银行、服务器、网络服务商、卖方主体等，都可能处于不同的地理位置。因此，是以电子商务主体的所在地或是注册登记地为纳税义务发生地，还是以行为发生地为纳税义务发生地，或是以服务器所在地为纳税义务发生地，在适用时很难把握，从而无法正确实施税收管辖权。

对于电子商务的纳税地点问题，营业税的争议最大。目前我国营业税以劳务发生地为纳税地点，传统经济模式中，劳务提供地、消费地一般是一地，统一称“劳务发生地”，但对于电子商务而言，这一概念具有极大的不确定性。例如，2001 年国家税务总局曾遇到了一个实际难题，深圳华为技术有限公司为西北某地的企业通过网络提供软件的测试和维修服务，究竟是深圳还是西北某地应当成为华为公司此项服务的纳税地呢？如果确定西北某地为纳税地，就意味着消费地应当作为劳务发生地，这似乎与国际上对劳务的间接税原则相同，也不会因此导致国家税收利益的流失。但对于我国的传统征税原则来说则是一个巨大的变化，各省区之间既得的税收利益将面临新的调整与变革。反之，如果将深圳作为纳税地，就意味着劳务提供地成为劳务发生地，那么如果华为公司是一家外国公司或者迁址到一个税负较低的避税港，我国的税收利益就丧失了。随着电子商务的迅猛发展，尤其是远程医疗、远程教育、远程咨询等服务业的快速发展，劳务消费地和提供地不在一处的现象比比皆是，曾有人提出对国内电子商务营业税按照劳务提供地原则征税，对跨国电子商务营业税按照劳务消费地原则征税，但由于营业税范围中的很多劳务行为都非常容易被数字化，一旦都通过网络运行，要区分判断这些行为来自国内还是国外是相当困难的。到目前为止，此问题还没有一个肯定的答案，到底是消费地纳税还是劳务提供地纳税应该有所明确。

即便法律明确了按照劳务提供地原则征税，抑或按照劳务消费地原则征税，电子商务的纳税地点依然面临一些现实问题。电子商务的虚拟化和无形化，使纳税地点具有流动性、随意性，使我们无法确定贸易的供应地和消费地。在互联网上，传统意义上的地理区域、空间距离几乎没有了，人们可以在建立于世界任何一个国家的网站上与客户洽谈业务，还可以很方便地通过第三国进行贸易。对于有形货物，税务部门尚有确定课税地点的可能，但不排除税收管辖权的冲突；但对于无形货物或通过互联网的应税劳务，税务部门基本上是束手无策。

另外，对于无形的、数字化商品或劳务，如计算机软件、CD、VCD、电子书、杂志、网络拍卖、网络咨询等，由于消费者通过下载在线取得货物，完全不存在一个有形的交付过程，使得可控的纳税环节消失，征税极为困难。

2.2.2 对税收程序法的挑战

根据现行税法规定，纳税义务并不受交易形式的限制，无论是传统交易还是网上经济，都必须依法及时足额地履行纳税义务。电子商务对税收程序法的挑战主要表现在税务机关对电子商务的征管手段上。

在对传统商务的税收征管过程中，税务机关可以依照税收征管法的规定，对应掌握的纳税人的不同情况，采取不同程度的检查、税收保全或者强制执行措施，但是征管法并没有赋予税务机关对电子信息进行截获并检查的权力，这就使税务机关对电子商务进行征管缺乏必要的资料和信息的获取手段。比如，当税务机关在日常征管中发现某家实体店铺没有进行税务登记，或者虽然进行了登记但是没有及时进行纳税申报，或者有根据地认为其申报不实，税务机关就可以依法对其账簿、存货地点等进行检查，并采取一定的强制措施和处罚。但是如果是互联网中的一家店铺，情况就大不一样，所有网络用户和信息流，不管是否与商务有关，对于税务机关来说都只是在网络中传输的一些数字符号，单从表面，税务机关无法分辨出哪些用户从事商务活动，如果怀疑某个网络用户从事商务活动并逃避了应尽的税收义务，就只能截获其发出或接受的电子信息，甚至可能还需要解密，但是这样的检查行为目前是违法的。

网上交易由于其技术上的复杂性及自身的特殊性，传统的以发票、会计账簿为主要监管手段的税收体系和征管手段还不足以对其进行成熟而有效的管理。现行税收征管法中，虽然有“各有关部门和单位应当支持、协助税务机关依法执行职务”的规定，但是缺乏对各种电子商务中介协税义务的明确。与传统的中介关系相比，电子商务的发展诞生了很多新的中介，比如网络服务提供商（ISP）、认证中心（CA）、数字现金提供商（EM），等等，他们可以非常容易地获得电子商务的相关信息，如果他们能为税务机关提供信息甚至直接履行代扣义务，可以大大提高征管效率，增强征管效果。但是征管法对这方面的规定几乎还是空白，从而直接制约电子商务中介协税能力的发挥。2013 年，国家税务总局公布了《中华人民共和国税收征收管理法》修正案（征求意见稿），其中增加一条：“第二十八条 政府部门和有关单位应当及时向税务机关提供所掌握的涉税信息。”“银行和其他金融机构应当及时向税务机关提供本单位掌握的储户账户、支付或计入该账户的利息总额、支付或计入该账户的投资收益及年末（或期末）账户余额等信息”、“涉税信息提供办法由国务院规定。”该征求意见稿中的“有关单位”的“涉税信息”所指不具体、不明确，其是否包括第三方交易平台（如阿里巴巴、淘宝网等）掌握的商户销售情况，是否包括非金融第三方支付机构（如支付宝、财付通等）掌握的商户支付情况，这些问题得不到解决，仍然都将影响电子商务中介协税能力的发挥。

网上交易参与方一般包括交易双方（包括买方和买方）和交易服务提供者（如淘宝网等交易平台），这三方的税收法律关系、各自应享有的权利和应承担的义务等，目前在法律上均无明确的规定。网上交易的卖方是否必须按传统方式进行税务登记，交易成功后又如何开具、传递发票，税务机关如何监控交易、开票、申报行为的一致性，是否有权利要求网上交易平台提供商必须定期提供相关数据等问题，都急需立法加以解决。

由于互联网交易具有无纸性、隐匿性、跨地域性等特点，税务机关难以掌握交易的进程。这就导致在确定纳税义务发生时间、纳税地点、应纳税额等税收要素时难度加大。尤其是虚拟商品的销售，更与税务机关的监管系统和税收征管手段难以衔接。要解决这一问题，不仅需要税务系统积极制定互联网交易的税收征管办法，更要求税务机关具备现代化的征管手段。

目前，电子商务正在以世人难以想象的速度迅猛发展，如果没有相应的立法对其进行引导、规范和约束，不仅会使电子商务偷漏税现象比比皆是，而且会引起贸易、经济甚至整个社会的混乱和无序。

2.3 电子商务对税收征管的挑战

税务管理领域所研究的纳税人行为理论表明：纳税人之所以愿意自行真实申报，是因为简便、公平的税制和较低的税收负担鼓励纳税人正常申报，最重要的是，税务机关可以通过检查发现并且采取严厉的惩罚措施威慑那些试图逃税的纳税人。现行税收征管方式是建立在对商务活动可控的基础上的，其中包括交易主体、物流、信息流及资金流的可控性。电子商务对税收征管的挑战主要体现在对税收征管手段、技术，以及从事税收征管的税务干部的知识结构、专业水平的挑战。

电子商务中的交易主体、物流（如果是数字化产品交易）、信息流和资金流可控性下降，征管基础变得薄弱，是所有国家税务部门最为头疼的事情。很多国家已经意识到，如果没有适应电子商务技术特点的征管手段，建立在传统征管方式上的现行税制将面临崩溃的危险。一旦税务管理的威慑力与纳税人逃税的侥幸心理之间的均衡被打破，后者占据上风，电子商务的税收流失就会成为常态。

2.3.1 对税务登记的影响

税务登记是税收管理的首要环节，在我国的现行税收征管制度下，税务登记是以工商管理登记为基础的。

在互联网上，无须提供工商登记、税务登记等资料就可以注册并进行交易，因此电子商务的卖家主要有两种类型，一类是有工商、税务登记的个体工商户、企业，这类网店一般都有实体店，同时在网上开店，通过网上销售的货物大部分不入账、不纳税；二是无任何工商、税务登记的个人或合伙网店，而网上商店由于不需要经过任何行政审批，因此大多无账、不纳税。现行税务登记的基础是工商登记，但信息网络交易的经营范围没有限制，不需事先经过工商部门的批准。

截至目前，我国仍没有任何法律规定网上交易主体要经过某政府机关的事前审批和许可。虽然个别城市提出网上经营主体登记备案制度，但也仅限于以管理办法的方式公布，法律层级比较低，并且登记备案也遵照自愿的原则，尽管《网络商品交易及有关服务行为管理暂行办法》规定，凡从事网络商品交易且“具备登记注册条件的”的单位和个人都应依法办理工商登记注册，但对具备哪些条件应登记注册缺乏明确界定，不具可操作性，加上网店转让非常频繁普遍，转让行为监管难度大，获得网店实际纳税主体信息依然比较困难，因此，离网上经营主体实名化还远着呢。网上经营主体没有以工商登记为前提，税务登记更是没谱的事情。我国新税收征收管理法的征求意见稿中规定了统一的纳税人识别号制度，对自然人开始实施纳税人识别号登记管理，并规定从事网络交易的纳税人应当在其网站首页或者从事经营活动的主页面醒目位置公开税务登记的登载信息或者电子链接标识。但是，新法仍在征求意见中，尚未颁布实施，相关配套监管措施尚未健全，“实名制”落到实处仍需经过一段时间的过渡。有形贸易的税务登记方法不再适用于电子商务，使得税务机关无法确定纳税人的经营情况，不能对电子商务的交易信息进行有效的跟踪。对于信息交流产品的交易和远程劳务，要求按其常规方式进行税务登记后照章纳税是很困难的。如何对电子商务进行登记管理，以确保税收收入及时、足额地入库，是电子商务环境下征税的一大难题。

然而，电子商务的交易量不断攀升，尤其是互联网中存在的大量 C2C 交易，据统计，仅 2012 年淘宝网上就有 800 余万户注册网络商店，其中 94% 的店铺（750 余万户）未达到年销售 24 万元人民币的纳税标准，而大量类似淘宝店主的小电商，大多既无工商注册也无税务登记。交易主体往往借助手机号码在交易平台上注册登记后就可以进行交易，他们隐藏在电脑和手机屏幕的后面，通过 C2C 交易平台、社区集体采购、网上发起团购、博客、微店等进行交易，通过换网进行以物易物的交易，而且交易的过程中大多使用网名，身份地址都极其隐蔽，交易一旦结束就消失在人海里，恐怕与之交易的人都再也找不到他了。

税务机关以目前的法律规定、技术手段和征管力量根本无法要求这些在网上进行交易的人进行税务登记，从而造成大面积漏管漏征，税源失控，加大税款流失风险。

2.3.2 对税收管理手段的挑战

相对于电子商务行业吸引的众多精英人才和不断创新的技术手段，税务机关在人才和技术方面的差距越来越大，即便电子商务企业都进行了税务登记，那么日常的税务征管技术手段和税务干部的专业水平也受到很大的挑战。

《中华人民共和国税收征管法》规定，纳税人、扣缴义务人应当按照税收征管法的要求设置、使用和保管账簿、凭证。传统的税收管理通常立足于监控企业及其他纳税人的每一笔交易和支付记录。账簿、凭证不仅是纳税人记录生产经营活动的重要依据，也是税务机关确定应纳税额，进行财务监督和税务检查的主要依据。

在电子商务中，传统的纸质凭证（如纸质合同、账簿、发票、单据等）为无纸化的数字信息所取代。税务部门对纳税人追踪监管的对象变成了数字化的信息流、资金流等。然而，与电子商务中的电子合同、电子单据和电子账簿的推行速度相比，现行税务部门的电子审计、流程监控和数据处理的技术水平明显滞后，税务电算化的程度也未能与电子商务的发展同步。电子商务信息流快速、虚拟、可更改，税务部门在茫茫“数”海中要辨别对税收征管有用的信息如同大海捞针，即便找到了，如何判断其原始性也是一个至关重要的技术难题。以数字现金（电子货币）为代表的电子支付是在网络经济中新发展起来的一种支付方式，实际上相当于使用者将真实货币换成了以数字为存在形式的电子货币在网络中流通，以税务机关现有的技术手段，对控制电子货币的流通无能为力。再加上电子商务交易范围的无限拓展和交易对象的极度分散，网络虚拟世界的电子实体与现实物理世界的有形实体之间不存在一一对应的关系，都会致使税收征管部门既缺乏有效的技术去追踪电子商务的每笔交易和支付行为，又缺乏相应的能力去处理过多的交易和支付数据。

面对汹涌发展的电子商务，税收征管部门的现有经验累积、知识结构、人员素质、思维理念和机构组织等，无法提供既可与之匹配又能行之有效的征管技术保障。大部分的税务干部并没有经过专业培训，面对电子商务企业的电子记账软件打不开、打开不会用，或者只能做一些表面的检查，对企业做的各种手脚无从觉察，征管力度大打折扣。

2.3.3 对纳税申报的影响

纳税申报，是指纳税人依照税法的规定，向征税机关提交有关纳税事项的书面报告的一种法定行为。具体来讲，就是纳税人、代扣代缴义务人依照实体税法有关课税要素的规定，自己计算应税的计税依据及税额，确定纳税义务的具体内容，并将此结果以纳税申报表的形式提交征税机关。

电子商务对纳税申报的挑战主要体现在对申报方式的挑战上。由于电子商务具有市场全球性和场所流动性的特点，广大的网民都是潜在的纳税人或扣缴义务人，产生纳税义务的经济行为也可能随时随地发生。纳税人可以在任何地点、任何时间进行交易，交易的对象零散而又遍布全球。非常有可能同一个纳税人在网上提供劳务或者服务，按照现行税法有关纳税地点和纳税期限的规定，按照消费地原则，他要到业务涉及的全国各地税务机关登记注册，还要按期去不同城市进行纳税申报，这显然是不现实的。纳税人到税务机关受理申报地点进行上门申报的方式受到极大挑战。虽然现有的邮寄申报、电子申报等方式在一定程度上解决了这种不便，但电子申报方式并没有在全国范围内完全铺开，仍不能根本满足电子商务发展的需要。

2.3.4 对税款征收的影响

税款征收是指税务机关依法将纳税人、扣缴义务人依法应缴纳或者解缴的税款按照一定的征收方式征集入库的活动的总称，它是税收征管的重要环节，是税务管理的目的和归宿。这一环节关系到税款能否及时足额入库，纳税主体是否依法履行纳税义务，国家的税收政策能否最终落实。电子商务对税款征收的影响主要包括以下几个方面：

1. 代扣代缴、代收代缴征收方式作用减弱

代扣代缴、代收代缴，是指依照税法规定负有代扣代缴、代收代缴税款义务的扣缴义务人，依法对纳税人应纳税款予以扣缴或收缴的征收方式。电子商务中，通过互联网进行交易的双方可以在世界范围内直接交易，最大限度地减少了商业中间环节，如代理商、批发商等。即便是一些传统的大型企业，也将变得更加扁平化、分散化。随着中介环节作用的弱化，中介机构代扣代缴、代收代缴税款的作用迅速减弱甚至消失。对于直接电子商务，信息流、物流、资金流都在网上流动，税务部门几乎找不到控制的环节，就算间接电子商务，很多商品也通过邮递、配送系统分散地直接送到消费者手中，税收征管的重点监控对象将越来越少，面临更多的将是灵活、分散的小企业甚至个人。如此大大增加了税收征管的复杂性，提高了税收征管的成本，降低了税收征管的效率。

2. 定期定额征收方式核定资料很难确认

定期定额征收方式是税务机关依据税法的规定，通过法定的程序，对账册不全、难以查清真实收入的纳税人，核定其在一定经营期限内应纳税所得额的一种征收方式。采用这种方式可以简化手续，提高征管效率。但是，一般来说，税务机关在进行核定收入和利润率的时候，通常采取参照当地同类行业或类似行业中经营规模和收入水平相近的纳税人的收入额和利润率来核定的方法，或者采取成本加合理费用和利润的方式。但是面对电子商务贸易形式的多样化和个性化，税务机关很难寻找到用以确定收入额和利润率的参照物，电子账簿凭证易于修改和加密，税务机关很难掌握其真实的成本，在税收核定环节极其被动。

3. 税收保全和强制执行措施缺乏法律支持和有效的手段

税收保全和强制执行的实践基础在于税务机关可以采取有效的方法控制纳税人的财产，如对纳税人的账户和拥有的商品、货物及其他财产采取查封、扣押、冻结、拍卖等措施，迫使纳税人尽快缴清所欠税款。但是在电子商务环境下，税务机关对纳税人采取税收保全和强制执行措施面临很多困难和不便。例如，在电子银行设立账户的纳税人通过互联网将自己设计的计算机软件销售给购买方，使其能够从网络上下载，当其欠税时，税

务机关就很难采取税收保全和强制执行措施。因为纳税人没有可供保全或者强制执行的实物性财产，税务机关依据现有的技术手段也很难冻结其电子银行的账号，而且如果纳税人的账户是设立在境外，那么境外银行也未必给予协助，这就使税收执行落空，丧失了对偷逃税者的威慑。

2.4 电子商务对税务稽查的挑战

2.4.1 税务稽查环境更加复杂多变

在电子商务环境下，企业经营管理正在走向网络化和自动化，产生了许多虚拟企业。这些虚拟企业只要在 Internet 上租用一定的服务器的存储空间，通过数字认证机构的认证，即可在网上发布广告和产品信息，接受订单，签订合同，进行买卖，也可以在网上寻找合作者和货源。它们没有传统的经营地点，没有实体店铺或者工厂，而只是存在于一个虚拟的空间，却真真切切地从事着各种经营活动。在电子商务环境下，还有一些新型的网络公司，通过网络将分布在世界各地的成百上千的人联结在一起工作，并且根据业务的需要随时进行重组。虚拟企业之间的关系也是松散型的，不管是投资融资的关系、技术协作关系还是购销关系，都可以通过网络在短时间内达成协议，整合成企业联盟，一项合作结束后，联盟可能瞬间解散。这些都使税务稽查环境发生巨大变化，税务稽查人员一下子很难适应。

2.4.2 税务稽查范围大大拓宽

在传统的税务稽查中，税务稽查范围是依据不同的税务稽查对象和稽查目标来确定，但一般限定于核查被查企业的账务，责任人一般限定于被稽查单位的责任人和会计人员，相对来说范围比较狭窄、封闭。而在电子商务环境下，传统的会计岗位职责被打破，内部控制制度发生了变更与转移，企业会计信息系统是开放的系统，会计信息处理处于一个开放的空间范围。由于其资源的共享性，能访问会计信息及修改会计信息的人可能涉及整个网络用户。网络用户出于不同的动机，可能采取恶意操作，对会计信息进行删改，安全已不是企业内部所能完全控制的。因此，承担不真实及非法数据的责任人就不能局限于被稽查单位，交易双方及相关的社会公众都将被延伸列入税务稽查范围。电子商务的发展刺激了电子支付系统的完善，联机银行与数字现金的出现，使跨国交易的成本降至与国内成本相当，境外银行在支付环节的大量参与，拉大了税务稽查对支付方的监控范围。电子商务活动中的任何一项税务稽查业务，都建立在互联网平台上，税务稽查活动面向网络，范围被大大拓宽。

2.4.3 税务稽查线索更加隐蔽

税务机关要进行有效的征管稽查，必须掌握大量有关纳税人应税事实的信息和确凿的证据。为此，各国税法普遍规定纳税人必须如实记账并保存账簿、记账凭证及其他与纳税有关的资料若干年，以便税务机关检查，从法律上奠定了以账证追踪审计作为税收稽查的基础。所以，在传统税务稽查工作中，稽查人员往往通过账簿、记账凭证、会计报表中的蛛丝马迹跟踪稽查线索，审核有关经济业务，收集稽查证据，展开稽查工作，稽查线索相对比较容易获得。但是在电子商务环境下，由于会计数据电子化和会计数据的局部程序化，各种票据大都以电子形式存在，纳税人往往使用加密、授权等多种保护方式保证信息的安全性。这些财务信息，企业可以根据需要随时调用和整理，甚至可以非常容易地修改后备份成另外一套虚假账套应对各种检查，掩盖真实的经营情况。删改之后打印出来账簿，稽查人员根本无法识别其真伪。也就是说，稽查人员如果不了解对方的会计记账软件，不掌握存储数据库的密码，不取得会计信息所在服务器的日志信息，对企业账务的稽查线索就是“不可见”的。

另外，企业的银行往来账也是税务稽查的重要线索之一。但是，在电子商务环境下，纳税人的支付手段更加灵活多样，支付范围无限扩大，国内外的银行纷纷在网上开通联机银行，纳税人可以随时通过网络进行转账结算，流转速度更快，交易量更大，加上数字现金的使用者可采用匿名方式，难以追踪，也给惯于以资金流转轨迹为稽查手段的常规稽查工作增添了难度。

电子商务环境下税务稽查的环境、范围、线索的变化，对稽查人员的综合素质和稽查技术方法都提出了极大的挑战。

2.5 电子商务对税收管辖权的挑战

税收管辖权是国际税收的核心问题。目前，世界上大多数国家包括我国都同时行使居民税收管辖权和来源地税收管辖权。电子商务由于其跨越时空的高度同一性，使源于国家主权的税收管辖遇到了很多新的问题，特别是在当今世界各国税制不尽相同的情况下，原有确立的税收管辖原则和协调机制也变得不适应，重复征税或税收流失将更加容易发生。

2.5.1 对收入来源地管辖权的挑战

来源地税收管辖权是指对来源于我国境内的所得和财产征税。但是电子商务的发展混淆了现行确定收入来源地的基本概念，进而也使属地管辖权的行使变得模糊。

1. 机构所在地

电子商务企业扁平化和分散化之后，为了节约成本和灵活面对市场，企业尤其是跨国大公司的决策、管理、生产、仓储、分销的地点很可能散布于不同的国家和地区，决策和管理都可以通过网络进行之后，固定地点已经变得不重要，认定机构所在地的传统标准被网络虚化了。

2. 劳务发生地

对于可以通过电子数据交换直接进行的咨询、信息服务、技术指导等行业来说，过去的劳务发生地已经被分为劳务提供地和劳务接受地，并且存在于虚拟的网络之中，究竟哪个国家对其拥有属地管辖权很难判断。

3. 消费地

通常消费者购买行为发生地或者消费者所在地可以被认定为消费地。电子商务使这一问题变得复杂了，一是当购买行为发生在网络中时，行为发生的物理地点是无法认定的；二是面对网络中庞大的可匿名的消费群体，不论销售者还是税务机关，都无从判定购买者的真实地点。

4. 常设机构

在现行国际税收中，《OECD 范本》和《联合国范本》都使用了“常设机构”这一概念。常设机构是指一个企业在某国境内进行全部或部分经营活动的固定经营场所，包括管理场所、分支机构、办事处、工厂、作业场所等。按国际惯例，企业只有在某一国家设有常设机构，并取得归属于该常设机构的所得，才可认定为从该国取得所得，从而由该国对其进行征税。但电子商务完全建立在一个虚拟的市场上，打破了空间界限，企业的贸易活动不再需要原有的固定营业场所、代理商等有形机构来完成，大多数产品或劳务的提供也并不需要企业实际出现，只需装入事先核准软件的服务器，消费者在满足了付款等先决条件后，在任何地方都可以下载服务器中的数字化商品，这与签订销售协议完全不一样。因此，电子商务并不依赖传统意义上的常设机构，并且互联网上的网址、E-mail 地址与产品或劳务的提供者并没有必然的联系，仅从信息上是无法判断其机构所在地的。

这些概念的混乱直接导致了税制设计的困难。对于流转税来说，由于税收负担转嫁的原理，实行消费地原则是比较合理的，但在电子商务税收管辖中，控制商品的供应地则是相对容易的，两者之间如何权衡？

2.5.2 对属人管辖权的挑战

属人管辖权又称居民管辖权，是指主权国家对所属的公民或法人的国内和境外所得都有征税权。我国税法中，居民包括自然人居民和法人居民。实际上，电子商务对属人管辖权的冲击并不严重，但是由于对居民公司及跨国纳税人的认定标准中掺杂了很多地点要素，使得这种影响显露出来。

就自然人而言，电子商务的发展使人的居住地点和时间可以变得不再固定（当然这取决于不同人的偏好），原来用于判定居民纳税人的习惯住所和停留时间标准的实际意义越来越小，因为从事电子商务的自然人可以通过互联网在某国从事经营活动却不居住在该国而轻易躲避标准，从而在税收上可以避免成为任何一个国家的居民。

至于法人，目前世界各国通常采用以下两种判定标准：一是实际管理和控制中心所在地标准；二是总机构所在地标准。然而，由于电子商务的无国界性使得这两种标准都受到了威胁。首先，实际管理和控制中心所在地标准。该标准指的是做出重要经营决定和决策的地点，不等同于法人的日常经营管理机构所在地。董事会或者股东经常召集开会的地点，才是判断法人实际管理和控制中心所在地的重要标志。但目前很多大的跨国公司和从事电子商务的中小企业都通过视频会议进行交流，做出决策，参会人员可以在能够接入网络的任何地点参加会议，而不必聚集在一起。其次，总机构所在地标准。总机构一般是指负责管理和控制法人日常控制业务活动的中心机构，如总公司、总部或主要事务所。对于以互联网为基础从事电子商务的在线企业（也称电子商务企业），公司的管理人员可以在任何地点通过互联网对公司进行经营管理，这种电子商务企业的总机构可以设在任何地方，甚至可以不设立一个与传统企业类似的总机构。

以上问题使得居民管辖权在某种意义上形同虚设。

2.5.3 对税收管辖权国际协调机制的挑战

目前存在的国际税收协调机制，对于避免双重征税和税收流失发挥了重要作用。但是电子商务赖以存在的国际互联网，天生就是为了避免国际规则对流动性的制约而设立的，因此电子商务的发展，充分暴露了现行国际税收协调机制的缺陷。

1. 流转税的国际协调机制几乎是一片空白

除了欧盟因为政治和经济的需要，在其内部建立了增值税协调机制外，绝大多数国家实行的流转税政策对于随意跨国流动的电子商务都无所适从：一是对实行供应地原则还是消费地原则争论不休；二是无论供应地还是消费地的确定，都缺乏国际上公认的统一标准；三是不同国家的流转税税率差异太大，为电子商务用户进行国际避税提供了很大的利益驱动。

2. 所得税协调的原则和基础受到冲击

主权国家最为关注的收入来源地原则很难适用于电子商务：一是跨国

所得的性质在网络中几乎无法划分；二是常设机构的概念变得模糊不清；三是劳务人员已经不再需要真正“出场”。但如果放弃收入来源地原则，对于绝大多数发展中国家和欠发达国家又是不可忍受的。

3. 国际税收征管机制非常滞后

电子商务最大的特点就是信息流动性大并且十分迅捷，目前国际税收情报交换远远不能适应这一要求，转让定价还缺乏统一的规定，传统的价值评估标准受到严重挑战，纳税人通过电子商务进行避税将更加容易。

2.6 电子商务对国际反避税的影响

荷兰国家文献局对“避税”下的定义是：避税是指以合法手段减轻税收负担。国际避税是指跨国纳税人跨越国境，利用有关国家税法中的某些漏洞和含糊之处，通过资金、财产、人员（含法人）的国际流动，以达到其减轻税收负担目的的不违法行为。

20 世纪 90 年代以来，随着经济全球化的深化发展，世界经济日益交融，跨国经营成为一种常态。在经济利益和保持竞争优势的双重压力下，跨国纳税人的避税行为具有日益普遍化的趋势，并且造成对主权国家税收利益的极大损害。目前，国际避税不但在传统的利用税法不完善、利用避税地等方面花样翻新，而且随着现代通信技术的发展和互联网的运用，避税手段日趋现代化，尤其是电子商务领域的避税活动，向各国税务部门提出了全新的挑战。

目前常用的国际避税方式主要有转移定价、利用中介公司、利用内部保险公司、“资本弱化”和利用国际避税地避税等。电子商务的发展促进了跨国公司集团内部功能的完善化和一体化，使得跨国公司操纵国际税收筹划、实现国际避税更加容易。

电子商务与生俱来的特点和优势，导致国际避税越来越轻松、越来越难以控制。互联网的全球性、无国界性、高科技性不仅为企业经营获得最大限度的利润提供了手段，同时在某种程度上也成了跨国企业国际避税的温床。建立在互联网之上的电子邮件、可视会议、IP 电话、传真等技术为企业架起了实时沟通的桥梁，通过互联网将产品的开发、设计、生产、销售“合理地”分布于世界各地将更容易，在避税地建立基地公司也将轻而易举。只要拥有一台计算机、一个 MODEM（调制解调器）和一部电话，任何一个公司都可以利用其在避税国设立的网站与国外企业进行商务洽谈和贸易，形成一个税法规定的经营地，而仅把国内作为一个存货仓库。跨国公司可以根据避税需要，随时在任何低税国或避税地注册开设虚拟公司或网站，轻而易举地把利润从高税国转到低税国，或者轻而易举地改变自己的居民身份，滥用任何一国的税收协定达到避税目的。由于电子商务改变了时空和边界的概念，尤其是电子商务在线交易更使各国海关望“电”兴叹，应征关税全部流失。随着银行网络化和电子支付系统的日益完善，一些公司已开始利用电子货币在避税地的“网络银行”开设资金账户，开展海外投资业务，对税收管辖权的“选择”越来越灵活。加密技术的发展又大大加剧了税务机关掌握纳税人身份或交易信息的难度，无法掌握纳税人或交易数字，很难保证其服从税法，避税和反避税斗争日趋激烈，给税收征管部门的征收工作带来了许多困难。

2.7 电子商务给税收带来的机遇

2.7.1 推动经济发展，产生大量税源

税收工作的根本任务就是组织税收收入，为国聚财。电子商务和信息技术为人类社会经济的发展提供了迅速便利的手段，提高了运行效率，创造了许多商机，电子出版物、电子游戏、电子会计系统、电子经营管理系统、电子咨询服务等许多新行业不断出现……互联网上大量的数据和资料表明，电子商务对国民经济的运行产生了巨大的影响，拓展出了新的发展空间，展示出了新经济的灿烂前景，电子商务将成为推动中国经济持续增

长的重要因素[1]。那么，电子商务的发展无异于为我们的税收事业带来了新的广大的税源：伴随商品和信息的流转，在线交易金额急剧上升，为流转税提供了新税源；电子商务减少了商品交易的中间环节，使流通成本大大降低，从而提高了企业的商业利润，为所得税提供更多的税源。当我们的征管手段跟得上电子商务发展步伐的时候，有的放矢地开展税收征管工作，丰富的税源就会自然而然形成一系列数目巨大的税收收入。

2.7.2 加速了税收信息化建设的进程

面对电子商务虚拟化、无纸化、支付电子化等特点，税务机关必须以计算机网络为依托，进行税收征管的改革，提高税收管理的电子化程度[2]。电子商务可以促使税务机关在现有的雄厚硬件设施的基础上加大对税收管理软件开发的投入，充分利用互联网、多媒体等新技术，为税收信息化、电子化的发展在手段、信息处理能力、管理水平等方面提供有力的支撑，同时加强税收征管人员电子商务的业务培训，积极引进电子商务管理人才，以适应电子商务的迅猛发展。总之，电子商务给税收信息化创造了新的发展空间，为加快税收信息化建设进程带来了新契机、新机遇。

2.7.3 利用电子商务提高为纳税人服务的质量

支撑电子商务的新技术为提升为纳税人服务的质量和标准提供了新机遇。方便快捷的通信技术和互联网应用使得纳税人和税务部门的联系更加方便紧密，对于涉税事务的反应和处理时间大大缩短，效率提高，如为纳税人提供税前电子税法宣传辅导、税法查询服务，税收事务的审批等。利用 EDI 和 Internet 技术，实现税务机关、银行、国库联网，为纳税人提供远程电子申报、电子缴税服务，降低纳税人的纳税成本和税务机关的征税成本。通过鼓励电子化的税收征管，使纳税人的税收计算、缴纳、减免、退税都快捷而又透明，方便了纳税人，也提高了纳税人对税收法律的遵

---

[1] 摘自信息产业部副部长苟仲文在2006电子商务财富年会上的讲话《电子商务将推动中国经济持续增长》。

[2] 张明忠．电子商务发展对税收的挑战［J］．湖北商业高等专科学校学报，2002（14）：1.

从度。

2.7.4 促进了国际税收协作

随着电子商务的迅猛发展，跨国交易更为便利，电子商务的开放性、流动性和无国界性使国别、地域等概念在国际税收中逐步淡化，电子商务税收政策与管理的国际合作成为世界一体化大趋势下的必然选择，任何企图回避在电子商务税收政策与管理方面进行国际合作的想法都是不切实际的。网络即时通信技术和快速便捷的网络信息传输能给各国税务部门之间互换税收情报和相互协助监控提供技术上的支持，使有效的跨国协作成为可能。税务部门可以积极争取其他国家税务当局的合作，互通情报，加强交流与合作。扩大与相关国家的税收监管合作，充分、及时、详细地掌握跨国企业的经济活动信息，以便做出正确、合理的税务处理。

03

世界各国电子商务税收政策研究和实践

只要是互联网能延伸到的角落，就必然存在电子商务税收问题，所以，电子商务税收问题是全世界每一个国家和经济组织都必须面对的共同问题。但是，由于各国电子商务发展的水平不同，在国际经济中所处的地位不同，因此，对电子商务研究的深度和采取的态度，以及制定的政策都有区别。

在电子商务发展早期，发达国家信息技术基础雄厚，电子商务普及程度较高，其税收问题最早显现并受到了政府部门的极大关注，如美国、经济合作与发展组织（OECD）和欧盟。美国1996年发布了《全球电子商务税收政策解析》，率先对电子商务的税收问题做出反应，并先后发布了《全球电子商务框架》《互联网免税法案》等。OECD和欧盟也做了相应的研究，提出自己的观点。此时，发展中国家由于受电子商务影响不大，对电子商务的本质和特征还没有很好地把握，所以大多处于观望状态。

但是，进入21世纪以来，电子商务在全球迅速普及引起了世界各国政府的普遍重视，各国（主要是电子商务较为发达的美国、日本、欧盟等国家和地区）和国际性组织对电子商务的税收问题进行了较为深入、广泛的讨论和研究，已有不少国家通过立法颁布了一些有关电子商务税收的法规，一些国际性组织（如OECD）已就电子商务税务政策形成了框架协议并确立了一些原则。一些发展中国家也结合本国的利益提出了自己的电子商务税收政策。

研究世界各国电子商务税收问题的进展，有利于我们更好地借鉴先进国家的研究成果，更好地把握电子商务的本质特征和发展趋势，把握世界各国电子商务税收政策的脉搏，为我国制定符合我国利益和国际规范的电子商务税收政策打下良好的基础。

3.1 美国电子商务的税收政策

3.1.1 理论研究和探讨

美国是电子商务的发源地，也是目前世界上电子商务应用面最广、普及率最高的国家，其电子商务交易遍布全球，在全球电子商务中占绝对领先地位。美国政府是最先关注电子商务税收问题的政府，所以，他们对电子商务税收问题研究得比较深入、透彻。

美国财政部于 1996 年 11 月颁布了《全球电子商务选择性税收政策》[1] 白皮书，这是一国政府首次公开探讨电子商务税收问题，这一文件引起了世界各界的关注。文件中首先对电子商务的主要特征和技术性问题进行了详尽的探讨，提出了电子商务中几个影响征税的特点：消费者匿名；制造商隐匿其住所；税务部门读不到信息，无法掌握电子交易情况；电子商务本身也可以隐匿，并可在国际互联网上轻易变换其站点。其次，文件中提出了针对电子商务不开征新税并实行税收中性的原则，呼吁对网络交易与一般有形交易在征税方面应一视同仁，以免阻碍新技术的发展。最后还提出免征通过互联网交易的无形产品（如电子出版物、软件等）关税的政策建议。

1997 年 7 月 1 日，美国总统公布了题为《全球电子商务政策框架》（*Framework for Global Electronic Commerce*）的报告，该报告被誉为美国全面进入信息化时代的"独立宣言"。该报告从背景、原则、财税金融问题、法律问题和市场准入问题等方面对全球电子商务做了全面的分析。报告中

---

[1] 也有作者将该文件称为《全球电子商务税收政策解析》，其英文名称为 *Selected Tax Policy Implications of Global Electronic Commerce*。

还提出，政府应当避免对电子商务的限制，支持电子商务的发展，为其创造一个可预见的、一贯且简明的法律环境。该报告认为，对电子商务的征税要遵循以下原则：

（1）不得扭曲或阻碍电子商务的发展；

（2）简易、透明，易于执行，不增加网络交易的成本或保存记录的负担；

（3）适用于美国及其国际上伙伴关系国家的税收制度；

（4）在互联网上开展的电子商务缺乏清晰而固定的地理界线，对互联网上电子化传送的产品和劳务征税十分困难，建议免征关税。

克林顿政府大力呼吁把电子商务领域建成免税区[1]，号召各国政府尽可能地鼓励和帮助企业发展互联网商业应用，凡无形商品（如电子出版物、软件、网上服务等）经由网络进行交易的，无论是跨国交易或是在美国内部的跨州交易，均应一律免税；对有形商品的网上交易，其赋税应按照现行规定办理。

1998 年 5 月 20 日，美国又促使 132 个世界贸易组织成员方的部长们达成一致，通过了互联网零关税状态至少一年的协议，使通过互联网进行国际交易的企业能够顺利地越过本国国界，在其他国家市场进行销售。

3.1.2 立法情况

为了防止地方政府阻挠电子商务税收战略决策，美国众议员 Christopher Cox 和参议员 Ron Wyden 率先提出《互联网免税法案》（*Internet Tax Freedom Act ITFA*）。法案遭到了地方政府的强烈反对，但是美国联邦政府为了促进电子商务的发展，国会对提案做出若干修正后，于 1998 年 10 月 20 日通过了修正案，次日正式签署生效。《互联网免税法案》[2] 的颁布，使美国电子商务税收问题的研究从理论探讨阶段走向了实质立法和执行阶段。

[1] 路透社 1998 年 2 月 26 日报道。

[2] Internet Tax Freedom Act. 互联网免税法案 [OL]. http://www.gseis.ucla.edu/iclp/itfa.htm.

《互联网免税法案》规定，从1998年11月到2001年10月31日，禁止州及地方政府对互联网访问征收附加税。三年内禁止征收“网络接入服务税”，即对互联网服务提供商（ISP）提供的网络接入服务暂不征销售税或使用税。禁止对网上销售进行多重课税或征收歧视性税收。但是允许已经开始或正在着手准备征收互联网接入税的有限的几个州（康涅狄格州、威斯康星州、爱荷华州、北达克塔州、南达克塔州、新墨西哥州、南卡罗莱纳州、田纳西州、德克萨斯州及俄亥俄州）继续征收这一税种，条件是这些州可以证明它们早在1998年10月1日以前就已经开始征收这项接入税。事实上，很多州（如康涅狄格州和南卡罗莱纳州）选择了遵守互联网免税法案，不对互联网接入服务收税。

囿于当时互联网技术发展的程度，法案规定，“互联网接入”服务限定在拨号上网方式，即只有通过拨号方式接入互联网的服务才能免税。而后来宽带技术兴起，但通过宽带接入互联网却不在免税之列。

美国联邦将不对电子商务和互联网接入服务征税。3年之内不对电子商务征收名目繁多、有失公平的税种。禁止不同的州和地方政府对同一项电子商务重复征税。禁止对电子商务的经营者和消费者征收新的网络税种，禁止以严格的“连接”解释为由对本州、本地区之外的电子商务征税。在免税时限内，禁止对只在网上销售的货物或服务征税。

成立专门的委员会研究远程商务的征税问题。根据提案成立的临时的电子商务顾问委员会将研究电子商务征税事宜，并将在18个月之后，向国会提交关于是否应向电子商务征税的报告；如果应向其征税的话，应当以怎样的方式进行，才不至于使电子商务被征收特别的、名目繁多的或有失公平的税收。委员会将参考各州、各地区政府民选官员的意见。国会有接受、改变或拒绝委员会提议的权力。

法案还宣布互联网应当是自由关税区，要求美国贸易部向国会提交关于阻碍美国海外电子商务竞争的因素的报告。

电子商务咨询委员会于2000年3月20日在得克萨斯州召开会议，就一系列网络税收问题进行表决。会上主张免税的代表认为，美国网络技术引发的新经济繁荣，主要原因之一是近年一直奉行网络贸易的免税政策。

由于网络经济处于起步阶段，应该对其提供永久性免税，促进其充分发展。反对免税的代表认为，如对迅猛发展的电子商务免税，将眼睁睁地看着大量的税收流失。他们估计，此项税收流失每年达200亿美元左右。两方代表各执己见，结果以11票赞成、1票反对、7票弃权通过了暂停征税期延长至2006年的方案。电子商务咨询委员会如期向国会提出的征税方案中包括以下内容：

（1）建议国会正式立法，加强美国和世贸组织（WTO）、经合组织（OECD）等国际组织及其成员方的协调与合作，继续寻求电子商务跨国交易中的零关税。

（2）建议国会取消联邦对电信征收的特别消费税（此税征收逾百年，税率3%）。

（3）永久性禁止地方政府对接入网络的服务征税。

（4）在对电子商务的税收征管中，应切实保护消费者的隐私权。

（5）鼓励公民积极参与网络经济，以此推动美国经济的全面腾飞。

对此提案尽管有许多反对的声音，但2001年11月，美国国会还是通过决议，把《互联网免税法案》再延长两年，有效期到2003年11月。

2003年9月，美国国会众议院通过议案，提出把《互联网免税法案》永久化，并把通过网络传输的电话服务也纳入免税之列。但参议院强烈反对该议案，经过几个月的争论，2004年4月参议院通过议案，提出把免税法案延长到2007年11月，但网络电话不能免税。经过两院磋商，2004年11月19日，美国国会通过了《互联网税收不歧视法案》，同年12月3日，总统布什签署该法案。

《互联网税收不歧视法案》把原来的《互联网免税法案》的有效期延长到2007年11月1日，因为原法案在2003年11月已经到期，所以新法案的实行可追溯到这时。法案除了保留1998年法案的主要规定外，一个重要的突破就是根据税收中性原则，把“互联网接入”服务的定义从原来的“拨号上网”扩展到“宽带接入”，不论是通过拨号上网还是通过宽带上网，都免缴互联网接入服务税。这样，通过DSL（Digital Subscriber Line的缩写，即“数字用户线路”，包括ADSL、HDSL、SDSL、VDSL和RADSL

等）电缆、人造卫星和以无线等宽带方式接入互联网的，都免缴服务税。新法案还规定，1998 年 10 月前已对互联网接入服务征税的 12 个州，可以继续开征此税，但最长期限不能超过 2007 年 11 月 1 日。同时法案指出，免税规定不适用于网上交易的销售税，也不适用于通过互联网传输的电话服务，如 IP 电话。

美国加州众议员约翰·坎贝尔 2006 年 3 月初提交了一份法案：给予互联网及互联网应用永久免税待遇。《互联网税收不歧视法案》把原来的《互联网免税法案》的有效期延长至 2007 年 11 月，坎贝尔正试图无限期延长这项法令的时效。坎贝尔认为，征税会妨碍互联网的高速增长，他界定的免税主体包括三个方面：（互联网）访问、使用、歧视性征税。其中，“访问”这个概念是指信息穿越网络设施到达用户手中；“使用”是指类似电邮这样的互联网应用；“歧视性征税”是指州政府不得对网上零售征税。他认为，各级政府都不应该对互联网应用征税，提交免税法案的目的就是要让美国政府率先自绝后路，从此再没有人把互联网视为合法的税源。

除此之外，美国对电子商务税收征管也比较放松，美国国内收入局（IRS）1999 年在税收管理规程第 22 条和第 133 条分别规定[1]：（A）允许纳税人在满足电子存储系统记录的规定要求下，将原始电脑化记录和硬件拷贝销毁。（B）从事电子数据交换经营的公司，在规定条件下无须保存原始凭证。

3.1.3 美国国内反对免税的声音

《互联网免税法案》的意义不仅在于给网络提供了一个发展的空间和时间，还在于它可以确保美国人在网上购买的产品不会被距离他们很遥远的其他政府征收他们根本无法预料到的税金。但是美国国内关于是否应该免税的争执一直没有停止过。

美国地方政府强烈反对免征销售税。因为销售税是目前美国各州的重

[1] Jefferson Vander Wolk. Direct Taxation in the Internet Age: A Fundamentalist Approach [J]. Bulletin for International Fiscal Documentation, Apr 2000.

要税源，占州一级税收比重的 20% ~35%，比例较高的如田纳西州占 46.1%，新墨西哥州占 41.8%。随着网上购物的日益普及，网上零售商不交纳销售税的做法正在给美国地方政府税收造成越来越多的损失。据美国田纳西大学研究人员估计，美国地方政府因商家网上销售不纳税而损失的税收目前已超过 155 亿美元，到 2008 年将超过 215 亿美元。各地方政府担心，越来越多的交易转移到网上进行，他们的税收将大大减少，也许会穷得没钱支付警察的工资、没钱维修当地的道路了。于是，许多地方政府通过种种渠道，如通过全美州（市）长协会、全美郡县协会、全美都市联盟、州议会全国联合会等组织提出对电子商务必须征税的建议，拥有1 800 多个会员的全美郡县协会在 1999 年年会中要求国会立法，对网络交易与传统交易等同征税[1]。

更有甚者，在《互联网免税法案》执行期内，2005 年 2 月，美国 10 家大型零售商根据年初达成的协议，开始主动向 37 个州和哥伦比亚特区政府缴纳网上销售税[2]。这一举措从行动上打破了《互联网免税法案》的相关规定，其重要目的之一是向国会和州政府进一步施加压力，要求国会和州政府对纯网上销售公司征收销售税，以改变现在不平等的竞争局面。

根据《互联网免税法案》，邮寄销售公司和通过互联网销售商品的网上销售商，只有在某州有“物理存在”或与该州有“实际联系”，即有仓库、店铺或设有分支机构，才须向该州缴纳销售税，否则不用纳税。一些纯粹的网上销售公司，一般不设分支机构，而是通过邮寄的方式销售商品，故通常不用缴纳销售税，而传统零售商必须全部缴纳销售税。这样，《互联网免税法案》就对网上销售和传统销售采取了双重税收标准，使传统零售商在竞争中处于不利地位。为改变自己的不利状况，一些传统零售商也纷纷建立网上商店。表面上，这些网上商店是独立的组织，在各地也没有分支机构，所以不用向地方政府缴纳销售税；而实际上是消费者在网上订购商品后，网上商店再利用传统零售商在各地的分支机构进行销售。

[1] 萧明同．电子商务征税主张的国际比较［J］．税务研究，2001（1）．

[2] 网上销售税叫板免税法［N］．中国税务报，2003-02-28．

这样做虽然得到了税收上的好处，麻烦也随之而来。比如，消费者在网上订购商品后，往往在就近的店铺选货，或者在网上购买商品后，又到店铺换货或退货，因为网上商品价格和店铺商品价格有差别，就使零售商在处理这些问题时非常麻烦。双重税收标准引起了经营上的混乱，而且影响企业对传统业务和网上销售的整合。于是，美国一些以传统销售为主、同时从事网上经营的销售商，从 2004 年 10 月开始和各州政府协商，经过 3 个月的讨论，2005 年 1 月，美国 37 个州和哥伦比亚特区的政府代表和销售商达成了网上销售税协议。根据协议，州政府同意不再向这些销售商追征以前的欠税，而这些销售商则从 2005 年 2 月起，只要在某州有网上销售收入，就要按该州销售税税率，像传统销售业务一样，主动向州政府缴纳网上销售税，以统一公司内部经营。

十大传统零售商自愿缴纳网上销售税，无疑在推动电子商务税收方面向前迈进了一步。他们通过“从自己做起”向国会证明，征收网上销售税并不是对互联网销售敲响的丧钟，而是创造公平的市场竞争环境所必需的举措。网上销售税已不是能否开征的问题，而是何时全面开征的问题。

3.1.4 美国电子商务真的免税吗

尽管本文前面已经详细介绍了美国电子商务税收立法的主要内容和主张，但是笔者在研究过程中发现，有的论文和评论中对美国电子商务免税问题存在歧义和错误理解，甚至还有人提出：连电子商务最发达的美国都主张电子商务免税，我们为什么还要对电子商务征税呢？因此，有必要再重申一下这个问题：美国并没有对电子商务全面免税。

对美国电子商务免税的错误理解可能源自很容易让人望文生义的《互联网免税法案》。其实，这个法案的全文可以很容易搜索到，它只是对 ISP，即网络服务提供商从公众那里收的接入费不收税，并不是说对电子商务交易不收税。至于为什么叫“免税法案”，网上曾有一个说法：在互联网发展之初，居然有人认为“比特”是一种商品，并认为这种商品在网络上流通，应该看成是商品流通，应该对它收“比特税”。美国政府为此发布了这个法案，决定不为这个比特的流动发明新税，就是对比特免税。当然，这个说法的真实性我们没有必要去考究，我们只需要了解免税法案免的只是“网络接入服务税”。更何况，法案一直强调要求对电子商务维持中性税收原则，即对网络交易与传统交易在征税方面应一视同仁。

除此之外，法案所做的努力只不过为了简化电子商务的交税（而不是免税），避免按照已经有的交易税法造成重复课税。而事实上，由于美国是个联邦国家，有着复杂的联邦税和州销售税，而且联邦政府和州政府都可以立法征税，所以经常有关于电子商务税收方面的争议。

2000 年，美国当地时间 6 月 2 日报道，世界最大的网上书店亚马逊公司总裁兼首席执行官杰夫·比索斯在美国图书博览会上发表措辞激烈的讲话，抨击了网上售书须缴销售税的意见。比索斯指出：“我的公司在华盛顿州，受到这里警察和消防的保护，并享受到公共学校的福利，因此缴纳销售税理所应当。但我们通过网上售书把书卖到了北卡罗纳那州，北卡凭什么还要求我们缴税，我在其中看不出任何道理。”当时，美国高等法院做出判定，凡是公司实体不在某个州的，消费者如果通过邮寄或网上订购发生买卖往来，该州不得对这家公司征收销售税。美国高等法院的这一判定引起了传统书店的不满，它们认为自己与网上书店处于不平等的竞争地位，因此一致要求对像亚马逊这样的网上零售商普遍征税。有财务报表中的数据表明，亚马逊公司 2005 年第二季度销售额为 17.5 亿美元，毛利 4.50 亿美元，支出和成本中包括 5 600 万美元的税金，最后的纯收入为 5 200万美元。他们不仅缴了税，甚至交的税超过了纯利润[1]。

可见，美国的电子商务也缴税，而且存在各种各样的争议。

3.2 经济合作与发展组织的研究和成果

经济合作与发展组织（OECD）于 1960 年 12 月 14 日在巴黎建立，是目前包括美国、英国、德国、日本在内的 30 个市场经济的国家组成的政府间国际经济组织，几乎涵盖了所有的发达国家，常被称为“富人的俱乐

[1] http：//vip. bokee. com/248533. html.

部”，在国际经济领域占据重要地位。OECD 成立的目的在于拟定与实施促进世界经济发展的有关政策，共同应对全球化带来的经济、社会和政府治理等方面的挑战，把握全球化带来的机遇。

作为协调发达国家经济发展的 OECD，是税务领域里处于领先地位的国际组织，具有制定国际税务规范的长期专业经验，其下设的财政事务委员会（Finance Affairs Committee，FAC）主持国际税收中各项重要问题的研究，并公布官方研究报告。早在 1996 年 6 月，OECD 就着手研究电子商务税收问题，并建立了专门的工作组。OECD 于 1997 年在芬兰的土尔库、1998 年在加拿大的渥太华先后召开会议，讨论电子商务的税收问题及对策。并于 1999 年建立了 5 个顾问组，从不同方面深入研究电子商务税收问题，并发布了一系列的研究报告。这使 OECD 对电子商务税收问题的研究在国际上具有举足轻重的地位。

3.2.1 早期研究确立了其重要的地位

1997 年，OECD 与芬兰、日本和欧盟合作，在土尔库召开国际会议，以“电子商务对税收征纳双方的挑战”为题开展研讨，并达成以下共识：

（1）任何征税主张，都应坚持中性原则，保证税负公平，不重复征税并避免加重遵行成本；

（2）目前尽量使用现行税制，不开征新税，包括“比特税”；

（3）解决税收管理问题比税收政策问题更加迫切；

（4）充分考虑企业界意见；

（5）国际合作至关重要；

（6）税收不应妨碍电子商务的发展，但后者也不能因此侵蚀税基和妨碍税收行政。

上述共识成为 1998 年渥太华会议讨论的基础。这个会议的参加者，除 OECD 成员国外，还有欧盟、美洲税收管理中心、英国税收征管协会等代表，实际上包含了官方、企业界、劳工等各界人士，在国际社会中具有十分广泛的代表性。其通过的决议对世界各国政府具有很大影响力。

1998 年 10 月，OECD 在加拿大渥太华召开了第一次以电子商务为主题的部长级会议，会议名称为“一个无国界的世界，发挥全球电子商务的潜力”。经过讨论，与会者一致得出结论，达成全球电子商务的共识，提出了面对电子商务各国政府征税要遵循的原则：

（1）以现行税制适用电子商务交易，不实行新税，包括“比特税”。

（2）组建一个电子商务的国际性机构，用以协调和指导国际电子商务税收问题。

（3）加强电子商务税收信息的国际交流，但避免增加纳税人的不当负担。

（4）充分听取其他国家和私营企业者意见。

（5）对电子商务跨国交易的消费税（主要是 VAT）实行消费地征税原则，即消费地的国家政府拥有征收权。另外，对数字化产品征收增值税时不作为商品，应作为劳务课征。对企业从国外购进劳务和无形产品，实行逆向征收增值税（reverse charge），由购买者自核自缴，以保护国内供应者的竞争力。

（6）OECD 的税收协定范本可适用于电子商务的跨国交易，但该范本及其《注释》应视需要予以修改。主要修改内容是：①对常设机构（PE）及其所得归属加以明确界定。②对无形资产、特许权使用费、劳务、数字化产品等的收入性质加以明确区分，以便适用不同税率。

（7）在税收征管方面：力求对从事电子商务的企业采用传统的认证制度，开发国际上可接受的认证准则。数字签章应认定为一项可接受的证据。制定国际通用的信息标准，如电磁记录方法、记录格式和保存时间等。对从事电子商务的纳税人，应同传统商务纳税人一样向税务机关提供应税资料和证明，但具体实施方法可以不同。

渥太华会议最终发布了《电子商务税收框架条件》，同时还形成了一批对于电子商务实际运作具有指导性意义的文件。主要有：《OECD 电子商务部长级会议结论》、《全球电子商务行动报告》、《OECD 国际电子商务行动计划》和《国际组织和地区性组织电子商务活动和计划报告》[1]。这些

[1] 世界各地区电子商务立法概括［OL］．［2005-05-30］．http：//www. xinhuanet. com.

成果在国际上获得了广泛的认可和接受。渥太华会议是迈向全球电子商务的里程碑，推动了电子商务的全面发展，促进了国际政策的进一步协调，为各种经济体充分利用新的电子平台提供了广阔的空间。

1999 年 11 月，OECD 与 APEC 双方进行了讨论并达成共识，其内容被 APEC 1999 年春季财政部长会议和其他一些区域性税收组织所接受，并作为会议进一步讨论的基础。欧盟对此也做出了很高的评价。

3. 2. 2 渥太华会议之后的深入研究

渥太华会议之后，OECD 并没有停止对电子商务税收问题的研究，而是增加了研究力量，更加努力更加深入地研究电子商务税收问题，并积极寻求解决方案。OECD 于 1999 年成立了税收协定、营业利润、消费税、电子商务技术、专业数据评估 5 个技术顾问组（Technical Advisory Groups, TAGS)，加强电子商务税收的技术研究。同时，吸收了非成员国和企业界的成员参与技术顾问组的研究，使得 OECD 在电子商务税收问题的研究上更具代表性和权威性，而且更容易与电子商务模式相贴近，也更容易被全球范围内的政府和企业界接受。

OECD 财政事务委员会继续研究并发展了《电子商务税收框架条件》的原则，并将理论研究拓展到实践环节，指导各国的电子商务税收实践。OECD 财政事务委员会每年都会向 OECD 提交若干有关此主题的系列研究报告，这些报告多数是各个工作组和顾问组的研究成果，其中针对关于所得分类、常设机构、消费税问题，以及实际征管问题等提出许多有价值的政策建议和构想。OECD 在 2003 年发布的《2003 渥太华税收框架条件执行状况报告》[1] 普遍受到国际社会的关注。在这个报告文件中，不仅对此前财政事务委员会所做的各项工作进行了梳理和总结，而且提出了接下来要做的重点工作。

[1] Implementation of the Ottawa Taxation Framework Conditions (The 2003 Report) [OL]. http://www.oecd.org/taxation.

《2003 渥太华税收框架条件执行状况报告》首先简要回顾了 1998 年以来 OECD 在为纳税人服务、纳税人身份确认、税收征管、消费税、国际税收协议和合作几个方面所做的努力，接下来介绍了 1999—2002 年 9 月 OECD 国家基础网络的快速发展情况、电子商务新发展对政府的挑战及 OECD 对此做出的反应。报告还简要回顾了 2001 年进展报告的内容，一再强调，渥太华会议之后对电子商务税收全方位的研究再一次证明：政府为电子商务提供完全免税的环境和对电子商务开征新税（如比特税）都是不可取的，对电子商务和传统商务一定要适用相同的税收原则。报告按照直接税、消费税、税收征管三个大类分别介绍了各个工作组和顾问组近几年研究的主要论题及阶段性成果，包括：常设机构的认定、消费地确认、贸易信息的取得、凭证保管、电子支付系统记账等。最后提出了 OECD 在直接税、消费税、税收征管方面未来将继续关注的问题。

目前，OECD 正在与其他国际组织、地区性组织、商家和非成员国紧密合作，着力进行以下三个方面的工作：①跟踪技术、协议和标准方面的相关进展，并在适当时候投入力量以确保税务系统的稳定管理；②根据要求进一步阐明相关的国际税务范式；③为采用现有范式或管理办法提供指导，以适应电子商务的未来发展。

3.3 其他国家和国际组织的税收政策

3.3.1 欧盟

欧盟是电子商务征税派的代表。

欧盟各国都把电子商务看作是新的潜在税源，电子商务活动必须履行纳税的义务，否则将导致不公平竞争。这也是欧盟主张对电子商务征税的出发点和归属点。但欧盟同时也认为，税收系统应具备法律确定性，应使纳税义务公开、明确、可预见，保证纳税中立性。1997 年，欧洲电信部长级会议通过了支持电子商务的《波恩部长级会议宣言》，首次阐明了欧盟为电子商务发展创建的“清晰与中性的税收原则”，主张政府应尽量减少不必要的限制，以促进电子商务的发展，不再征收额外税收。

1998 年 6 月 8 日，欧盟委员会发表了《关于保护增值税收入和促进电子商务发展》的报告，认为不应把征收增值税和发展电子商务对立起来，而且为了控制此项税基流失，决定对成员国居民通过网络购进商品或劳务时，不论其供应者是欧盟网站或外国网站，一律征收 20% 的增值税，并由购买者负责扣缴。该建议还包括对于通过电子方式订购而使用邮件方式发送（如光盘、磁盘）的货物，应征收普通增值税和关税；对于在网上下载的电子货物，也应按服务类项目收税。欧洲联盟最高执行官强调，欧盟不准备针对网络上的电子商务活动增加新的税种，但也不希望为电子商务免除现有的税赋。

经过几年的发展，欧盟已经逐渐形成较为成熟的电子商务征税制度。即以商品劳务的购买者或消费者所在地作为从事广播、电视销售和电子商务企业的收入来源地，从 2003 年 7 月 1 日起，欧盟将对境外公司通过互联网向欧盟 15 个成员国出售计算机软件、游戏软件等商品，提供网上下载音乐等服务征收增值税。具体规定是：年销售额 10 万欧元以上的非欧盟公司必须缴税（年销售额 10 万欧元以下的免税）；非欧盟公司只需在一个欧盟国家登记即可，并按该国的增值税税率缴税，而不必在 15 个欧盟国家全部登记；登记后，该国税务机关将征收的税款移交给购买者（购买者须留下自己的真实地址）所在国家。这是迄今为止国家（地区）与国家（地区）之间第一次大范围征缴电子商务税收的行动，因而引起国际上的广泛关注。

另外，提到欧盟不能不提“比特税”。早在 1994 年，加拿大税收专家阿瑟·科德尔（Arthur Cordell）在一篇论文中构思了一种被称为“比特税”（Bit Tax）的方案，后经荷兰教授卢·苏特（Lue Soete）正式向欧盟委员会提出。该方案认为，电子商务是未来的贸易形式，必须征税，但 Internet 威胁现有的税收机制，因此必须采用新的手段来迎接这种挑战。它主张对数字化传送的每一数字单位（即 Bit）征税，包括对增值的数据交易，如数据搜集、图像或声音传输等征税，否则，数以万计的政府财富将在网络中流失。同时，比特税将起到限制信息污染的作用，可以解决目前泛滥的电子邮件堵塞网络的情况。

应该说“比特税”既具有合理性，又具有矛盾性。从合理性来看，它是以电子商务的税基——信息流为征税对象，因而它在理论上最符合电子商务的运行特征；而且它也具有征管简便易行的可操作性。从矛盾性来看，信息流与资金流的非统一性，将使该税面临两个矛盾：一是商业信息流与非商业信息流同时负税的矛盾。由于比特税是对因特网上的所有信息流量均要征税，因而必然造成商业信息流与非商业信息流（如网上提供一些免税服务）同时负税的矛盾。二是信息流量与税负成正比变化的矛盾。由于比特税是以信息流量为计税依据，因而信息流量就与税负成同方向变化关系：信息流量越大，税负越高；信息流量越小，税负越小。但是信息流量并不完全与商品价值量成正比关系，例如，软件 A 技术含量高，售价高，而信息流量小，税负小；软件 B 技术含量低，售价低，而信息流量大，税负大。因此在比特税下，有可能出现数字化产品的价值量与税负相背离的矛盾，从而违背税收公平原则与量能负担原则。

由于上述原因，“比特税”没有被欧盟采用。目前，“比特税”的主张似乎已被打倒，但许多人认为这只代表发达国家的意见，预测此项主张很可能东山再起。

3.3.2 联合国

联合国在国际社会中的地位不必多说，但是在电子商务税收问题上，联合国做出的努力有限，研究的广度、深度、力度跟 OECD 和美国都无法比拟。然而，面对电子商务税收这个全球性的财经难题，联合国也不能毫无反应。

起初，电子商务税收问题并没有引起联合国的重视。美国的免税主张提出来后，对广大发展中国家来说显然会大幅度地减少税基，无法控制蓬勃发展的电子商务活动，最终在国际电子商务活动中蒙受更多的税收损失，拉大与发达国家的差距，从而影响到国家经济的正常发展。发展中国家只能求助于代表发展中国家利益的联合国。2000 年 1 月，联合国发表的

《1999年人权发展报告》中认为，鉴于全球信息经济的发展，发达国家和发展中国家的差距日益扩大，建议各国开征“比特税”。据测算，如果每100比特电子邮件征1美分税，则每年可征税700亿美元。这笔税收收入可用于资助不发达国家，其出发点是补贴贫穷国家发展网络贸易和电讯事业，以推动全球所有国家发展网络贸易和电子商务。而此时美国和OECD对电子商务税收问题的研究重点已经由原则和政策框架向操作层面转移，比特税已经是经过讨论被现阶段所否定的。

2003年12月15—19日，“联合国国际税收合作特别专家小组第十一次会议”在日内瓦召开，这是联合国第一次为电子商务税收问题召开专家小组会议。会议讨论了包括“电子商务与发展中国家”、“国际税收合作的制度框架”在内的一些国际税收热点、难点问题，但没有什么实质性的成果和进展。会上还提出了建立国际税务组织（International Tax Organization，ITO）的构想，提出此构想的小组认为，全球化已逐步破坏了传统税法所依据的属地原则。ITO可以处理全球化和数字经济引发的诸多问题，发展中国家可以从中获得许多利益。

可以看出，联合国的言论、想法的确比较能代表发展中国家的利益，但是由于联合国没有站在这一问题的理论前沿，缺乏深入的调查研究，其影响力大打折扣。然而，不排除如果联合国加强这个问题的研究，会拿出符合电子商务技术特征、符合国际原则、兼顾发达国家和发展中国家利益的可行性方案。

3.3.3 新加坡和印度

发展中国家的电子商务交易也在飞速发展，这些国家的现行税制也面临着严重挑战。由于电子商务的征税问题集中于跨国交易，涉及税收利益的国际分配，大多数发展中国家虽然对美国的免税区主张存有戒心，但对电子商务交易如何征税大都未做出明确的法律决定。新加坡和印度是首先明确提出对电子商务征税的发展中国家。

新加坡是世界上积极推广电子商务的国家之一。早在1986年新政府就宣布了国家贸易网络开发计划，1991年全面投入使用EDI办理和申报外贸业务。1998 年制定了《电子交易法》，并逐步建立起完整的法律和技术框架。

新加坡政府对电子商务是否课征货物和劳务税（Goods and Service Tax，GST）的问题采取较为保守的态度，将传统货物和劳务税的原则适用在电子商务的交易上，认为网际网路上的销售行为，卖方应该代扣货物和劳务税的税款，并应该保有纸质的发票。

1. 通过互联网销售实体货物营业人应该代扣货物和劳务税

电子商务所适用的课税原则应该与传统的销售行为相同，如果经营电子商务的企业属于设有营业税税籍登记的交易人，就应该缴纳货物和劳务税。例如：如果一位有营业税登记的交易人在网络上贩卖书籍，那么应该在书籍送到消费者手上时代扣 3% 的营业税；如果将书籍出口到国外，那么只要保有必要的文件，就可以适用外销的零税率。

2. 从事网络交易的要保有交易行为的纸制发票

依据营业税法规定，应税的交易行为，应保有纸制发票，从事互联网交易的电子商务也要遵守这一规定。如企业想要以电子的方式保存发票的，必须向营业税主管税务机关申请，审批同意后才可以执行。

至于数字化商品的税收政策，以及应否普遍采用电子发票的制度，至今没有明确的意见。

2000 年 8 月 31 日，新加坡正式发布了电子商务的税收原则，确认了有关电子商务所得税和货物劳务税的立场[1]。在所得税方面，主要以是否在新加坡境内营运作为判定所得来源的依据。例如，公司在新加坡营运，所有营业利润包括电子商务交易所产生的营业利润，均属于来源于新加坡的所得，应征收新加坡所得税；公司在新加坡境外营运所得不征收新加坡所得税，在境内设立网站及分支机构的所得为新加坡所得，应征收所得税。在货物销售方面，如果销售者是货物登记的营业人员，在新加坡境内通过网络销售货物和传统货物一样要征税。在劳务及数字式商品方面，在新加坡登记的营业人提供的劳务，劳务收买人应缴纳 3% 的货物与劳务

[1] http://www.ec.gov.sg.

税，除非提供的劳务属于零税率劳务。

2001 年，新加坡国内收入局编撰了《电子商务收入税指南》[1]，专门针对在新加坡境内各种性质的公司、不同性质的电子商务业务，应该适用什么样的税收规定给予了明确，此举对于新加坡境内的电子商务税收问题起到一定的规范引导作用。

印度政府于 1999 年 4 月 28 日发布一项规定，对在境外使用计算机系统，而由印度公司向境外支付的款项，均视为来源于印度的特许权使用费并在印度征收预提税。这一举措不但是对美国免税区主张的一个坚决否定，而且使印度成了首先对电子商务征税的国家之一。然而，许多西方税收专家认为，如果此项决定成为国际惯例，则电子商务将大大增加税负，从而不利于电子技术的进一步发展[2]。

3.3.4 日本

由于电子商务的全球化与复杂化，日本政府认为传统的课税概念与原则无法决定现在的电子商务交易的课税要素，如：电子商务交易的主体、交易的对象、发生的时间、交易的数量和金额等，因此有必要针对电子商务交易行为探讨另外适用的课税方法。由于电子商务具有全球性、无国界的特性，而且针对电子商务的税收政策必须符合公平、中立、简单易行等税法的基本要求，日本认为，日本政府有必要建立与国际税法一致的课税架构，以避免税收的漏征漏管和重复征税问题。从这个观点出发，日本政府必须继续在 OECD 及类似的国际税法会议中，沿着这个方向继续努力加强与国际社会关于这个问题的沟通和交流[3]。

3.3.5 加拿大

加拿大对电子商务征税政策所持的原则为：①政府应避免制定不适当

---

[1] Income tax guide on E-commerce, Inland Revenue Authority of Singapore, 2001, http://www.iras.gov.sg/ESVPortal/resources/2001ec1.pdf.

[2] 萧明同．电子商务征税主张的国际比较［J］．税务研究，2001（1）．

[3] A Japanese Initiative in Promoting Electronic Commerce [OL]. http://www.kantei.go.jp/foreign/980817/densi.html.

的法令或限制措施妨碍电子商务的发展；②加强国际合作，制定有利于电子商务发展的政策以促进网络交易；③注重公平，电子商务与非电子商务交易功能相同的纳税人，征税要一致，不能因交易形态而有所差别。加拿大有关电子商务的征税规定，要看不同的征税条目和不同税收地区的特别规定。加拿大对于不易确认的来源所得和网站是否属于常设机构，主要以电子商务的货物劳务销售者居住地为征税依据，或视非独立服务器为常设机构。由于不易确定货物提供地、合约签订地、付款地等，因此，对电子商务必须分辨非居住者公司是否在加拿大从事营业活动。

对于美国放松电子商务征管，加拿大持否定态度。加拿大关税和税务署（CCAR）1998 年 10 月 5 日规定，关于电子商务记录及账簿应保存原始凭证，如销货发票、购货发票、现金登记收据、正式书面合同、交货单、送货单、汇票、支票、银行对账单等，违者 CCAR 有权通过各种技术手段核定其应税所得[1]。

3.3.6 澳大利亚

1997 年 8 月，澳大利亚税务局的电子商务计划小组发表了一份名为《税与互联网》的讨论报告，其中包含了对影响电子商务的税务环境所做的建议。就电子商务所面临的税收管理困难，如难以识别电子商务的交易主体等问题，该报告提出了一些建议：将澳大利亚公司的认证号码展列在商业网站上；寻找电子商务适当的注册程序；利用现有可得的科技以取得电子资料的完整性[2]。澳大利亚支持对电子商务征税必须坚持中性原则，但反对美国提出的“课税原则可能需要由属地原则改为属人原则”的建议。澳大利亚是一个纯技术进口国，必须继续根据收入来源地管辖权对所得进行征税，或者采取另一种可以保证其不丢失大部分税基的方法对所得征税，所以，按照居民管辖权原则对所得征税是澳大利亚所不能接受的。1999 年，澳大利亚在讨论报告的基础上又公布了概述行动计划及处理全球

[1] 萧明同. 电子商务征税主张的国际比较 [J]. 税务研究，2001 (1).

[2] 蒋志培. 网络与电子商务法 [M]. 北京：法律出版社，2001.

电子商务税收问题战略部署的第二份报告。其行动和战略的原则是中性、纳税成本及税收管理成本最小化，以及保密，并提出了关于协商会议、收入的影响、服务、权限、管理、销售税、消费税及研究和开发等方面的23项策略。

3.4 各国电子商务税收政策的比较分析

由于各国电子商务发展状况不同，在国际经济中所处的地位不同，对电子商务税收问题关切和研究的程度也不同，所以，各国和经济组织拟议中的税收政策存在着利益基点的差异。总的看，发达国家在电子商务中占绝对优势，其对电子商务的研究和关注程度高于发展中国家，并且取得了一定进展。1997 年以来，美国、OECD、欧盟和其他西方国家先后多次召开各种层级会议，或成立专门委员会研究解决电子商务涉税问题，并发表了各类报告，提出解决问题的思路、态度和理论方法。而发展中国家相对处于劣势地位。

3.4.1 基本达成共识的税收原则

在解决电子商务税收问题应坚持的原则上，不论是发达国家还是发展中国家，基本上都倾向于采纳以下原则[1]：

第一，税收中性原则。即对通过电子商务达成的交易与其他形式的交易在征税方面要一视同仁，反对开征任何形式的新税或附加税，以免妨碍电子商务的发展。

第二，公平税负原则。即电子商务税收政策的制定应使电子商务贸易与传统贸易的税负一致，同时要避免国际双重征税。

第三，便于征管原则。即电子商务税收政策的制定应考虑互联网的技术特征和征税成本，便于税务机关征收管理，否则就无法达到预期的目

[1] 罗志伟，朱顺泉. 论电子商务环境下我国税收制度的改革 [J]. 湖南商学院学报》(双月刊)，2003 (2).

的，从而难以成为一种稳定可靠的税源。

第四，简单、透明原则。电子商务税收政策应很容易被纳税人掌握，并简单易行，便于纳税人履行纳税义务，最大限度地降低纳税人的纳税成本。

3.4.2 美国政府主张免税的立场所在

美国是一个坚定的电子商务免税主张者。美国从最先发布的《全球电子商务的税收政策框架》到《互联网免税法案》，直至《互联网无歧视法案》，一直坚持对电子商务税收优惠，坚决反对多重征税，实行税收中性原则，即不应该因为对电子商务的课税而对各经济主体的经济行为产生扭曲作用。美国提出免税的主张是为了保护美国人自己的利益。

1. 电子商务能为美国带来巨大的经济效益

美国是目前世界上电子商务应用面最广、普及率最高的国家，其电子商务交易的顾客遍布全球。目前从事电子商务的网络公司中，美国企业占2/3以上，在全球电子商务市场占据绝对优势。美国市场研究公司Forrester曾预测，美国“B2B”销售，2004年将达到1.4亿万美元，在GDP中所占的比重将升到9.7%。美国投资银行Goldman Sachs曾预测美国电子商务销售2004年将达到1.5亿万美元。美国作为世界上电子商务贸易额最大的国家，无论是通过电子商务拉动国内经济发展，还是同其他国直接进行贸易而获利，电子商务都能为其带来巨大的经济效益。由于许多从事网上交易的公司在实体形态上并没有必要局限在美国，如果美国政府对他们征税，这些公司有可能把其公司地址转移到其他减免税收的国家。考虑到未来和互联网相关的工作机会增长潜力巨大，为了促进电子商务的发展，美国从电子商务发展初期到现今，一直坚持电子商务减免税的立场。

2. 作为最大的电子商务输出国的美国，是免税政策的最大受益国

美国是世界上电子商务发展最快的国家，也是最大的电子商务输出国，仅在电子商务发展初期，美国的软件销售就达到1 000多亿美元，其中近50%销往国外。免税政策的最大受益者就是美国，免税政策可使美国跳过关税壁垒，长驱直入他国而获利，全球免税的话有利于美国获得巨大经

济效益而不必向其他国家交纳增值税。另外，欧盟等一些国家规定本地区公司网上销售数字化及电子产品需征收增值税，美国在销售这类商品或提供同类服务时免税，显然加强了美国公司的竞争力，更加刺激了美国电子商务的发展，从而带来了更多的盈利。如果全世界对此项交易免税，美国就成了最大的赢家。

3. 免税并未减少国家财政收入

美国的税制结构中占据比重最大的是所得税，流转税的比重相对较小。而且美国政府的态度是坚持居民税收管辖。1996 年 11 月，美国财政部新公布的《全球化电子商务的几个政策问题》文件指出：新科技和电子商务的发展，要求居民税收管辖权发挥更大的作用。因为在网络空间中，很多情况下难以将一项所得与一项特定的收入来源地联系在一起，地域管辖权难以有效运作，将逐渐失去合理性。相反，几乎所有纳税人都是某个国家的居民，两者的关系不会因为电子商务而中断。因此，从管理便利的角度来看，来源地税收管辖应让位于居民税收管辖。可见美国采取不对电子商务本身征流转税的政策，并未减少自己国家的财政收入，反而因为所得税的增收而鼓起了腰包。另外，美国联邦政府和各州地方政府都有制定税法的权力，尽管美国对外宣称对电子商务减免税，但地方政府可根据自身情况另外制定别的税种，或者联邦政府通过征收个人所得税等其他相关税种依然可以保证国家和政府的利益。

3.4.3 欧盟力挺征税的原因分析

对于电子商务的税收政策，以欧盟为代表的征税派，认为税收系统应具备法律确定性，电子商务不应承担额外税收，但也不希望为电子商务免除现有的税收，电子商务必须履行纳税义务，否则将导致不公平竞争。欧盟虽然与美国就免征电子商务（在互联网上销售电子数字化产品）关税问题达成一致，但欧盟也迫使美国同意把通过互联网销售的数字化产品视为劳务销售征收间接税（增值税），并坚持在欧盟成员国内对电子商务交易征收增值税（现存的税种），以保护其成员国的利益。欧盟强力主张征收电子商务的流转税，主要原因在于欧盟 15 个成员国普遍征收增值税。欧盟目前在电子商务发展规模上稍逊于美国，但是他们的在线网民数已经大大超过了美国，并且仍在快速增长。欧盟在线网民大都是数字化商品的消费者，放弃征收关税是在技术不成熟的情况下不得已而为之，如果也放弃对数字化产品征收增值税，欧盟的财政收入将受到严重影响。欧盟对电子商务征收增值税的举措，对美国的国际网络公司的业务状况和竞争力带来了深远的影响。欧盟心里清楚，美国是网上销售第一大国，向欧盟提供网上销售和服务的供应商主要是美国公司。欧盟征收增值税，美国公司的税收负担将大幅增加，但是欧洲大量的在线用户使得新税制并没有阻止美国网络公司进军欧洲市场。

3.4.4 发展中国家要认清形势，加快研究步伐

大多数发展中国家对电子商务交易如何征税未做出明确的法律决定，对于电子商务的征税问题持谨慎态度。但是，发展中国家希望或主张对电子商务（电子数据产品）征收关税，以保护民族产业和维护国家权益。对发展中国家而言，电子商务免税显然会大幅度地减少其税基，使其在国际电子商务活动中蒙受更多的税收损失，扩大其与发达国家的差距，从而影响到国家经济的正常发展，所以，1999 年 12 月在美国西雅图举行的 WTO 会议上，全球大多数发展中国家坚决反对美国的“对电子网上交易永久性免税的提案”。

在电子商务中，发达国家多为“强势国”，而发展中国家多为“弱势国。”以美国为首的一些发达国家强调税法的“属人原则”而弱化税法的“属地原则”，意在“以强凌弱”，侵蚀和剥夺发展中国家的税收主权和税收利益。发展中国家如果不加大电子商务税收问题的研究力度，在电子商务税收的国际协调中提不出自己的看法和主张，一味跟着发达国家的路子走的话就意味着大幅缩小税基，增加税收流失，削弱财政实力，从而进一步扩大南北经济实力差距。

作为发展中国家，目前对于电子商务税收征与不征、管与不管之间的确存在两难，不征税客观上使电子商务大量的税源流失，征税势必影响羽翼未丰的电子商务的发展。但总体上说，发展中国家在电子商务中，尤其

是对外交易中处于消费者的地位，如果适时争取依照消费地原则征税，对保护自身的税收利益是有利的。各发展中国家应当认清形势，积极组织有关力量来研究电子商务，在新的税收政策格局尚未形成之前，建立起既符合本国利益又不违反目前国际通行做法的税收制度。

对于电子商务涉及的税收问题，尽管各国及有关国际组织一直在努力加强国际合作与相互协调，并在一些原则问题上达成一致，但由于电子商务涉及的税收政策问题，说到底是关系国家（地区）之间的税收管辖权的划分和税收利益分配的问题，如果没有一个国际组织进行统一领导，主权国家从各国自身利益出发制定税收政策，由此引发的矛盾和摩擦将日益明显和复杂化。

04

我国电子商务发展及税收对策

我国作为世界上电子商务发展最有潜力的国家之一，如何抓住机遇，促进社会主义市场经济建设，推动电子商务健康发展，维护国家主权，妥善处理好电子商务与税收的辩证关系，是一个十分重要的课题。

4.1 我国电子商务的发展

4.1.1 简单历程

在我国，电子商务概念先于电子商务应用与发展。1997—1998 年，中国电子商务的主体是电子商务的“启蒙者”——IBM 等 IT 厂商和媒体，它们以各种方式进行电子商务的“启蒙教育”，激发和引导人们对电子商务的认识、兴趣和需求，进而引致中国电子商务的应用与发展。经过这一阶段，1999 年和 2000 年，以网站为主要特征的电子商务服务商在风险资本的介入下成为中国电子商务最早的应用者。1999 年末开始兴起政府上网、企业上网，电子政务、网上纳税、网上教育、远程诊断等广义电子商务开始启动，并逐步进入实际试用阶段。2000—2001 年，大量企业开始尝试电子商务模式，我国电子商务进入了务实发展阶段。到 2004 年以后，我国的电子商务进入了多元化发展的阶段，应用领域不断拓展，经济规模不断扩大，基于网络的电子商务的优势进一步发挥出来。

4.1.2 政府支持

电子商务发展过程中，政府应该采取鼓励性政策已在全球达成共识。在电子商务中，政府有着两重角色：既是电子商务的使用者，进行购买活动，属商业行为；又是电子商务的宏观管理者，对电子商务起着扶持和规范的作用。我国政府对电子商务的发展尤为重视，陆续成立了中国商品交易中心（国家经贸委）、中国国际电子商务委员会（外经贸部）等专门从事电子商务的机构，国家计划委员会、信息产业部、外经贸部、中国人民银行、国家税务总局等部门积极制定了旨在指导和规范中国电子商务发展的各种技术标准和政策框架，各种关于电子商务的技术展示会和理论研讨会也相继召开。1998 年，信息产业部作为我国信息化工作的主管部门在牵头起草的《国家电子商务发展总体框架》中提出了我国电子商务发展应该遵循的五大指导原则[1]。2001 年九届全国人大四次全会通过的十五计划纲要中又明确提出：要以信息化带动工业化，大力推动电子商务的发展。2003 年 7 月，商务部在发布的“电子商务发展政策”中提出了推进我国电子商务发展的有效措施。

2005 年发布的国务院办公厅《关于加快电子商务发展的若干意见》中，又提出了加快电子商务发展的指导思想和基本原则。

加快电子商务发展的**指导思想**：按照科学发展观的要求，紧紧围绕转变经济增长方式、提高综合竞争力的中心任务，实行体制创新，着力营造电子商务发展的良好环境，积极推进企业信息化建设，推广电子商务应用，加速国民经济和社会信息化进程，实施跨越式发展战略，走中国特色的电子商务发展道路。

加快电子商务发展的**基本原则**：

政府推动与企业主导相结合。完善管理体制，优化政策环境，加强基础设施建设，提高服务质量，充分发挥企业在开展电子商务应用中的主体作用，建立政府与企业的良性互动机制，促进电子商务与电子政务协调

[1] 李洪心. 电子商务概论 [M]. 大连：东北财经大学出版社，2006.

发展。

营造环境与推广应用相结合。加强政策法规、信用服务、安全认证、标准规范、在线支付、现代物流等支撑体系建设，营造电子商务发展的良好环境，推广电子商务在国民经济各个领域的应用，以环境建设促进应用发展，以应用带动环境建设。

网络经济与实体经济相结合。把电子商务作为网络经济与实体经济相结合的实现形式，以技术创新推动管理创新和体制创新，改造传统业务流程，促进生产经营方式由粗放型向集约型转变。

重点推进与协调发展相结合。围绕电子商务发展的关键问题和关键环节，积极开展电子商务试点，推进国民经济重点领域的电子商务应用，探索多层次、多模式的中国特色电子商务发展道路，促进各类电子商务应用的协调发展。

加快发展与加强管理相结合。抓住电子商务发展的战略机遇，在大力推进电子商务应用的同时，建立有利于电子商务健康发展的管理体制，加强网络环境下的市场监管，规范在线交易行为，保障信息安全，维护电子商务活动的正常秩序。

4.1.3 发展现状

多年来，我国在信息化基础设施方面投入了大量人力、物力和财力，已基本建成了覆盖全国的大容量、高速率光纤传输网络，公用数据通信网，卫星与微波通信网，图像通信网和多媒体通信网已有部分投入使用。中国电信、联通、吉通、网通等一批具有实力的电信企业，正在全面进行经营机制的改革，以适应激烈的国际竞争环境。

网络基础环境不断改善，通信设备不断更新，总容量不断扩大，固定电话用户数和移动电话用户数逐年增加，如图 4-1 所示：2005 年全年新增局用交换机 4 608 万门，总容量达到 4.7 亿门。新增固定电话用户3 868万户，年末达到35 043 万户。其中，城市电话用户23 977万户，农村电话用户 11 066 万户。新增移动电话用户 5 860 万户，年末达到39 343万户。年末全国固定及移动电话用户总数达到 74 386 万户，比上年末增加9 728万户。电话普及率达到57部/百人。

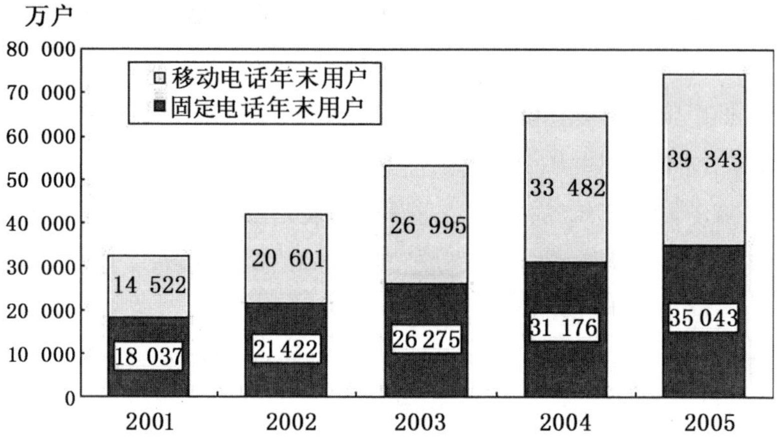

图4-1 “十五”时期各年年末电话用户数

资料来源：国家统计局。

互联网应用也保持着持续增长的态势。根据中国互联网络信息中心[1] 2007年1月23日发布的《第十九次中国互联网络发展状况统计报告》显示，截至2006年年底，我国网民人数达到了1.37亿，占中国人口总数的10.5%，北京市网民普及率也首次超过30%。与去年同期相比，中国网民人数增加了2 600万人，是历年来网民增长最多的一年，增长率为23.4%，图4-2可以看出中国的网民总数呈良好发展趋势[2]。10%的网民普及率将是互联网发展的高速拐点，突破10%之后，中国互联网将迎来更快速的增长期。

[1] 中国互联网络信息中心（China Internet Network Information Center，简称CNNIC）是经国家主管部门批准，于1997年6月3日组建的管理和服务机构，该机构以“为我国互联网络用户提供服务，促进我国互联网络健康、有序发展”为宗旨。受国家主管部门委托，CNNIC于1997年开始实施中国互联网发展统计调查工作，并从1998年起每半年公布一次统计报告，目前已完成了19次调查。报告的权威性、客观性、科学性和连贯性受到社会各界广泛认可，调查结果已经纳入政府《中国通信统计年度报告》。

[2] 此处关于互联网应用和发展的相关数据不做额外标注的话均取自中国互联网络信息中心《第十九次中国互联网络发展状况统计报告》。

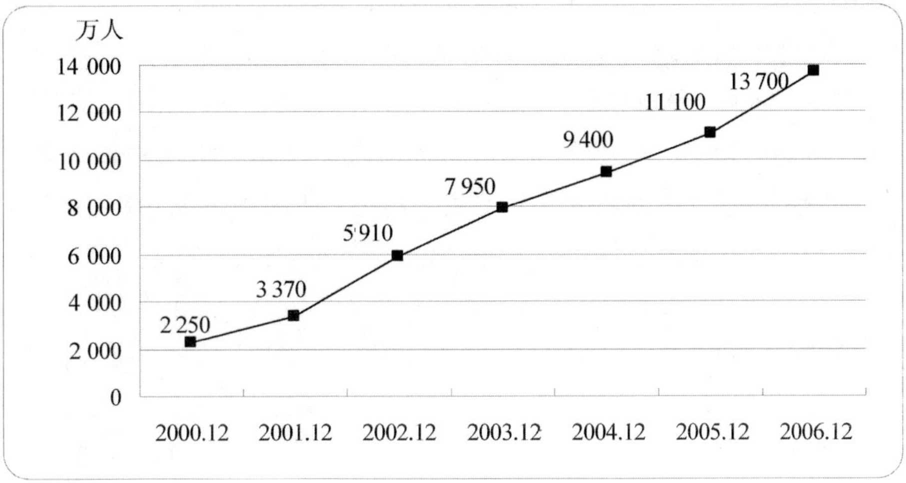

图 4-2　历次调查网民总数

数据来源：中国互联网络信息中心（CNNIC）。

调查结果还显示，中国网站数为 843 000 个，与去年同期相比增加 148 800个，增长率为21.4%。网站数的增长说明了中国互联网产业正在蓬勃发展。从网站数的地域分布可以看出，同历次调查网站数的地域分布一致，华北、华东、华南的网站数比例占 85.1%，仍占据主要地位；东北、西南、西北网站数所占的比例同以往调查结果相比没有太大变化，为 11.9%。同 CN 下注册域名的地域分布情况一致，这也说明中国地区之间互联网发展水平的差距很大。

在中国互联网快速发展的大环境下，社会对互联网地址的需求和应用也大幅提升。统计报告显示，我国域名总数显著增加，域名总量达到 4 109 020个，半年增长 116 万，平均每月净增 20 万个。国家域名 CN 注册量达到1 803 393个，与 2005 年同期相比，增长幅度达到 64.4%，比去年同期增加了 71 万个，增长率达到 64.4%，在全球国家顶级域名的排名上升到第四位。我国 CN 域名注册量增长的规模效应正在显现，终端用户价格也在持续走低，广大用户可以越来越低的费用注册使用 CN 域名。同时，国家域名 CN 顶级节点的启用提升了社会各界对 CN 域名安全性能、服务质量的认可，围绕 CN 的应用也越来越多样化，中国互联网步入了 CN 时代。

报告显示，中国网站总数为 843 000 个，全国网页数和网页字节总数分别为 44.7 亿个和 122 306 GB，与去年同期相比分别增长 86.3% 和 81.7%。另外，网站数、IP 地址等也迅速增长，分别达到 84.3 万和 9 800 万。网络国际出口带宽总量达到 256 696 M，连接的国家有美国、俄罗斯、法国、英国、德国、日本、韩国、新加坡等；与去年同期相比增加了 120 590 M，增长率为 88.6%，如图 4-3 所示。可见，近几年中国国际出口带宽增长非常迅速。

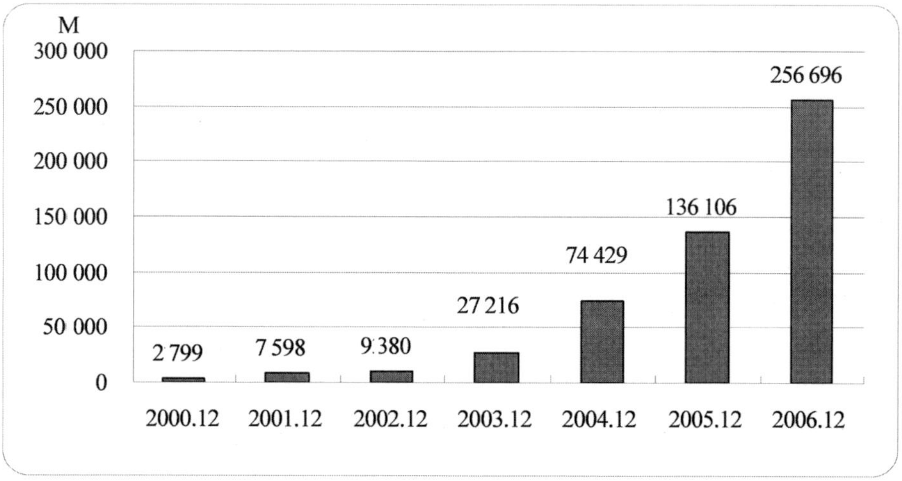

图 4-3　历次调查中国国际出口带宽

数据来源：中国互联网络信息中心（CNNIC）。

在中国互联网进入宽带时期的同时，3G 时代也悄然临近，手机上网将成为互联网接入方式的新潮流。报告中上网方式的调查结果显示，网民选择在家里上网的比例最高，达 76.0%；使用 XDSL、Cable Modem、专线等宽带上网的网民达到10 400万人，占网民总数的 75.9%，成为网民最主要的上网方式。而新兴上网方式——手机上网也初具规模，达到 1 700 万人，其他使用 PDA、信息家电上网的网民人数为 178 万人。

电子支付的市场发展迅速。随着我国互联网和电子商务的快速发展，我国电子支付的市场规模发展非常迅速。来自中国银联的消息，2004 年中国电子支付交易量大幅增加了 80%，达到 18 万亿元。而银联卡的银行间交易金额估计超过 7 000 亿元，其中超过 4 000 亿元来自银行信用卡。2004 年，工行 B2C 在线支付交易量超过1 000万笔，交易金额超过 25 亿元，分别比上年增长 49% 与 78% 。而在 2000 年，该业务仅实现交易 879 笔，交易金额仅 11 万元。

iResearch 艾瑞市场咨询最新发布的《2006 年中国网上支付研究报告》数据显示（见图 4-4），我国的电子支付行业正随着互联网的普及和电子商务的发展而快速增长。2005 年中国的电子支付实现了飞跃式增长，电子支付的用户规模为 5 600 万，年增长率为 65% 。市场规模为 164 亿元。年增长率为 122% 。iResearch 预测到 2006 年该市场规模将会突破 300 亿元大关，达到 330 亿元。而此后 4 年内，电子支付市场将继续保持高速增长态势，到 2010 年，该市场将高达 2 800 亿元。与此同时，第三方支付企业也如雨后春笋般兴起。进入 2006 年，随着国家政策法规及监管体系的完善，中国电子支付市场的发展正逐步趋于理性。未来几年，我国电子支付的市场规模将继续扩大。伴随互联网的普及和广大消费者传统支付观念的改变，使用电子支付的人将会越来越多。

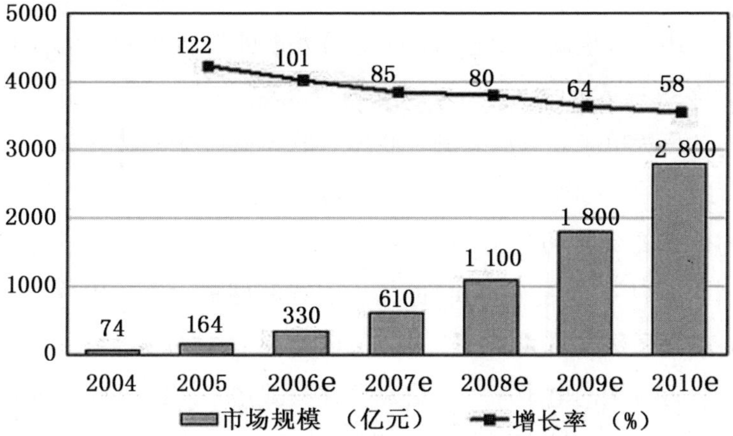

图 4-4　中国电子支付市场规模发展及预测

注：电子支付市场规模指个人用户的所有电子支付交易额。

有了良好的基础设施、日趋理性的电子支付市场、大规模的在线人群，我国的电子商务应用也不断地发展壮大。在北京、上海、广州等中心城市和民航、金融、外贸等行业，电子商务发展极其迅速。在外贸领域，实施了海关、外汇、统计、银行、运输、商检、税务、保险贸促会等部门的计算机联网，从签约、备货、领证、排载、报关、报验、装船、投保、议付、结汇、退税、索赔等环节初步实现了电子商务化管理。在消费领域，网上商城、网上书店、农产品交易网、网上售药、建材网、家具网等以社会需求为目的的一大批电子商务服务平台应运而生。很多大型传统企业纷纷建立网站，开始利用网络从事生产经营活动。消费者的消费观念也在进一步更新，越来越多的消费者开始介入电子商务。2006 年，中国电子商务又经历了一个蓬勃发展的阶段。我国的电子商务市场规模迅速增长，正式进入成长期，并向着内容纵深化、服务个性化，以及专业化、国际化、融合化趋势快速发展。

自 1997 年第一批电子商务网站建立以来，我国的电子商务发展经历了萌芽起步、冰冻调整、复苏回暖、高速发展和转型升级等多个阶段，目前正全方位地朝向企业经营、生活服务和大众消费等领域渗透。电商的发展不仅创造了新的消费需求，引发了投资热潮，开辟了就业增收新渠道，为万众创新创业提供了条件，而且电子商务正在加速与制造业融合，推动服务业转型升级，催生新兴业态，成了经济发展的新动力。

1. 总体规模迅速扩大，电子商务井喷式增长

首先，作为电子商务的基础，我国互联网普及工作成效显著。截止到 2014 年 12 月底，我国网民数量已达 6.49 亿人，其中手机网民数量达 5.57 亿人，与电子商务密切相关的商务交易类网络应用在我国得到了迅速推广——团购用户、使用网上支付的用户、互联网理财产品用户、进行在线旅行预订的网民数量直线增加。

其次，近年来的电子商务交易额呈井喷式增长。2010 年，我国电子商务交易额（包括 B2B 和网络零售）为 4.5 万亿元，2014 年达到约 13 万亿元。特别是网络零售市场更是发展迅速，2010 年仅为 5 131 亿元，2012 年达到 1.3 万亿元，按汇率计算合计 2 068 亿美元，与美国 2012 年的2 255亿美元已经非常接近。2013 年，我国网络零售市场交易规模为 1.85 亿元，乐观估计已超越美国，成为世界第一电子商务大国。2014 年达 2.8 万亿元，同比又增长了 49.7%。2013 年 11 月 11 日，阿里巴巴“双十一”节日交易额达到 350 亿元，更是让人们看到我国网络零售市场发展的巨大潜力。

毫无疑问，电子商务正在成为拉动国民经济保持快速可持续增长的重要动力和引擎。

2. 交易模式不断创新，移动网络交易爆发

我国电子商务的发展不仅表现在总体规模的扩张，也表现在电子商务模式的创新，以及由此造成的电子商务细分行业结构的不断变化。

中国电子商务研究中心2014年上半年电子商务市场监测数据报告显示，截止到2014年6月30日，我国B2B电子商务交易额在全部交易额中所占的比重为76.9%；网络零售（包括B2C和C2C）占比为18.5%；网络团购占比为0.5%，其他电子商务模式占比共计4.1%。

作为电子商务市场的重要组成部分，我国B2B电子商务发展势头良好，交易份额占据了总交易额的绝对优势。这与各大传统大型企业迅速切入“互联网+”时代有关，截至2014年6月，我国B2B电子商务服务网站的数量为12 030家，网站的迅速发展，为我国B2B内贸市场规模扩大提供了有利条件。电商巨头阿里巴巴搭建的B2B电子商务服务平台一枝独秀，仅该平台上的交易额就占据了整个B2B市场份额的40.5%。

网络零售发展极为迅速。网络零售是指借助因特网或其他信息技术直接向最终消费者销售商品或者提供服务的电子商务活动，前述的B2C、C2C、C2B、O2O、网络团购均可以划入网络零售的范畴。当前，大量传统企业进军电子商务，中小城市的网络购物仍有较大增长潜力，农村的供需被有效激活，网络零售得到长足发展。虽然在份额占比上B2B仍遥遥领先，但是网络零售的发展增速已经超过了B2B，这种商品服务和流通方式将在现代商品流通领域发挥越来越大的作用。自从腾讯入股京东后，国内B2C行业阵营凸显。天猫、京东位于第一梯队，不断扩张，生态圈更加完善；亚马逊中国、一号店、当当等位于第二、三梯队，在竞争上略处下风，必须要探索出更加有竞争力的商业模式。

微店是随着微信的发展新兴的中国特色交易方式，或许受中国人“好友不交财”的观念影响，注定这种形式很难发展起来。但是随着信息技术的进一步创新，更新更合时宜的交易方式会不断涌现。

智能手机的出现和迅速普及，使得原本绑定在PC终端上的商务处理

变得随时随地、就在手边，给了消费者在时间和空间上的无限自由，为电子商务的发展注入了新的活力，2014 年移动电子商务的规模接近 2013 年的 3 倍之多。目前，移动端成交量占网站整体成交量的 20% ~30%，对于大众点评等与线下企业关系密切的 O2O 电商，移动端使用率占比早已超过 PC 端。布局移动端抢占移动市场成为当前各大电商的重要任务。

大数据的应用，使得很多网店由以往被动等订单变为根据消费者的浏览信息和订单信息主动推送，促进了交易的达成，提高了交易额。

3. 拉动内需扩大就业，跨境电子商务亦得到长足发展

电子商务的日趋繁荣不仅有益于流通的现代化，还产生了扩大消费、拉动内需、促进就业等一系列外溢效应，在我国国民经济中发挥着日益重要的作用。

电子商务的不断发展，给社会经济的各个方面带来了广泛的影响。首先表现在商品流通领域，其扮演的角色日益重要，市场份额不断加大，电子商务与传统零售的部分替代与融合不断加剧，网络交易在扩大内需、拉动经济等方面发挥着积极作用。其次体现在促进就业方面，电子商务并非传统商务的简单互联网应用，它涉及支付结算、线下物流，以及与之配套的其他电子商务服务业，是一条延伸性非常强的产业链条。因此，电子商务对周边产业具有很大的带动作用，创造了大量的就业机会。截至 2014 年 6 月底，我国电子商务服务企业直接从业人员超过 250 万人，由电子商务间接带动的就业人数则已经超过 1 720 万人。

跨境电子商务是指位于不同关境的实体之间所进行的电子商务活动。实际上，跨境电子商务符合电子商务发展的一般规律，其对密切全球经济联系的作用不言自明。我国政府很重视跨境电子商务的发展，党的十八届三中全会明确提出“将放开商贸物流、电子商务等服务业领域外资准入限制，加快电子商务新议题谈判”；商务部随后出台了一系列针对跨境电子商务的扶持政策，包括建立电子商务出口新型海关监管模式并进行专项统计，解决目前零售出口无法办理海关监管统计的问题；与此同时，上海、重庆、杭州、宁波等跨境电商的试点城市已经开始建设跨境电商平台。2008—2013 年，我国跨境电商交易金额的复合年均增长率高达 31.1%，

2013 年已经达到 3.1 万亿元，其增长速度要远远高于同时期的外贸增速[1]。

4. 电子商务在发展过程中仍然存在问题

我国电子商务发展总体势头良好，但是发展过程中也存在不少问题，主要体现在冲击传统商务、诚信缺失、售后服务跟不上等几个方面。

首先，电子商务的发展对传统的商业经济造成巨大冲击。C2C 和网络团购等新兴网络购物方式的异军突起显示了电子商务的发展空间，但是如此巨量的交易额也正颠覆着我国的传统零售行业，部分实体店正沦落变为网络购物的展示厅和试衣间。

其次，诚信缺失问题突出。近年来，有关网络购物平台缺乏诚信的报道层出不穷，网络购物中的假冒伪劣产品和网络欺诈成为电子商务无法回避的问题。更为严重的是，由于网络购物的虚拟性，一旦消费者的利益受到损害，其通过合法途径进行取证、维权是比较困难的。

最后，售后服务跟不上，投诉效率低。根据统计资料，2014 年上半年，我国通过各种途径进行的电子商务投诉近 50 180 起，同比增长 21.32%。这些投诉主要集中在网络购物、O2O、移动电子商务和物流快递；就投诉的内容来看，集中表现在描述与事实不符，以及售后服务的跟不上。这些投诉，由于标的物价值偏低，绝大多数得不到有效处理。

这些问题，事实上暴露了我们对电子商务的监管不到位，网络市场信用体系尚未建立和完善，如何加强网络交易动态、及时的信用监管对于政府部门仍然是一个巨大的挑战。

综上所述，近年来我国电子商务发展势头良好，国民经济重点行业和骨干企业电子商务应用不断深化，网络化生产经营与消费习惯已然形成，电子认证、电子支付、现代物流、信用、标准等电子商务支撑体系建设逐步完善。“互联网+”领域关键技术及装备的研究开发取得突破性进展，行业、区域及中小企业的第三方电子商务交易与服务平台愈加丰富，新型业务模式不断涌现。在此背景下，政府部门要加大对电子商务的研究、扶持

[1] 中国电子商务研究中心（100EC.CN）监测数据。

和监管力度，促使我国电子商务健康快速发展。

4.2 处理电子商务税收问题应坚持的方向

基于对电子商务既要大力扶持，推动整个经济健康快速发展，又要维护国家主权，保证合理的财政收入的思考，在坚持税收公平、税收中性和维护国家权益三大原则指导下，我国处理电子商务税收问题时要坚持如下几个方向。

4.2.1 坚决保留电子商务征税权

电子商务的发展标志着人类社会由工业经济时代跨入信息经济时代。从微观上讲，电子商务直接节约了商务成本，提高了商务效率；从宏观上讲，电子商务促进了整个国民经济和世界经济的高效化、协调化和一体化，因此，国际社会普遍呼吁各国大力推进电子商务这一新的贸易方式的发展，以美国为首的发达国家大力倡导电子商务免税，对此我们一定要有清醒的认识，不能放弃对电子商务的征税权。原因主要有四：

（1）电子商务并没有改变其商品交易的本质，应与传统贸易形式承担同等的税负，这是市场经济发展的要求，是营造公平的税收环境，使经济活动不会因税收不公而出现不必要的扭曲的前提。

（2）随着电子商务的发展，传统的贸易行为会逐渐向网络空间转移，整个税源结构会发生很大的变化，如果采取免税政策的话，意味着政府对相当大的一部分税源放弃征税权。

（3）对电子商务征税的同时，也是对电子商务监管的过程，对电子商务进行有效规范的管理，只会促使电子商务更加健康快速的发展。

（4）我国目前是电子商务输入大国，如果放弃征税权会使我国在电子商务的国际利益分配中处于劣势。更何况，即便我国坚持电子商务征税，面对我国良好的电子商务环境、广阔的市场空间和大量的网上消费者，电子商务的输入国也不会舍得放弃这个利润丰厚的市场，因此征税并不会阻碍我国电子商务的发展。

4.2.2 坚持收入来源地管辖权优先

应该认识到，在今后较长的一段时间里，在电子商务领域我国将处于净输入国的地位，同时我国税制结构又是以流转税为主体税种。因此，在制定电子商务税收政策时，一定要充分考虑国情，要维护我国国家税收主权，在处理电子商务国际税收问题上坚持收入来源地管辖权优先，居民税收管辖权和收入来源地税收管辖权相结合的原则，以最大限度地保障我国的税收权益。以后随着电子商务交易的国际平衡，或许可以考虑逐步向居民管辖权过渡。

美国作为世界头号网络信息技术强国，在网络经济领域，无论是作为卖方还是网络服务供应商，都占有相当大的份额。从电子商务净出口国的立场出发，美国大力提倡居民税收管辖权，将会造成对发展中国家税收主权和税收利益的侵蚀和剥夺。同时，对美国的电子商务免关税的政策，如果我们没有一定的警惕性，跟在美国后面执行的话，就会使发达国家通过网上交易，绕开我们的关税壁垒，使我们国家经济受到损失。

当然，电子商务的税收问题是全球性的问题，我们在维护国家主权的前提下也要兼顾各国税收利益，加强国际协调和合作，在互惠互利的基础上，谋求全球通行一致的电子商务税收规则。对于电子商务可能引发的国际税收摩擦，也要有清醒的认识和充分的思想准备。

4.2.3 尽快对税收理论、原则、政策做出调整

我们必须根据经济形势的发展对税收理论、原则和政策做出相应调整。

现行的税收政策及它所依据的税收理论和原则都是建立在传统商务的基础上的。电子商务的发展来势凶猛，而原有的税收理论、原则，尤其是税收政策有很多内容根本不适用于瞬息万变的电子商务，有的原则上虽然适用，但尚缺乏明确的规定和合理的解释。因此，我们要尽快研究信息经济环境下的经济理论和税收理论，在研究的基础上确立新的税收原则。

在新理论和原则的指导下，对税收政策进行调整和解释，尤其是对电子商务中涉及的纳税要素如纳税人、课税对象、计税依据、税率、纳税环节、纳税期限等，要有明确的规定，以利于纳税人依法纳税，税务部门依法征税。同时，电子商务政策的制定要充分考虑电子商务的特点，尽量采用与电子商务支撑技术接轨的高科技征管手段，一方面对纳税人形成有效监控，减少其偷税、避税的可能；另一方面简化手续，便利纳税人，尽量降低征纳成本，避免纳税人的额外负担，促进电子商务的顺利发展。

由于电子商务这种新经济不是哪个国家自己的事情，牵扯其他国家的利益，因此，我们要积极参与电子商务税收理论、政策、原则的国际协调和探讨，并且要提出自己的符合国际惯例又能维护自己利益的主张。

4.2.4 短期内适度优惠促进电子商务发展

短期内对电子商务采取税收优惠甚至免税措施既是对电子商务发展的推动和促进，也是目前税务部门征管水平达不到要求情况下的明智选择。

目前，中国的电子商务仍处于起步阶段，网上交易占全国总交易额的比重和绝对数额都很低，不会对税收造成太大的损失。另外，由于世界上大多数国家对电子商务都采取减免税的政策，如果我国对电子商务征税，尽管短期内增加了国家的财政收入，却会导致大量资本外逃和转移，这必将对我国的经济产生巨大的冲击，甚至可能引起财政风险。

电子商务的发展需要通信技术、电子技术及计算机网络等大量新兴科学技术发展的支撑，同时它的发展反过来又给通信技术、电子技术和计算机网络提供动力，加速它们发展的进程。我国要想在世界竞争中立于不败之地，就必须大力发展以计算机技术、通信技术、电子技术为代表的新兴科学技术，这就要求我们必须对电子商务、互联网及信息技术采取扶持的态度，以促进其发展。短期免税可以促动电子商务的发展，使我国尽快在激烈的国际贸易竞争中占有一席之地。待到电子商务发展比较成熟，脱离了幼稚产业之后恢复正常的税收管理。

当前我国的税收征管水平不高，税务工作还远没有实现电子化，税收征管手段和水平相对还比较低，无法满足对电子商务征税的要求，强行征税只会使税收成本过高，从而导致税收征收的低效率。同时，我国金融电子化的水平也不高，电子支付还只是占很小的一部分，无法对电子商务中的交易进行监控，对偷税、逃税、漏税等行为也不能给予有力惩罚，形不成对税收的有力保障。短期的免税，使我们有充分的时间对电子商务的税收问题进行更深入和全面的探讨，这有利于我国的电子商务法律法规体系和市场体系的建立，以及税收征管水平和手段的提高，为设计出简洁、高效的电子商务税收管理模式打下基础。

4.3 电子商务税收具体对策

4.3.1 完善税收法律法规

在当代法治主义要求下，税务机关必然被要求依据法律实施税收征管。这里的“依法”不仅包括法定的权限、规则，还包括法定的程序。《中华人民共和国税收征管法》第三条规定，税收的开征、停征及减税、免税、退税、补税，依照法律的规定执行；法律授权国务院规定的，依照国务院制定的行政法规的规定执行。任何机关、单位和个人不得违反法律、行政法规的规定，擅自做出税收开征、停征及减税、免税、退税、补税和其他同税收法律、行政法规相抵触的决定。这是依法征税的法律依据。所以，完善税收法律法规，把对电子商务征什么税、如何征税，以及是否给予税收优惠等税收征管问题以法律的形式确定下来，既有利于防止各地对电子商务征税的混乱和随意性，又有利于维护电子商务纳税人的合法权利。

完善电子商务税收法律法规的主要任务和工作重点，应集中在对现行税收法律法规的修订完善上。在暂不开征新税及附加税的前提下，通过对现行税法一些相关概念、范畴、基本原则和条款的修改、删除、重新界定和解释，以及增加对电子商务适用的相应条款，妥善处理有关电子商务引发的税收法律问题。

1. 税收实体法

对于税收实体法的完善，首先要重新界定有关电子商务税收的基本概念，具体包括“居民”、“常设机构”、“所得来源”、“商品”、“劳务”、“特许权”等电子商务相关的税收概念的内涵和外延。其次，在税法中界定电子商务经营行为的征税范围，根据国情和阶段性原则，对电子商务征税按不同时期分步考虑和实施。在税法中明确电子商务经营行为的课税对象，根据购买者取得何种权利（产品所有权、无形资产的所有权或使用权），决定这类交易产品属于何种课税对象；在税法中规范电子商务经营行为的纳税环节、期限和地点等。

我国的税收实体法主要包括流转税法、所得税法，以及其他有关行为税和财产税的法律法规。在电子商务税收立法中，要根据实体法受到电子商务影响的不同情况，具体考虑对它们的修订、改动、补充和完善。

（1）流转税法的修改和完善

在适当的时机，对《中华人民共和国增值税暂行条例》及其实施细则、《中华人民共和国营业税暂行条例》及其实施细则等法规进行修订，并通过立法程序赋予其更高的法律地位。

以数字化形式传递的交易性质很难确定，因此，应该在税法中明确规定，对于在线交易，即数字化产品和服务（如无形资产、软件、图书、音像制品、图像、远程服务）的提供不按货物的提供处理，而一并视同提供劳务或特许权转让征收营业税。这样既可以不必区分每笔业务的属性，又可以绕开增值税的复杂链条，实现有效征管和减少征税成本。

扩大税制中无形资产的范围，把无形资产使用权转让纳入营业税征税范围。现行税法只将土地使用权、商标权、专利权、非专利技术、著作权、纳入无形资产的征税范围；另外，对无形资产的使用权转让，为了避免增值税和营业税交叉重复征税，应将无形资产使用权转让纳入营业税的范围。

在处理国际税收关系上，为了维护我国的税收利益，要主张流转税消费地征税的原则。我国现行的营业税法规规定：“境外单位或者个人在境内发生应税而在境内未设有经营机构的，其应纳税款以代理者为扣缴义务人；没有代理者的，以受让者或者购买者为扣款义务人。”[1] 按照这一规定完全可以对通过互联网进行的数字化产品（劳务）交易，预征流转税。但采用何种征管方式合适呢？随着我国外汇管理制度改革的逐步到位，将有越来越多的企业和个人通过互联网，采取国际电子支付的方式购买和接受境外供应商提供的数字化产品和劳务，若要求为数众多的个人和企业作为税款扣缴义务人是不现实的。因此，可借鉴欧盟的办法[2]，明确规定向我国销售数字化产品和提供数字化劳务的境外企业，应在中国登记并承担缴税的义务。

在处理国内税收关系时，从便于税收征管和纳税人操作方便的角度考虑，现阶段应确立流转税劳务和商品提供地征税的原则，因为在我们的电子政务还没有足够发达的情况下，若在消费地征税，由于消费者数量多且较分散，当地税务机关难以掌握交易情况，不利于税收征管；企业从事电子商务的目的就是为了提高效率降低成本，当一个企业拥有全国各地众多的客户，为了缴税让其专门派人到每一客户所在地缴纳税款，势必会增大企业成本。由此引起的税收相对集中于经济发达地区的问题，可通过转移支付加以解决。

（2）所得税法的完善

电子商务对所得税的冲击主要集中在所得管辖权问题上。

所得管辖权的核心问题就是重新界定电子商务下常设机构概念。从常设机构的发展历史来看，它是一个开放性的概念，当国际经贸领域出现新的经济活动时，它的内容就会有新的突破[3]。我国应当从法律上明确服务器和网络服务提供商可以被认定为常设机构的条件。虽然对非居民企业在我国境内设立的网址不能认定为常设机构，但其设立在我国境内的服务器可以认定为在我国境内的常设机构，原因在于：第一，OECD 税收范本

---

[1] 《中华人民共和国营业税暂行条例实施细则》第二十九条。

[2] 欧盟于2003年7月1日，对境外公司通过互联网向欧盟15个成员国出售计算机软件、游戏软件等商品和提供网上下载音乐等服务征收增值税。具体规定是：年销售额10万欧元以上的非欧盟公司必须缴税（年销售额10万欧元以下的免税）；非欧盟公司只需在一个欧盟国家登记即可，并按该国或按购买者所在国家的增值税税率缴税。

[3] 高枕．电子商务环境下的国际税收管辖权问题［J］．网络法律评论，2003（7）．

对第五条的解释已经承认自动化机器如自动售货机、游戏机等可以构成常设机构，人的参与已经不是成立常设机构的必备条件，所以存放网站的服务器可以被认定为是营业场所。第二，服务器具有一定程度的固定性。通常情况下，服务器总与一定的地理位置相联系，具有空间上的固定性和时间上的持久性。其呈现出的流动性并不是由跨国电子商务本身的性质决定的，而是出于避税的需要，所以不能以此来否定服务器的固定性。第三，服务器可以完成企业主要的或者重要的营业活动。在电子商务中，营业活动全部在国际互联网上自动完成，那么，该服务器所完成的营业活动将构成企业的主要和重要的活动，可以被认定为常设机构。网络服务提供商在以下两种情况下，也可以被认定为常设机构：一是网络服务提供商主要或者专为一个客户服务；一是网络服务供应商经常性地为某一客户保存数据库并有权代表该客户将数据库中的数字产品直接从网上送到该客户的顾客手中，这就证明该网络服务提供商有代表客户缔约的权利并且经常使用该权利。针对电子商务可以使企业（个人）通过设在异地的服务器在本地（或其他地方）进行经营的技术特征，我国所得税法还应明确规定：服务器是否认定为常设机构，应以从事经营活动的所在地为判定标准（不以服务器所在地为主要判定标准），无论服务器所在地在何处，企业均需在经营活动的所在地纳税。

在制定、完善所得税政策时，应坚持来源地管辖权优先的原则。我们应扩大来源地管辖原则的适用范围，相应缩小居民管辖原则的适用范围。一是将互联网上提供独立个人劳务的所得，全部纳入来源地国的税收管辖范围内；二是将互联网上转让特许权利之所有权的所得、证券转让所得等财产转让所得，纳入来源地国的税收管辖范围内；三是将互联网上提供劳务的所得，至少是将提供技术劳务而获得的所得纳入来源地国的税收管辖范围内。在这一方面，我国台湾地区制定的电子商务税收政策值得关注。台湾的税收法规规定：营利事业透过网络对境内的营利事业或消费者提供的服务行为，如资讯或服务内容提供静态、动态网站查询的订阅收入、会员收入、金融收入、广告收入、档案传输、著作权的商业使用权、软件的更新及附加功能、网络商城的租金、授权费及中介市场在线介绍交易的手续费等，属台湾所得税法规定台湾来源所得的范围之内，均应依法课征营利事业所得税。凡在台湾境内经营的营利事业，应就其台湾境内外的全部营利事业所得，课征营利事业所得税。营利事业的总机构在台湾境外的，而有台湾来源所得者，应就其台湾境内的营利事业所得，课征营利事业所得税：总机构在台湾境外的营利事业，其在台湾境内有固定营业场所或营业代理人者，应依法由其缴纳税款并办理临时申报；总机构在台湾境外的营利事业，其在台湾境内无固定营业场所或营业代理人者，应由扣缴义务人扣缴税款；总机构在台湾境外的营利事业，其在台湾境内未设立分支机构及营业代理人者，由给付人于给付时扣缴税款。

关于所得性质的界定，应当把握这样一个原则：如果消费者从网上定购、下载数字化产品并复制是为了内部使用，应当认定为是商品销售所得；如果从网上定购、下载数字化产品并进行复制用于商业目的，应确定为特许权使用所得[1]。划分营业利润与特许权使用费的方法是，凡是销售商品和提供劳务而取得的所得，应被认定为经营利润；凡是有偿转让受法律保护的工业产权的许可使用转让而取得的所得，应被认定为特许权使用费。

（3）关税和印花税法的完善

由于数字化电子交易根本不通过海关就可以完成，所以，在海关没有形成全方位的网上征管体系之前，我国只能暂时采取对数字化商品在线的跨国交易免征关税的策略，但是这决不等于放弃了对在线跨国交易的关税征税权，而是要尽快提高我国海关部门的征管能力。随着在线交易量的不断增大，我国外汇市场的不断开放，电子商务对我国关税影响的不断增强，必须对在线跨国交易开征关税，以保证关税收入和配合对外政策。

《印花税暂行条例》及实施细则中应当明确规定，电子合同属于合法凭证，属于税法规定的应税凭证，与书面合同一样要征收印花税。而对于电子凭证的印花税征收则可规定适用大额印花税缴纳办法，即向当地税务

［1］ 梁学平，李平．电子商务环境下国际税收利益的分配问题研究［J］．当代财经，2003（1）．

机关申请填写缴款书进行申报缴纳，或者使用汇总缴纳的方式，按月向税务机关汇总申报缴纳。同时，保存完税凭证和相应的电子记录，以备检查。

2. 税收征管法

对于税收征管法的完善主要考虑建立专门的电子商务登记制度；使用电子商务交易专用发票；确立电子申报纳税方式；确立电子票据和电子账册的法律地位；明确征纳双方的权利义务和法律责任，以及严格实行财务软件备案制度等问题。

（1）《税收征管法》及其实施细则中应增加电子商务企业税务登记的规定，对从事电子商务的企业实施专门的税务登记管理。电子商务纳税人的电子身份确认是一个十分重要的问题。《电子签名法》对电子签名身份认证服务提供商做了专门的规定，虽然没有明确规定采取何种认证形式，但是首先在法律上确认了其中介地位。所有从事电子商务的个人和法人，为了获得交易参与另一方的认可，必然要进行身份认证。这样，税务机关就可以通过和电子身份认证服务提供商的合作，获得这些纳税人从事电子商务和电子支付的信息[1]。应该在征管法中规定，电子商务企业可以选择一个电子身份认证机构申请电子证书，在办理上网手续、取得电子证书后的在一定期间内到主管税务机关办理电子商务的税务登记，取得一个专门的税务登记号，作为其纳税人身份的识别代码，并将该号码显示在纳税人所经营的网站首页的显著位置。网站的访问者可以凭借号码查定网站的合法性后再进行交易，也便于税务机关掌握网上交易的情况。登记内容主要包括纳税人的名称、实际居住地、网址、数字认证证书、资金支付方式及相关的银行账号或信用卡号。税务机关应当对纳税人登记的有关网上交易的事项进行严格审查，逐一登记并建立电子商务税务登记档案和纳税资料备案制。另外，当其网址或者网站等登记内容发生变更、注销的时候，或者电子证书出现失效时及时报告更改。这样，即使纳税人在网上是匿名交易的，对税收也不构成威胁。

[1] 陈赤军.《电子签名法》挑战税收［J］. 中国税务，2005（7）.

同时规定，凡是通过互联网进行交易的纳税人必须填制电子纳税申报表。税务机关应当在网站平台上设置规范、简单的纳税申报表及附表，纳税人通过登陆税务部门的网站，在线完成纳税申报。

（2）在《税收征管法》“税务管理”的“账簿、凭证管理”中应当增加关于电子记录保存的条款。要求从事电子商务的纳税人以可以阅读的电子方式保存记录，并保存相当的时间。当电子记录从一种格式转化为另一种格式的时候，纳税人有义务保证所转化的记录准确并可阅读。当不能转化或者没有其他电子方式替代时，应当以书面形式保存记录。应当在税收征管法律中对财务软件的备案制度做出更明确、更具体的规定。要求开展电子商务的企业，必须严格实行财务软件备案制度，规定企业必须向主管税务机关提供财务软件的名称、版本号、超级用户名和密码等信息，经税务机关审核批准后才能使用[1]。

（3）在《税收征管法》和《发票管理办法》及其实施细则中明确数字化发票的法律效力，规范电子发票的申领、填写及传递等相关程序。税务部门应当设计出成套的电子发票，供网络交易者购买和使用，以配合纳税人凭证、账簿、报表及其他交易信息载体的电子一体化。纳税人可以在线领购、在线开具、在线传递电子发票。但是电子发票在技术上必须确保：税务机关可以对申请领购的发票的有关项目进行预填，以防止电子发票被转移使用；对电子发票设置防伪标识，保证发票的真实性；已开具的电子发票在确认后进入“只读”状态，拒绝任何修改，并自动生成备份以供税务机关查询核对[2]。

（4）在《税收征管法》“税务检查”中应当赋予税务机关对电子交易数据的检查权。税务机关在得到适当的授权和履行必要的手续后，有权查阅、复制电子商务纳税人的电子数据信息，纳税人不得以涉及商业秘密为由拒绝检查。纳税人也有义务如实向税务机关提供有关涉税网络信息和密码备份，并有权要求税务机关对其网络信息和密码予以保密。在《税收征

[1] 曾娟红，杨旭东．论电子商务税收体系的构建［J］．湖南税务高等专科学校学报，2003（3）．

[2] 程丹．电子商务税收征管系统模式设计［J］．上海会计，2003（6）．

管法》及其实施细则中增加违反电子商务税收征管规定应承担的法律责任。例如，不仅要补充纳税人未向税务机关如实提供有关网络信息而导致偷漏税的，要承担相应的法律责任；还要规定税务机关未按规定对纳税人的网络信息、和密码进行保密的，也应承担相应的法律责任。

除此之外，还要进一步调研电子商务支付环节代扣代缴的可行性，C2C 交易网站平台代扣代缴的可行性，如果可行，以法律法规的形式规定代扣代缴的权利和义务。

3. 其他相关法律法规

对电子商务税收的有效管理，除了制定严密的税收法律以外，还必须有其他电子商务法律、法规的支持与保障。2005 年，我国政府相继出台《电子签名法》《关于加快我国电子商务发展的若干意见》《网络交易平台服务规范》《电子认证服务管理办法》等一系列重大政策法规和行业规范，今后，应该在以下几方面继续努力：

（1）完善金融和商贸立法。在《票据法》中承认电子票据和数字签章的法律效力，制定电子货币法，规范电子货币的流通过程和国际金融结算的规程，为电子支付系统提供相应的法律保障[1]；提供网上购物等电子商贸行为的统一规范，协调国际金融、商贸有关法律法规的差异，防止发达国家，尤其是某些大国，凭借经济和技术的优势制定事实上的不平等条约，侵害其他国家的利益。

（2）完善计算机和网络安全的立法，防止网上银行金融风险和金融诈骗、金融黑客等网络犯罪的发生。对“黑客”攻击、电脑病毒传播、非法破解加密软件的打击有法可依，就能防止电子发票、电子账簿和智能征税软件的人为破坏，以保护国家税收的安全，等等[2]。

（3）完善《会计法》等相关法律，针对电子商务的隐匿化、数字化等特点，会导致计税依据难以确定的问题，可考虑从控管网上数字化发票入手，完善《会计法》及其他相关法律，明确数字化发票作为记账核算及纳

[1] 马荣华. 电子商务对税收的影响及对策探析 [J]. 湖南税务高等专科学校学报，2002 (3).

[2] 李淑君. 浅议电子商务引发的税收问题及对策 [J]. 鄂州大学学报，2003 (7).

税申报凭证的法律效力[1]。

(4) 完善电信立法。目前，国内真正意义上的电信管理立法较少，存在着垄断和政府管理过紧的倾向，这必将阻碍电子商务的发展。因此，必须加强电信方面的立法，防止垄断性的经营，制定合理的价格政策，促进新技术的开发和应用，为电信业和电子商务的发展创造一个良好的市场环境。

总之，国家应当逐步建立配套法律、法规，为电子商务税收征管提供法律依据和保障。

4.3.2 建立符合电子商务要求的税收征管体系

电子商务是一种广泛应用高科技的商务活动，它在网络空间的无边界性、虚拟性、无纸质记录等有别于传统商务形式的特征，给现行税收征管带来不可忽视的影响。应对电子商务税收问题，没有技术支持，再好的税收政策都是徒劳。因此，税务部门要对电子商务税收实行有效的监管，就需要发展同样是建立在 Internet 和高科技基础上的与电子商务企业经营发展模式和技术平台相适配的电子政务，建立符合电子商务要求的税收征管体系。从某种意义上说，建设和发展电子税务局是税务部门对电子商务税收实行有效监管的必要条件和物质基础。

对电子商务的现实征管中要做到宽严有度，既要给电子商务留下充分的发展空间，又要严格防范并严厉惩处有意识通过电子商务逃税、避税的行为。一定要防止"一管就死，一放就乱"的不良倾向。要充分发挥计算机网络等先进技术的作用，使这些先进技术服务于税收政策和税收制度的制定和实施，实现以税收信息化为依托的税收征、管、查现代化。

4.3.3 处理好电子商务国际税收问题

电子商务的开放性、无国界性使得一个国家的税务当局很难全面掌握交易的情况，世界各国的税务机关只有在互惠互利的原则下密切配合，相

---

[1] 锁丽. 电子商务全球化趋势中的税收问题之法律思考 [J]. 河北法学，2000 (4).

互合作，才能全面、准确地了解纳税人的交易信息，从而为税收征管提供翔实、有力的依据。

1. 合理解决国际税收管辖权冲突

税收管辖权划分上，电子商务比较发达的国家均是以属人原则确定的居民管辖权为主，发展中国家则广泛采用以属地原则确定的来源地管辖权为主。随着电子商务的迅猛发展，收入来源地管辖权越来越难以适应国际税收的要求，这就迫使发展中国家必须逐步适应居民管辖权原则，积极与发达国家进行磋商、协调，以便争取更多的利益。近期可采用居民税收管辖权与来源地税收管辖权并存的方案，以后逐步向居民管辖权过渡。

2. 加强国际税收协调与合作

产生电子商务逃税、避税问题的根本原因在于互联网上经济活动的高度流动性与各个国家之间信息不对称间的矛盾，加强国际税收协调与合作显得愈加重要。一方面，今后的国际税收协调应不局限于消除关税壁垒和对跨国公司的重复课税，而应要求各国税务当局在有关方面具有一定的灵活性；另一方面，国际税收协调应寻求在总体税制上包括税收原则、立法、征管、稽查等诸方面的国际协调一致。

我国应积极进行电子商务税收理论与政策的研究，积极参与国际对话，参与电子商务贸易协定、政策的制定。在国际税收协调过程中，应坚持国家税收主权并尊重他国税收主权，坚持世界各国共同享有对电子商务平等课税的权利，尊重国际税收惯例，在维护国家主权和权益的前提下，谋求能被有关方面接受的税收对策。同时，由于现有国际税收协定文本的制定是建立在传统交易方式下，所以在网络交易环境下，我们要抓紧时间对国际税收协定文本的内容进行补充和完善，应针对网络交易的特点，对协定文本的内容进行增加、完善，达到协调一致的目标，增强其在网络交易条件下的可适用性。

3. 加强国际情报交流

国际情报交流即对纳税人税务凭证及其所载信息及税务机关的一些管理规则、最新的业务动态等各种信息在不同国家税务机关间进行交流。电子商务打破了传统的时间概念和空间限制，表现出全球性特征。为了全面、详细地掌握某个纳税人在国际互联网上的跨国经营活动，获取充足的证据，必须运用国际互联网等先进技术，加强与其他国家的配合和情报交流。除了采用索函即寄、主动交换等方式外，还应尽可能使用并推广电子数据交换方式，即在全球主要税务机关建立情报交换网站。通过这种全球税务情报交换网站，既可使各国税务机关互相借鉴经验，提高业务效率，又可对跨国纳税人的业务活动等进行有效的监督。在国际情报交流中，尤其应注意纳税人在避税地开设网址及通过该网址进行交易的情报交流，以防止纳税人利用国际互联网贸易和避税地进行避税，还要加强同海外银行的合作，以税收协定的形式规定海外银行的有关义务。

4.3.4 做好征税前的其他准备工作

对电子商务征税只是时间问题，所以我们必须提前做好各项准备工作。国际上对电子商务不征税将持续二三年的时间，我国应利用这段宝贵时间，成立专门的研究机构对电子商务税收问题进行跟踪研究；抓紧制定、建立我国的对电子商务的税收优惠政策；寻找新的税收支点；培养适应信息经济的高素质的税务工作者。

1. 加大电子商务税收问题研究力度

中国的问题一定要研究中国的实际情况，再寻求解决的方法，不能照搬照抄西方发达国家。电子商务税收问题不是单单税务部门努力就可以解决的，必须在国务院领导下，包括工商、税务、公安、信息管理、银行等各部门的联动才能达到预期的效果。当前在电子商务国际立法（包括税收法规）的进程中，已呈现国际立法先于各国国内立法且欧美等发达国家居主导地位的趋势，对此我们应予以高度重视和密切关注。我们应尽快成立专门研究机构，利用多种渠道，广泛收集各国研究电子商务税收的文件和资料，如欧盟的《电子商务征税指南》、日本的《电子账簿保存法》、OECD 的《电子商务与税收——阶段性报告》、美国的《全球电子商务选择税收政策》等，紧紧跟踪、掌握国际电子商务立法的进程和趋势，从而促进我国电子商务税收政策的研究。要加大电子商务中税收问题的研究投入，从实际出发，积极建立符合我国国情的电子商务税收制度与征管体系。

2. 抓紧制定、建立我国对电子商务的税收优惠政策，促进我国电子商务的有序、快速发展

我国不仅应制定有关电子商务的优惠政策，还应制定与电子商务密切相关的高科技产业的相关优惠政策。包括：对建立电子商务交易中心、提供电子贸易服务的企业（网络服务商）给予税收优惠，如免征营业税；对以电子商务为载体的新型服务行业，给予政策优惠，如减免营业税；对企业利用电子商务进行国际型产品销售或服务加大鼓励力度（如提高出口退税税率），提高国际经济竞争力；对企业进行内部技术更新、提高自动化程度、信息化程度的投资，尤其企业进行B2B电子商务建设，给予税收优惠，如实行投资抵免；对通过电子商务直接销售自产商品的企业，给予税收优惠，如减征有关的税收；利用税收政策，促进以信息产业为主体的高技术产业，包括生命科学、基因工程、新能源、新材料、空间技术、海洋开发技术、环境技术等无污染、可持续发展产业的发展。总之，近期内对我国刚刚起步的电子商务实行税收优惠政策，既不影响国家的财政收入，又可以促进我国电子商务的健康、迅速发展。

3. 拓宽征管手段

电子商务的发展使许多传统有效的贸易和服务中介正在失去作用，但与此同时一些新的中介方式正在产生，比如认证中心、支付平台、安全交易系统、域名管理中心等，它们不仅可能对今后实行全新的税制提供征税点，而且为税收征管提供了新的支撑。一直以来，许多政府和专家学者提出了多种选择方案，但有一个共同的特点就是将目光集中到了支付体系中。这恐怕是因为电子商务无论在形式上如何创新，都仍然没有摆脱追寻财富的经济行为本质。那么，归纳一下，可以将今后电子商务的税收征管寄托在以支付体系为中心的新的支点上。可能的实现方式如下：其一，通过域名管理中心与电子税务登记信息自动比对，查出可能的漏管纳税人及其真实身份；其二，通过认证中心与申报和纳税信息进行比对，发现纳税人不真实的申报行为；或者直接通过认证中心取代纳税人进行每笔交易的

自动申报和纳税；其三，通过支付平台扣缴税款，查询纳税人的支付情况，并以此为线索展开对纳税人交易行为的调查；其四，通过掌握安全交易系统的公钥或源代码，随时查询纳税人的交易情况。上述方法对未来征管手段的拓宽只能是管中窥豹，关键是税收征管措施应及时跟随电子商务发展的技术步伐，从而有效保持征税能力与经济创造能力的协调，保证财政收入水平的稳定性[1]。

4. 培养高素质税务人才

现代税收征管是一个以人为主体的系统管理过程，税收征管主体——税务人员的素质如何，直接关系到税收征管水平的高低，进而关系到税法的执行和税收职能的发挥。税务人员的素质主要包括政治素质和业务素质两个方面。

首先，税务人员应具备较高的政治素质。税收工作从来都不是单纯的业务工作，由于偷骗税与反偷骗税的矛盾长期存在，税务人员若没有良好的法制意识和廉洁意识，以及良好的自我道德约束能力，很难抵挡住各种诱惑。近几年各地在这方面有着沉痛的教训，如1999年查处的天津蓟县国税局虚开增值税专用发票案，给国家造成2 048万元税收流失，15个税务所中有10个税务所发生虚开增值税专用发票；2000年查处的广东潮阳、普宁两市虚开、代开增值税专用发票骗取出口退税案，给国家造成300亿元税收流失。两市税务局的基层税务所个别税务人员与奸商合谋成立虚假公司，虚开增值税专用发票。税务部门和税务人员直接参与其中是这些案件发生的一个重要原因[2]。

其次，税务人员应具备良好的业务素质。熟悉经济包括财政、税收、金融、财务、会计，以及法律、计算机、外语等多种知识，具有合理的知识结构，有适应经济和科技迅速发展要求的税收工作能力，业务熟练，执法规范。目前，税务人员业务素质偏低已成为制约我国税收征管能力提高的一个关键因素。

---

[1] 谭荣华. 税收信息化教程［M］. 北京：中国人民大学出版社，2005.

[2] 陈红卫. 中国加入WTO后税收征管问题研究［D］. 厦门：厦门大学博士论文，2002.

电子商务的迅猛发展，对税务人员素质提出了更高的要求。货物、资本、人员跨国流动大大加快的经济全球化背景下，偷骗税与反偷骗税、避税与反避税的矛盾将更加尖锐，税收征管难度加大，迫切需要税务人员提高业务素质，增强税收征管能力。因此，提高税务执法人员的综合素质和专业技术水准是信息社会税收工作的必然要求。面对电子商务呈爆炸式发展的形势与压力，税务部门要顺应时代潮流，积极组织相关培训和讲座，培养出同时具备外语、信息网络技术、税收专业知识的高素质复合型人才，才能使税务工作适应网络经济的高效运转。

05
电子商务与电子税务局

长期以来，国内外对税收的研究多集中在税收宏观调控、税收对微观经济主体经济决策的影响，以及税收效率与公平等方面，却往往忽视了税收征管这一至关重要的问题。然而，税收征管始终是决定税制可行性和有效性的关键因素。正如国际货币基金组织财政事务部主任维托·坦齐所指出的，“税收是强调可行性的学问。一种不可管理的税制是没有多少价值的。理论上最完美的税制，如果税制所表示的意图在实践中被歪曲，就可能变成蹩脚的税制”[1]。所以，研究电子商务税收问题必然，要研究电子商务环境下税制的实现。

电子商务是一种广泛应用高科技和数据信息的商务活动，它在网络空间的无边界性、虚拟性、无纸质记录等有别于传统商务形式的特征，给现行税收征管带来不可忽视的影响。税务部门要对电子商务税收实行有效的监管，就需要发展同样是建立在 Internet 和高科技基础上的与电子商务企业经营发展模式和技术平台相适配的电子政务。从某种意义上说，建设和发展电子税务局是税务部门对电子商务税收实行有效监管的必要条件和物质基础。

5.1 对电子税务局的理解

早在 2002 年，中国人民大学的谭荣华教授就提出：建设电子税务局是应对电子商务发展的必然选择，也是我国税收信息化建设的未来重点[2]。

---

[1] 邓力平．经济全球化、WTO 与现代税收发展［M］．北京：中国税务出版社，2000.

[2] 选自谭荣华在 2004 年 6 月山东省首届“网络经济——电子商务营销创新论坛”上的演讲稿。

5.1.1 概念及内涵

电子税务局是税收信息化发展到一定阶段的必然产物，是税收信息化发展的高级阶段。所谓电子税务局，是指利用信息技术，特别是互联网技术构建的可以完成现实税务局的各项管理与服务职能，并为纳税人提供更加方便、快捷、准确的涉税服务的e化的税务机构[1]。它强调的只是不同于以往的业务模式和技术特色，并不是要再成立一个独立于国家税务机构之外的电子税务机构。电子税务局是网络经济中现有税务机构的生存形态，是电子政府的一个必要组成部分，是从整个国民经济信息化建设、政府信息化建设和税务系统信息化建设的总体过程中逐步衍生出来的信息化程度很高的税务机构。建设电子税务局，其实质是实现网上税务与网下税务相结合，这是税收信息化建设的高级目标。

电子税务局的核心特征是对传统税务局的扬弃。一方面，传统税务局的主体业务要向网上转移，另一方面，电子税务局又将不断创造出新的适合于互联网特点的、纳税人多元化需求的个性服务，它将税务工作扁平化，极大地提高了工作效率，适应了经济全球化和网络经济的潮流需要。建设这样一个电子税务局的关键点就是构思新技术平台上的新型业务形态，实现以互联网和数据仓库为中心的系统集成。

电子税务局的构建，符合转变政府职能，即由“管理型税务”向“服务型税务”转变的实际需要。根据新公共管理理论，政府应从传统的官僚模式转变为以市场与服务为导向的管理模式，在这个理论的指导下，世界各国纷纷增强服务职能，我国政府也强调转变政府职能，为社会公众提供优质服务。电子税务局的构建可以轻松完成传统模式下很难做到的服务职能，如对纳税人而言，电子税务局可以提供灵活多样的涉税服务：多元化的申报方式［网上申报、电话申报、磁盘（卡）申报、邮寄申报、上门申报］和丰富翔实的咨询服务（网上纳税辅导、12366电话服务、服务窗

[1] 谭荣华，李伟，王敏，刘翰波．电子税务局建设的若干问题研究［J］．税务研究，2002(12)．

口）等，逐步建立一套完善的为纳税人服务体系；从税务系统内部工作需要的角度看，电子税务局可以简化税收管理流程，提高信息共享程度，促进征管效率和监控水平的进一步提高，税务系统内部上下政令畅通，部门间运转协调，税务官员从繁杂的事务性工作中得到解放，工作重心转移到为纳税人提供优质服务、研究税收新问题等方面。

5.1.2 涉及的行为主体及功能描述

电子税务局的建设是由税务机关、其他政府机关、企事业单位和居民四类行为主体（图5-1给出了四类主体物理世界与数字世界的映射关系）的信息化进程共同推进的。电子税务局的性能取决于行为主体对外部环境（多主体的信息化进程）的适应性和内部（多级税务机关之间的互动结构）的协调性。表5-1给出了四个行为主体之间的互动关系。所以，如何规划、建设电子税务局，使它能充分发挥信息的资源效益，将税务机关的素质提升到能有效适应外部环境变化的水准，同时引导内部结构的优化，使各个主体协调互动是现阶段的根本任务。

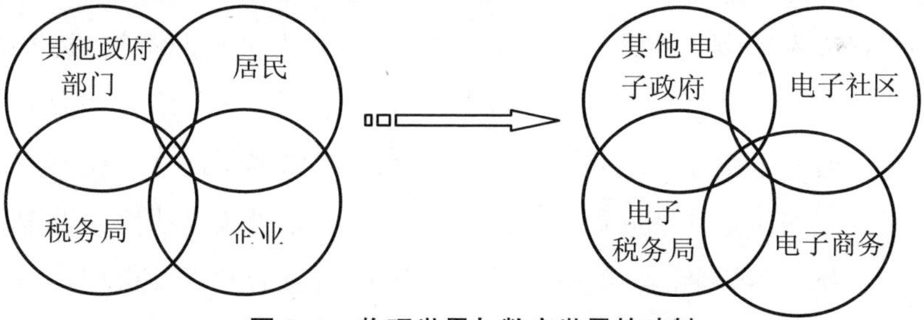

图5-1　物理世界与数字世界的映射

表5-1　四个行为主体之间的互动关系表

	税务局（T）	其他政府机关（G）	企业（B）	居民个人（C）
税务局（T）	T-T	T-G	T-B	T-C
其他政府机关（G）	G-T	G-G	G-B	G-C
企业（B）	B-T	B-G	B-B	B-C
居民个人（C）	C-T	C-G	C-B	C-C

电子税务局应该提供面向纳税人的网上服务、面向其他政府部门的网上服务、面向税务部门内部的网上服务。

（1）提供面向纳税人的网上服务（T-B、T-C、B-T、C-T）。建立在电子政务统一平台上的电子税务局能够向社会提供以下服务：税务信息宣传，包括税务局的基本情况介绍，指导纳税人办税的基本流程，公布税务信息，进行税法宣传；税务登记；税务申报；税务查询；征纳关系调整，包括纳税人意见反馈、举报投诉，以及其他涉税事务等。可以看到，对于传统税务局提供的服务，电子税务局都可以提供。不同之处在于，电子税务局在开展上述税收业务时拥有互联网这个新的技术平台，可以拉近税务机关与纳税人的距离，使纳税人足不出户即可完成涉税事务，给纳税人提供了极大的方便，降低了纳税人报送涉税材料等办税成本，节约纳税人申报的交通费用及时间；也降低了税务机关开具税票的成本，同时还可以大幅度提高数据交换的效率，缩短各个办税环节所用的时间。

（2）提供面向税务部门内部的网上服务（T-T）。从税务部门内部来看，存在着管理决策部门、业务部门、后勤保障部门等诸多部门。电子税务局应该能够为各部门工作人员提供电子化的办公条件及相应的辅助决策支持系统和税收计会统系统，这无疑可以把工作人员从原有繁重的脑力、体力劳动中彻底解放出来，从而实现办公无纸化、通信网络化和决策智能化的目标。但电子税务局能够提供的服务不仅仅局限于此，它还可以解决税务部门内部的信息共享问题，做到“一处录入，多处共用”，以保证税务部门信息和实际信息的一致性，并且对这些信息的共享，根据信息保密程度的不同，制定相应的权限控制机制。这使得税务部门内部可以加强配合和协调，充分发挥内部各应用系统的规模效益。

（3）提供面向其他政府部门的网上服务（T-G，G-T）。税务、财政、国库、中央银行、审计、工商、劳动、公安等政府部门作为国家重要的经济管理和监督机构，承担着为社会公众提供服务、支持经济发展的重任，各部门之间的数据交换量很大。税务部门需要向财政、国库等部门提供诸如工商税收收入报表、税收收入执行情况分析、财务税收汇总报表、税收工作情况，以及其他综合信息资料，而税务部门需要从其他部门获得诸如国库预算收入报表、审计报告等信息。随着社会主义市场经济不断发展，税收工作对国家宏观经济调控作用越来越大，税务部门与相关部门之间的数据交换将更加迫切。在现有模式下，税务系统和其他部门，如工商、银行等部门的网络往往相互分离，客观上造成了“信息孤岛”的存在。在电子政务架构下建立的电子税务局，则可以实现财政、税务、工商、银行等相关业务系统之间的无缝连接，使相关信息在部门之间充分共享，从而避免资源浪费，并加强了部门间沟通联络，为有效实现税源监控、提升税收业务流程的完全自动处理提供了有力的技术支撑。

5.1.3 建设目标和建设原则

作为税收管理现代化建设的一种模式，电子税务局建设目标以税收管理目标与税收管理现代化建设总目标为指导，并受其制约。具体说来，电子税务局建设应实现对纳税人的有效管理和为纳税人的高质服务；实现机构内部的高效管理、管理部门的科学决策、上下级部门间的通畅沟通和部门间的协调工作。

电子税务局建设原则，是电子税务局建设目标和行动的连接点。在电子税务局建设过程中，应遵循以下几项原则：

1. “业务需求决定论”原则

在电子税务局建设过程中，务必坚持以业务需求决定信息技术手段选择，以业务流程需要决定组织机构模式的原则。要想使信息技术真正为税收管理服务，实现电子税务局既定目标，税务部门必须以科学、合理的业务需求为前提，在综合考虑税收成本和税收效率的情况下，选择适用的信息技术和工具，切忌盲目追求先进技术，导致事倍功半，资源浪费。在组织机构模式的选择上，既要考虑国家税务机关作为国家行政管理机构的共性，也要考虑税务业务需求的个性。因此，组织机构模式应该建立在精细化、科学化、高效率、人性化的业务流程优化的基础上。

2. 系统性原则

电子税务局建设是一项系统工程，需要用系统工程的思想和方法来指导其建设。在相当长的一段时间内，我们的税收管理信息化建设的焦点是放在技术上，形成人围着计算机转的局面。这在当时人们对信息技术不了解、计算机结构复杂、故障频繁的情况下是难免的。随着技术不断成熟、技术应用不断深入，人们要把注意力回归到对管理的需求上来，研究信息技术如何能为人所有效利用，更注重信息化建设中人、信息、组织机构、技术等由各种因素构成的复杂系统之间的相互关系。要通盘考虑业务需求、组织机构、人员素质、其他部门信息化水平、技术等实际，更广泛和全面地分析电子税务局建设的内外环境，对其进行科学合理的统筹规划。

3. 统一规划与分步实施相结合的原则

电子税务局是一项极其复杂的系统工程，它是新型的、先进的、革命性的税务管理系统。实施电子税务局必须借助于计算机硬件系统、数字网络技术和相关软件技术的综合服务，包括内部互联网、外联网、局域网、通信系统、专用线路、大型数据库平台、信息传输与发送平台、信息发布平台、各项服务管理系统，等等。要能处理与税收相关的所有的内部业务和外部业务。电子税务局并不是简单地将传统的税收业务原封不动地搬到互联网上，而是要对其进行组织结构的重组和业务流程的再造。它的建设和实现不可能是一蹴而就的，加之目前税收信息化建设地区间的不平衡发展，电子税务局的建设必须要在国家税务总局的统一规划下分步行动、分阶段实施。

4. 兼容并蓄的原则

电子税务局的建设是建立在已有税收信息化基础上的。目前，各级税务机关内部各种处理系统、信息系统林立，开发设计标准不统一，硬件设备也是各式各样，型号功能各异。建设电子税务局不能把前期的软硬件投资全盘抛弃，而应该遵循兼容并蓄的原则。如何将这些原有系统有效整合利用，是电子税务局建设面临的一个重要问题。从某种程度上来说，电子税务局建设的近期目标之一就是整合利用现有资源，尤其是整合现有信息资源，对其进行深度开发利用，为税收管理工作提供支持。

5.2 我国电子税务局的构建

5.2.1 我国税收信息化发展历程

无论是在电子政务十二“金”字工程中，还是在各个行业的信息化建设当中，我国税收信息化一直被公认为起步早、基础扎实、成效显著。从20世纪80年代初期始，在20多年的时间里，我国税收信息化经历了从无到有、从小到大、从简单应用到复杂应用的发展历程，取得了令人瞩目的成绩。税务信息化建设的发展使得税收征管、税收会统、行政管理，以及税收决策等方面的工作发生了深刻变化。回顾税务信息化建设的历程，税收电子信息化建设大致经历了应用起步期、初步应用期、应用发展期和应用整合集成期这四个时期[1]。

应用起步期（1983—1989年）：计算机应用分为从报表到报表、从税票到报表、从税票到会计记账再到报表这样三个阶段，计算机主要用来输入、生产向上报送的报表，全国各单位应用水平及程度普遍不高，设备配备也十分有限，到1989年年底，整个税务系统PC机实际装备数量仅有5 300多台。

初步应用期（1990—1993年）：计算机的应用从税务系统内部引申到外部，建立简单的纳税人档案和纳税申报材料，计算机应用从省市一级逐步转移到了征管第一线，征管软件中征管数据和会统帐已经建立了有机联系和监控关系。

应用发展期（1994—2000年）：利用日元贷款和世界银行贷款项目开发了TAIS和CTAIS税收征管信息系统；以增值税发票的信息管理为主线的“金税”工程；还有“金关”工程中的出口退税信息管理系统；另外，配合税收稽查、避税与反避税、个人所得税、税法查询，以及办公自动化

[1] 税制改革进行时——中国税务学会蔡金荣副秘书长谈信息化在其中的作用［OL］. http：//chineseactor. cn/Article/Class100/200411/13477. html.

等方面，开发与应用了一些独立的单项应用系统。

应用整合期（2001 至今）：在全国税收信息化建设过程中，重复开发、功能交叉、信息不能共享等弊端先后显现，国家税务总局提出了统一建设“一个平台、两级处理、三个覆盖、四个系统”的税务管理信息系统一体化方案，税收信息化应用内容从简单应用逐步走向全面应用，信息处理方式从分散逐步走向集中，对外关系从封闭逐步走向开放。

一个明显的事实是，二十几年来我国税务电子化、网络化的不断发展已经构筑了税务部门雄厚的信息化基础。从整体上看，无论是网络建设、金税工程，还是税收征管信息系统和办公自动化系统都取得了巨大成绩，这是我们建设电子税务局的有利条件。但是另一方面，我们也必须看到，我国税务部门的信息化建设启动时间较晚，水平不高，还有很多亟待解决的问题。首先，我国税务信息化基础设施建设还要加强，比如税务网络，随着网上纳税人数的增加，带宽和网速将成为瓶颈；其次，面对电子商务日益庞大的数据量，税务部门的电子数据收集、处理能力与审计能力薄弱，相应的，立法问题、信息安全问题、信息标准问题也显得比较突出；再次，尽管基于网络的电子申报有了较大发展，但申报只是纳税人涉税事项中的一个环节，诸如税款缴纳、税务登记、发票审批等其他环节还有待全面电子化，对电子商务涉及的数字化产品、电子货币、记录保存、纳税信息无法实施有效监管；最后，税务部门与金融部门、其他支付中介、税务中介的关系尚未理顺，也没有有效联网。因此，理性策略是战略上要认清建设电子税务局是应对电子商务发展的必然选择，也是加入世贸组织之后我国税务部门面对电子商务程度比我们高得多的外国企业如何依法征税的急切需要，从这个意义上说，建设电子税务局至关重要，事关全局；战术上又要清醒地认识到电子税务局的建设需要我们进一步加快税收信息化的建设步伐，逐步向电子税务局过渡。

5.2.2 金税三期和电子税务局

电子税务局是税收信息化发展到一定阶段的必然产物，是税收信息化发展的高级阶段。我国国家电子税务局的整体构想应该与目前规划的“金税三期”具有一致性和统一性。从某种意义上说，“金税三期”就是要构建我国适应网络信息经济发展的电子税务局。

“金税三期”的总体目标是，根据一体化原则，用四到五年时间，建立一个基于统一规范的应用系统平台，依托税务系统计算机广域网，以总局为辅、省局为主，高度集中处理信息，功能覆盖各级税务局税收业务、行政管理、决策支持、外部信息应用等所有职能的功能齐全、协调高效、信息共享、监控严密、安全稳定、保障有力的中国电子税务管理信息系统。简而言之，就是“一个平台，两级处理，三个覆盖，四个系统”。

“一个平台”是指建立一个包含网络硬件和基础软件的统一的技术基础平台，即逐步建立覆盖总局、国地税各级机关，以及与其他政府部门的网络互联，形成基于互联网的纳税人服务网络平台；对业务处理、在线分析、存储系统、数据交换、网络、安全和系统管理等七部分充实配备相应的硬件设备；并建立覆盖从物理环境到网络层、系统层、数据库层、应用层信息安全的安全管理体系和安全技术体系等，以保证税务工作在统一、安全、稳定的网络化平台支撑下平稳运行。

“两级处理”是指依托统一的技术基础平台，逐步实现数据信息在总局和省局的集中处理。即在“一个平台”的支撑下，建立总局、省局两级数据处理中心和以省局为主、总局为辅的数据处理机制，逐步实现涉税电子数据在总局、省局两级的集中存储、集中处理和集中管理，以使业务流程更加简化，机构趋于扁平化，管理和监控更加严密，纳税服务更加简便，系统维护更加便捷，系统运行更加安全，并使得数据的宏观分析与微观分析相结合、全局分析与局部透视相结合，全面提升数据的价值。

“三个覆盖”是指应用内容逐步覆盖所有税种，覆盖所有工作环节，覆盖各级国税、地税机关，并与有关部门联网。即通过“金税三期”的建设，促进信息技术和管理方法在全国税务系统得到广泛应用，逐步实现税务管理信息系统对国税、地税机关管理的所有税种及税务工作环节的全过程进行全面、有效的电子化监控，以保证税务工作简便、规范、高效的运行。这说明，“金税三期”不仅在深度上贯穿了国税、地税两大部门，而且在广度上也涵盖了增值税、所得税、关税等税收领域所有税种，目的不再局限于解决具体业务上的应急需求，而是以信息化为依托，对我国税收体制和管理进行的一次深刻革命。

“四个系统”是指通过业务的重组、优化和规范，逐步形成一个以征管业务为主，包括行政管理、外部信息交换和决策支持在内的四个信息管理应用系统，即建立以税收业务为主要处理对象的税收业务管理应用系统；以税务系统内部行政管理事务为处理对象的税务行政管理应用系统；以外部信息交换和为纳税人服务为主要处理对象的外部信息管理应用系统和面向各级税务机关税收经济分析、监控和预测的税务决策支持管理应用系统，以全面满足税务工作多层面、全方位的应用需求。如图 5-2 所示。

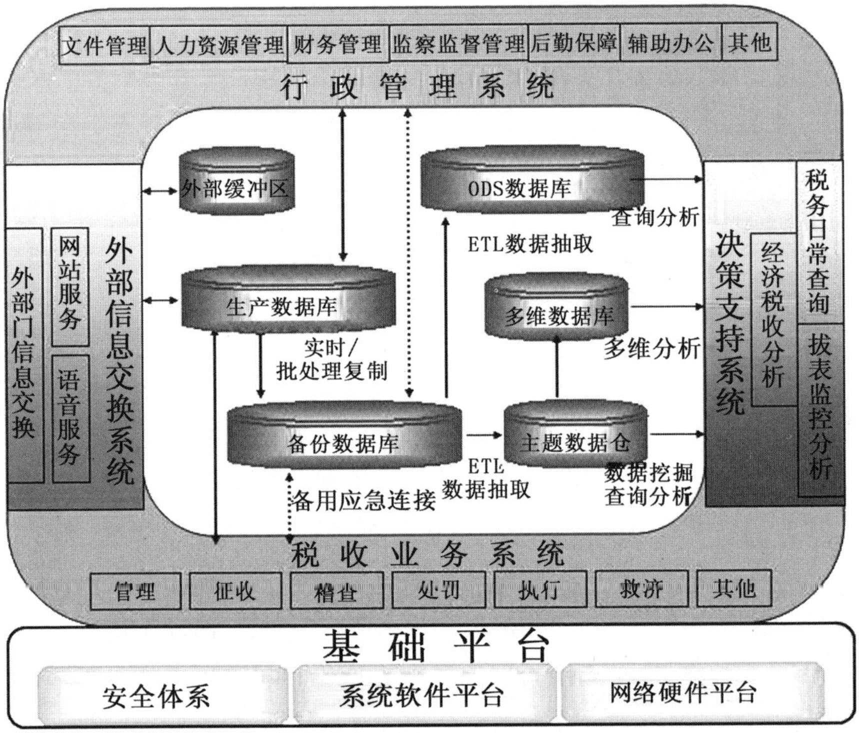

图 5-2　电子税务局系统关系图

“金税三期”目前重点强调的是“集中”、“联网”和“服务”三方面。

“集中”就是指信息系统的省级集中、区域集中甚至全国集中。“集中”可进一步分解为“数据集中”、“业务处理（管理）集中”和“机构设置（扁平化）集中”三个层面。数据大集中是税务信息化的发展趋势，在发达国家已普遍采用数据集中处理的方式，数据最终集中到国家数据中心；在国内的沿海部分发达省份，已实现了省级数据集中。而实现数据大集中的关键，取决于我们在网络状况、服务器的处理能力、数据库管理系统对海量数据的支持能力，以及应用系统适用性等四方面。其中，应用系统对数据大集中的支持尤为关键，它将涉及业务重组、网站建设、税务代理、应用体系结构、软件设计、数据规划、安全机制等一系列的要素。

所谓**“联网”**，是指应用的内容要逐步覆盖国税和地税的所有税种和所有工作环节，并与相关部门联网，形成全国性的大规模网络应用。互联网环境下的税务信息化将在管理、监控和服务三个方面实现全面的网络化运营。大规模的网络应用将会促使我国的税收工作发生根本的变革。

所谓**“服务”**，是指税务工作由管理型向服务型转化，包括为纳税人服务和为税务干部服务，并在适当条件下，提供更快捷方便的个性化服务[1]。

“金税三期”完成，基本上就完成了初级电子税务局的构建，其应该达到的效果是：所有用户从任何地点，任何时间，可以做他权限范围内的任何业务操作；所有操作人员仅需登录一次就可进入系统完成自己所有工作；所有数据仅需录入一次就能在系统内实现信息共享；所有纳税人都在总局、省局和基层税务机关的监控之下；所有纳税人的税款应征、上解、入库、欠税等情况，总局、省局都能直接及时地掌握；所有税务干部的税务执法和行政管理的过程和结果都能得到自上而下的考核和监督；所有领导者可以最大限度地利用计算机所提供的各方面信息进行科学决策；所有纳税人可以通过网络方便及时地进行各种涉税事务的查询和办理。总之，通过计算机网络的高效运行，形成自上而下的严密、实时的监控，大幅减少偷骗税案件和税款流失现象，并减少纳税环节，降低纳税成本，方便纳税人依法缴税。

[1] 谭荣华．税收信息化教程［M］．北京：中国人民大学出版社，2005.

5.3 应对电子商务的解决方案

5.3.1 税务登记注册与身份确认

2001 年 5 月 1 日施行的新征管法及实施细则，大幅度提升了税务登记制度的内容和约束性。对于电子商务的纳税登记而言，除了尽快实现新法要求的统一税务代码之外，还应当要求电子商务企业增加有关网址、服务器所在地、EDI 代码、应用软件、主要联机清算银行、支付方式等内容。所以，在电子税务局的建设中，税务机关应关注电子税务局与电子商务的接口问题，就是在线注册的技术与管理问题，尽快实现税务登记的网络化运行，降低纳税人的遵从成本。较为理想的模式是：纳税人可以直接通过互联网而不必到税务机关就可以办理税务登记，同时自动获得一个唯一的纳税人登记号，纳税人自己选择密码进行保存。实质上，在使用过程中，还涉及一个数据的存取和安全问题。

5.3.2 研制开发智能征税软件

税务机关要关注企业端的信息化建设，开发网上计税软件，按照经济行为分类、自动导入税则，在商品发送前完成计税、征税（可参考亚马逊开发的对网络购物征税的计税系统）。

由于电子商务征税的技术性要求很强，要专门组织技术力量集中攻关，充分利用新的电子商务标准 IOTP[1]，研制开发智能征税软件。智能征税软件应该具备如下功能：能自动识别通过网络实现交易的应税商品或

[1] IOTP：Internet Open Trade Protocol（因特网开放贸易协议），是一种面向企业对客户电子商务的标准。IOTP 基于下一代标记语言 XML（Extensible Markup Language），它容易扩展，新的贸易特征或支付机制能容易地添加到 IOTP 中，而不破坏任何已有的 IOTP。它也独立于开发工具。易于使内容与形式相分离，使用 XML 能定义与特定应用程序相关的数据标记和属性，可将这些标记和属性直接嵌入在 WEB 页中，这些标记能被其他标记使用，也可被用于其他应用程序中。其结果是 XML 能使商人、金融机构、客户使用标准 WEB 浏览器和服务器收发电子文档。IOTP 正在发展中，越来越多的公司宣称他们的产品支持 XML。随着 XML 的出现，可望使税收征管信息的收集、新的税收监管软件的设计更容易。

劳务，确定所适用的税种、税目、税率，自动计算税额，并自动将税款划入税务机关指定的账户之中。智能征税软件要强制加装在所有提供电子商务活动的网络服务商的服务器上，使所有提供电子商务的网络服务商必须在网上贸易活动中达成交易、签署电子交易合同前，点击纳税按钮才能实现交易。对于直接使用电子货币支付交易款项的，点击纳税按钮后则自动计算税款并划入指定的账户[1]。

针对电子商务的税务管理，提高电子申报和支付的效率，是降低纳税人遵从成本和提高管理效率的重要措施。要建立一个开放和可以存取的系统，既保护税务管理的安全性，又有利于保护纳税人的隐私；提高电子化服务的客户化和个性化水平；保证税务部门在法定程序下能够读取纳税人和中介保存的数据的权力；提高纳税信息的社会共享程度等。

5.3.3 开发和应用电子发票

发票的使用从属于经济行为的本质特征，在目前阶段并不会因为电子商务的技术特性而丧失作用。随着社会信息化程度的提高和电子商务的快速发展，电子发票在整个世界经济交往中将起到越来越重要的作用。因此，我们也要启用电子发票，融入电子商务交易过程。

所谓电子商务发票，是以一连串电子记录方式表现的纸质发票的电子映像。电子发票的启用不仅可以极大地推动电子商务的发展，而且会给整个税收征管带来质的飞跃。纳税人可以在线领购、在线开具、在线传递发票，并可以实现在线纳税申报：税务机关可以对企业的经营情况进行在线监控，克服以往税收征管的滞后性和被动性。为了保证电子发票的正常使用和网上申报的及时性与准确性，启用电子发票必须要有一整套的技术规则与之相配套。一是税务机关应该对企业申领发票的有关项目进行预先填写，以防止电子发票被转移使用。二是税务机关对企业申领的电子发票必须添加防伪标识，使企业开具完毕的发票只能以“只读”方式打开阅读，而不能以“读写”方式进行修改。三是企业填写完毕的发票必须经过税务

[1] 李桂丽. 论我国电子商务的税收问题［D］. 济南：山东大学硕士学位论文，2005.

机关备份后才能传递给交易方进行正常交易，并且在企业抵扣进项税额、统计销项税额和申请出口退税时，其发票将与税务机关的备份进行核对。四是电子发票可与“金税工程”中的发票交叉稽核系统实时连接，即时判断发票的真伪。

为此，税务部门必须开发和应用电子发票度，通过网络方式实现其发放、使用、保管、缴销等传统程序。开具电子发票的企业必须事先到主管税务部门进行申请备案，取得电子发票应用的资格；每一张开具和传输的电子发票都必须以电子形式与其原始的数字签名一起保存，随时可以调用查看。为了保证发票的原始性、真实性和完整性，保证电子发票在开具、传输、保存过程中不被修改，必须依靠先进的技术手段（如电子签名、黑匣子等）来支持。税务部门应该对电子签名等相关技术的发展给予关注，并与开发相关技术的部门保持良好的沟通，适时地将税务管理的要求和标准告知技术部门。

5.3.4 电子评税与检查

无论是电子商务还是传统商务，电子数据已经越来越多地成为主要的财务数据来源，传统的审计方法正面临着考验。对电子商务的税务审计主要考虑两个方面的问题：一是外部证据和数据的接口问题。对于电子商务而言，不仅内部财务管理的数据电子化，而且其所应用或处理的外部数据也全部电子化了，因此外部数据的系统性风险比对传统商务活动进行的电子审计要大得多。比较好的选择是，利用认证中心和第三方支付的数据进行交叉比对。二是检查的方法和手段问题。可以考虑定期对网络上注册的域名进行搜索，并通过专门的软件来确定域名拥有者的真实身份和网站的物理地点，一旦确定域名或网站的真实地点在本国，就采用常规手段进行税务稽查，如果发现有税务违法行为的嫌疑，税务局便可以与其他司法机关协作，动用一切可行的司法手段对网络信息进行侦察，如截获信息、解密等，从而保障税务稽查的有效性。

5.3.5 加强对网络服务商的管理

电子商务的开展，离不开网络服务商（ISP）。目前四种主要的上网方式即拨号上网、租用专线上网、ADSL 和宽带上网，都与网络服务商密不可分。加强对网络服务商的管理，就可能为电子商务的税务管理提供第一手资料，有利于税务机关监控电子商务的全过程。另外，就网络服务商本身而言，一般情况下，网络平台公司只扮演服务商的角色，只是凭借服务收取规费和佣金，不在法律上或实际上涉及商品所有权，也不参与交易过程中商品和资金的流转，对于这类企业所获得的交易费收入，应该按非应税劳务征收营业税。另有一类企业，为了在竞争中扩大市场份额，往往向交易者提供有限担保、开具发票的附加服务，并可能直接参与资金的流转。这类公司除了提供平台服务，在一定程度上充当了中介人的角色，其向买方收取的交易费应该缴纳增值税。

5.3.6 支付体系做征管抓手

虽然电子商务具有高度流动性和隐匿性，但只要有交易就会有资金流动。可以考虑把电子商务使用的支付体系作为稽查、追踪和监控交易行为的手段，紧紧围绕银行资金结算这一关键环节展开税务管理和稽查。欧洲国家提出了建立以监管支付体系为主的税收征管体制的设想，德国税务稽查部门设计了通过金融部门资金流动掌握电子商务企业涉税信息的方案，此外还有“反向征税”机制的方法。

5.4 电子税务局建设的关键技术

电子税务局的建设离不开先进的技术，对于我国电子税务局的建设而言，技术框架的确定和先进技术的选择对于确保其实用性、安全性、扩展性和兼容性至关重要。科技的发展日新月异，更先进的技术也在不断涌现，但目前来讲，要实现电子税务局的各项功能，达到预期效果，离不开以下几项关键技术：构件化技术、基于 Web Services 的集成技术、办公自动化技术和基于数据仓库的数据挖掘技术等。

5.4.1 构件化技术

软件构件化（software component）技术主要用于电子税务局的应用系

统开发。它是目前处于领先地位的一种理想的软件开发理念，主张软件产品的开发应当像制造工业产品那样，首先通过专业化分工生产出不同功能的“零部件”，再将这些“零部件”合理地组装起来，形成所需的产品。有了软件构件之后，应用开发人员就可以利用现成的软件构件装配成适用于不同领域、功能各异的应用系统，既彻底改变了传统的软件生产方式，从根本上提高软件生产的效率和质量，提高开发大型软件系统的成功率，又克服了套装软件系统配置不灵活的弊端。

典型的构件化技术包括 COM（构件对象模型）、DCOM（分布式构件对象模型）等，但是真正促进构件化技术在商业应用中成熟的当属 Java。Java 面世时间不长，但它对软件构件化技术的发展影响深远、意义重大。首先，Java 促进了软件构件化技术的开放与标准化。其次，Java 全力支持 Internet，它本身就是为 Internet 而设计的，对 Internet 的支持最妥帖和自然。最后，Java 提供了更高级的安全保障机制，它能让用户在每一层上设置安全保障，对过程进行更强有力的控制。Java 对软件构件化技术的促进主要是通过 Java Bean，即通过做 Java 构件来实现的。用 Java 做出来的构件是跨平台的，直接支持网络计算，还可以实现更高水平的安全，因此才有可能使软件构件化思想在电子商务中得以广泛地推广。

要实现电子税务局的功能，需要开发一套相当庞大而又复杂的应用系统软件，而且电子税务局的特殊性决定了其软件系统应该既相对稳定又灵活可变，以适应不同地区的实际情况和各种新政策的出台。软件构件化技术的应用恰恰可以既提高软件开发的质量和效率，又可以方便进行各种改装。

5.4.2 基于 Web Services 的集成技术

在电子税务局的实施上，应用基于 Web Services 的集成技术，可以将不同阶段、不同团队开发的电子税务局的各功能模块之间，以及税务局与其他政府部门的电子政务应用模块进行无缝集成，而不必考虑它的编程语言和运行环境。比如客户端用户界面集成、系统数据集成等。

在软件系统的开发过程中，系统集成主要实现系统的各部分（模块）

之间的通讯和整合，将相对分散的子系统组成一个统一的整体，实现子系统间的功能控制和信息交互与共享。基于网络的系统集成技术已有了很多，如 DCOM（Distributed Component Object Model，分布式组件对象模型）、CORBA（Common Object Request Broker Architecture，公用对象请求代理程序体系结构）和 Java RMI（Java Remote Method Invocation，Java 远端函数调用）等。但是这些传统的集成技术在很大程度上受到网络环境的限制，大多使用专有协议通过特别的端口进行远程通信，不能很好地支持客户端和服务器通过 Internet 进行通信。基于 Web Service 的集成技术作为一种新的面向函数和方法的应用集成技术，在很大程度上解决了原有集成技术在 Internet 远程通信方面的问题。

Web Services 通过一系列标准和协议来保证程序之间的动态连接。Web Services 中最基本的协议包括：SOAP（Simple Object Access Protocol）、UDDI（Universal Description）、WSDL（Web Services Description Language）。SOAP 是消息传递的协议，它规定了 Web Services 之间是怎样传递信息的。如 SOAP 规定了传递信息的格式、远程对象方法调用的格式、参数类型和 XML 格式之间的映射、异常处理，以及其他的相关信息。UDDI 用于集中存放和查找 WSDL 描述文件，起着目录服务器的作用。WSDL 是 Web Services 的定义语言。当你实现了某种服务的时候（如股票查询服务），为了让别的程序调用，你必须告诉大家你服务的接口。例如服务名称、服务所在的机器名称、监听端口号、传递参数的类型、个数和顺序、返回结果的类型，等等。这样别的应用程序才能调用你的服务。WSDL 协议就是规定有关 Web Services 描述的标准。

由于 Web Service 的相关标准与平台和操作系统无关，不同的平台和操作系统上的 Web Service 在很大程度上可以做到互操作，这就使异构平台上应用的集成变得很容易。此外，Web Service 则是一种动态的集成方案，所有的服务都可以通过 UDDI 标准动态地被发现、绑定和使用，容易适应系统的变动，提高系统的灵活性和伸缩性。

5.4.3 办公自动化技术

电子税务局可以实现税务系统的办公自动化，而办公自动化技术不仅要重视信息的充分共享，而且更强调各方面的相互协作，这样才能充分利用信息资源，全面提高税务系统工作效率，减轻工作人员的劳动强度，增加协同办公能力，提高决策效能。办公自动化的灵魂是软件，它有两个明显的特征：授权和开放。通过授权保证信息的安全和分层使用，通过开放使信息共享成为现实。办公自动化技术中涉及两个新技术：协同工作技术和工作流技术。

协同理论的主要研究内容是如何管理活动之间的相关性。协同具有深刻的哲学意义，它强调整体的协调和协作。协同包含了六个重要的概念：人员协同、应用协同、设备协同、信息协同、知识协同、流程协同。人员协同，就是人跟人之间、团队跟团队之间如何通过信息的交换，同步其各种行为，完成既定的任务；应用协同，就是如何整合各种各样的应用，建立一个统一的、完整的应用平台，一个应用中的状态改变可以触发另一个应用中的行为；设备协同，就是如何整合现有的设备，发挥设备的最大性能；信息协同，也就是说如何去挖掘信息之间的一种关联，如何去很好地整合各种信息；知识协同，就是如何把信息变成一种可再利用的知识资产；流程协同，就是如何在各个不同环节流程之间建立它们的联系，进而构造一个完整的应用体系。将协同工作技术应用于电子税务局，可以使不同个体借助计算机和网络共同协作完成一项任务。

工作流是指各种对象按照既定的流程规则在系统环境中进行有方向性的可控制的流动。完整的工作流系统是一种有效设计、管理并执行业务流程的简单图像化工具。通过对工作过程高度的、可控制的自动化，使信息的共享、传递、权限认证等变得极为便利，从而使日常业务运作更加顺畅。工作流系统不但可以有效节约信息处理过程的时间，提高办事效率，而且保证了信息的保密性，节约了大量宝贵的人力、物力资源，降低了生产成本。

5.4.4 基于数据仓库的数据挖掘技术

随着税收信息化的深入，各级税务部门积累了大量的业务数据。这些历史数据本应是非常重要的决策依据，但由于缺乏有效的分析手段，决策者很难从海量数据中获得有价值的信息。同时，税务机关又有着深化、细化的管理需求，这样一来，基于数据仓库的数据挖掘技术的税务应用得到广泛关注。

数据仓库的提出以关系数据库、并行处理和分布式技术的飞速发展为基础，是解决信息技术在发展中存在的拥有大量数据而有用信息贫乏的综合解决方案。数据仓库概念的形成，以 W. H. Inmon 在 1992 年出版《Building the Data Warehouse》一书为标志，W. H. Inmon 给出的数据仓库的定义是：数据仓库是一个面向主题的、集成的、非易失的、随时间变化的用来支持管理人员决策的数据集合。根据 W. H. Inmon 关于数据仓库的定义，数据仓库具有以下重要特性：

（1）面向主题性。数据仓库中的所有数据都是围绕某一主题组织展开的，数据仓库的创建和使用也都是围绕主题实现的。

（2）数据的集成性。数据仓库所需的数据不像业务处理系统那样直接从业务发生地获取，而是从业务处理系统中获取。由于各业务系统的数据库之间相互独立，并且往往是异构的，其数据也有可能是不一致的。所以，在把这些数据加载进数据仓库之前，要对它们进行抽取、筛选、清理、综合等预处理工作。数据装入数据仓库后，还要根据决策分析的需要对这些数据进行概括、聚集处理，以方便后期调用。

（3）数据的时变性。首先，同一主题的变化数据，将追加到数据仓库中；其次，尽管数据仓库中的数据存储期限有限，一般保留 5～10 年，超过期限需要删除；最后，数据仓库中的聚集数据需要按时间进行综合和抽取，因此，数据仓库中的聚集数据必须随着时间的变化而重新进行聚集处理。

（4）数据的非易失性。数据仓库中的数据主要用于查询、分析，不像业务系统数据库中的数据那样，要经常进行修改、添加和删除。数据在追加到数据仓库中后，一般不再修改。这样可以通过使用索引、预计算等数据处理方式提高数据仓库的查询效率，同时也可以使不同的用户在不同时间查询分析相同问题时，得到一致的结果。数据仓库常被看作一种体系结构，通过将异数据源中的数据集成在一起，支持专门的查询、分析报告和决策制定。因此，数据仓库能够很好地支持决策支持系统和联机分析系统[1]。

数据挖掘（data mining）就是从大量的、不完全的、有噪声的、模糊的、随机的原始数据中，提取隐含在其中的、人们事先不知道的，但又是潜在有用、可信、新颖的信息和知识的过程。数据挖掘是一门广义的交叉学科，它的发展和应用涉及不同的领域，尤其是数据库、人工智能、数理统计、可视化、并行计算等。在传统的决策支持系统中，知识库中的知识和规则是由专家或程序人员建立的，是由外部输入的。而数据挖掘的任务是发现大量数据中尚未被发现的知识，是从系统内部自动获取知识的过程。对于那些决策者明确了解的信息，可以用查询、联机分析处理（OLAP）或其他工具直接获取，而另外一些隐藏在大量数据中的关系、趋势，即使是管理这些数据的专家也没有能力发现，这些信息对于决策又至关重要，这就需要数据挖掘来解决。数据挖掘任务一般可以分为两类：描述和预测。描述性挖掘任务刻画数据库中数据的一般特性。预测型数据挖掘任务在当前数据上进行推断，以进行推测。数据挖掘通过预测未来趋势及行为，做出前瞻性的、基于知识的决策。

数据挖掘方法有多种，其中比较典型的有分类分析、聚类分析、关联分析、序列模式分析、可视化、偏差分析、粗糙集和模糊集理论等。数据挖掘中常用的技术包括神经网络、遗传算法、决策树方法、近邻算法、规则推导等[2]。

数据仓库和数据挖掘技术是计算机领域的一个重要的研究应用，面对丰富而海量的各种业务数据，搭建数据仓库系统以支持税收决策已经被国家税务总局列入信息化发展纲要。而信息整合正在全国各地如火如荼地开展着，“大集中”似乎成为目前税收信息化建设中最热门的一个名词，当涉税数据实现国家局和省局两级集中后，基于数据仓库的数据挖掘技术必

---

[1] 段楚雄. 数据仓库在税务系统中的应用 [D]. 上海：同济大学工程硕士学位论文，2006.

[2] 郭学春. 数据挖掘技术在纳税评估中的应用研究 [D]. 上海：同济大学工程硕士学位论文，2006.

将在税收管理和决策支持领域大放异彩。

5.4.5 高可用的集群技术

对电子税务局的数据中心来说，利用计算机系统来提供及时可靠的信息和服务是必不可少的，尤其是在一些关键的应用领域，如网上纳税申报，其基本业务特点是实时性强、瞬间数据流量大、交易业务不宜停机。因此，必须有适当的措施来确保计算机系统提供稳定而又高效的不间断服务，以维护系统的可用性。运用高可用的集群技术，由一组同时运行同一个 web 应用的服务器组成集群系统，在外界看来，就像是一个服务器一样，可以达到均衡集群服务器的负载、优化系统性能的目的。集群服务器将众多的访问请求，分散到系统中的不同节点进行处理，从而实现了更高的有效性和稳定性。高可靠性可以看作系统的一种冗余设定，对于一个高效的系统，如果一个 Web 服务器失败的话，其他的服务器可以马上取代其位置，对所申请的请求进行处理，而且这一过程对客户端用户来说是察觉不到的。稳定性是应用程序自身的一种能力，决定了应用程序能否支持不断增长的用户请求数量，包括集群系统所能支持的同时访问系统的最大用户数目，以及处理一个请求所需要的时间，它是影响系统性能的众多因素的一种有效的测量手段。

5.4.6 先进的安全性解决方案

电子税务局是一个庞大而复杂的系统，税收业务过程涉及多方交叉认证且金额巨大，每一个网上业务行为都须提供类似合同的行为依据，以应对可能发生的法律纠纷，为此保证业务过程中数据真实可靠、传输安全、不被篡改并且能为发生业务各方的行为提供确凿的证据是必须的，这就需要一套先进的安全性解决方案。目前比较成熟的做法是：通过一次性口令、智能卡等数字证书和安全检查技术解决各方身份的交叉确认；通过加密、VPN 技术等加密传输技术解决数据来源可靠性、传递过程中的保密性、数据完整性，并为交易各方行为提供不可抵赖的证据；基于公钥体系结构（PKI）的安全电子交易协议（SET）和安全套接层协议（SSL）是遵循以上思路开发的安全解决方案，现在被广泛运用。另外，要关注防火墙技术、防病毒技术、网络安全监控检测技术等的最新发展。

5.5 国外税收信息化发展经验借鉴

早在20世纪60年代，西方发达国家已经开始将计算机技术用于税务管理，经过半个世纪的推广和发展，其税收征管信息化已日益完善和成熟，计算机技术、光电技术、网络通信技术等高科技手段广泛运用于税收征收管理的各个环节，提高了征管效率，降低了税收成本，减少了税款流失。大力收缩机构，利用信息系统处理征管业务，高度集中地处理征管信息，实现集中征收。“他山之石，可以攻玉”，由于税收征管工作的共性，我们完全可以借鉴国外税收信息化的成功经验，加快信息化建设，发挥后发优势，从而缩短与先进国家的差距，实现税收征管的跨越式发展。

5.5.1 国外税收信息化发展状况

1. 美国税收征管信息化状况

从1960年开始，美国国内收入署（IRS）就开始了税收信息化建设，电子计算机广泛地应用于税收征管的各个环节。2001年，为进一步推动信息化建设步伐，IRS设立了新的副局长职位，聘请有信息技术背景的John Reece担任副局长兼任首席信息官（CIO），主管信息化建设，并设两个专职部门，分别负责业务需求和技术开发管理。截至2002年年底，IRS 100 229名雇员中，信息技术人员有7 722名，占队伍总数的7.75%，2002年IRS全部经费支出90.6亿美元，其中信息技术支出15.8亿美元，占全部经费支出的17.4%。IRS拥有150多台大型机、1 620多台中型机、10万多台个人计算机，以及3万多台笔记本电脑。目前IRS在全美建立了4个数据网络中心和1 182个地区税收网络中心，每年处理全国上亿份纳税申报，声讯网每年处理1.82亿次电话。IRS还加强自己的网站建设，增加了更为丰富的网页内容，为纳税人提供表格、文献和申报服务，以提高信息服务的质量。电子申报率由 1998 年的 20% 提高到 2002 年 35.8%[1]。

随着税收信息化的发展，美国税务局逐步实现了目标的转变、业务模式的改变、组织机构的转变，以及业绩评价体系的转变。

目标的转变是将过去单纯筹集收入的目标转变为：为每个纳税人提供最好的纳税服务；为所有纳税人提供公正的纳税服务；为税务人员提供高质量的工作环境。**业务模式的改变**主要有提出预防为主的业务策略；重视与纳税人的沟通，提高沟通的方便程度和效率；重视纳税人的权利，在国税局内部设立专门的独立机构“国家纳税人辩护办公室”（National Taxpayer Advocate's Office）；运用信息技术重造传统业务流程，改善信息技术与业务的融合程度；针对特殊纳税人群体定制相应的征管措施和纳税服务，充分发挥税务中介组织的作用，提高税务管理的效率；在税务稽查中采用基于风险预测的策略，提高稽查的准确度；重点打击影响重大的恶意违反税法行为；全面考虑纳税人实际情况，权衡采取服务性措施或强制性措施。**组织机构的转变**具有专业化、扁平化等特征，使之成为更有利于战略目标的实施和考核的面向纳税人的组织机构。**业绩评价体系的转变**是从战略管理层、业务管理层和一线工作人员三个层面对税务管理的现代化目标进行综合评估。

2. 德国税务征管信息化状况

德国税收管理信息化覆盖面广，数据准确性强，共享率高，成效显著。德国税务管理中，已将管理纳税人的基本业务，从税源认定、纳税申报、税务代理、税务审核、纳税通知到税款缴纳、税务检查等环节，全部通过计算机、网络与信息进行集中处理，税收信息化覆盖率达到百分之百。德国税收信息化的基本做法是，利用计算机给所有开展生产经营或开始取得收入的单位和个人建立纳税编码和税卡，加强户籍管理；由会计（税务）通过会计（税务）师数据中心及其分支机构为纳税人代理纳税申报，按州设立税务信息处理中心，州以下按市、县设税务服务信息站，通过网络传输信息，实现从受理申报、审核到入库的全过程计算机控制；同

[1] 李平．美国税收信息化建设［J］．中国税务，2004（4）．

时，税务管理信息系统与金融信贷保险、劳动和社会保障系统密切相连，形成一个对公民和企业全方位监督保障的网络，进一步强化了税务管理的有效性[1]。

3. 英国的税收信息化

英国国内收入局（税务局）的计算机信息系统全部委托EDS（Electronic Data Systems）公司开发、运营，至今已有十年合作历史，十年预算达17.9亿英镑。英国在20世纪80年代末就建立了集中式的信息系统，主要处理的税种为个人所得税。到90年代中期，随着网络系统的发展，开始进行电子申报纳税的开发和应用。税务代理机构使用电子账务服务（Electronic Lodgment Service，ELS）为其客户进行电子申报。1998年3月，850个代理机构处理了43 000件申报。雇主电子通信（Employer Electronic Communication，EEC）系统，即电子申报纳税系统分两个阶段运行。第一阶段试点项目于1996年4月启动，按个人收入所得税要求，实现了年收入申报表的电子化（磁记录方式）；第二阶段的项目于1999年4月启用，通过安全网关实现雇主薪金系统与税务局个人所得税系统的直接连接，提交申报表并取得相应的信息。2000年4月推出其余各类纳税申报表的电子申报服务。

英国税务局主页内容包括税法公告、供下载的税法宣传小册子、个人与公司申报纳税指南、申报纳税技术事宜、雇主、家庭税务帮助、常见问题回答等，以及有关税务局的运作和服务资料、税务局年报、税务局计划、EEC项目进度等。纳税人可从网页上取得有关资料和表格，也可以通过电子邮件与税务局、税务代理机构联系取得帮助[2]。

4. 澳大利亚税收信息化状况

澳大利亚自1990年首先对个人所得税引入了电子申报，其后扩大到法人所得税、合伙公司、信托、年金基金的申报[3]。到目前为止，澳大利

[1] 李秀萍. 德国的税收信息化之路 [J]. 中国税务，2004 (4).

[2] 北京市税务学会课题组. 税收信息化建设问题研究 [OL]. http://guoshui.lishui.gov.cn/ssfg/sszgl/t20041210_40528.htm.

[3] http://bj-procurement.gov.cn/tsnr/bjck/2003_03/t20040627_61536.htm.

亚已在全国税务机关内部全面运用计算机系统管理纳税申报，办理出口退税等日常工作。并实现了与政府相关部门如海关、工商、保险、金融及大企业的网络互联，有效地对税源进行控制，有针对性地开展税务审计。同时，澳大利亚开发了大量税收管理应用软件，用于税收征管和纳税服务。在纳税申报方面，澳大利亚联邦税务局提供了数十种表格，供国际互联网用户下载，应用于报税系统。澳大利亚对电子申报和支付问题提出了长期发展方向和战略：一是建立一个开放和可以存取的系统，既保护税务管理的安全性，又有利于保护纳税人的隐私；二是提高电子化服务的客户化和个性化水平；三是保证税务部门在法定程序下能够读取纳税人和中介保存的数据的权力；四是提高纳税信息的社会共享程度；五是将电子申报与支付系统作为社区服务系统的一个副产品；六是使申报和支付系统融入纳税人自身的应用系统；七是实现各种社会中介的新定位[1]。澳大利亚税务代理比较发达，计算机也广泛应用于税务代理领域，目前，澳大利亚约有81%的纳税人采用电子报税方式，其中大部分是通过税务代理进行。另外，在安全方面，澳大利亚税务系统也采取了一些措施，如为防止灾难性毁坏而设计建立了数据库备份运行系统，以备不时之需。在保密机制上，采用了口令和密码、电子通行证等机制，同时使系统具有了屏幕保护功能、权限保护功能和追踪查询功能[2]。

5. 日本税收信息化状况

日本国税厅信息管理系统自20世纪60年代建成，目前日本在国税厅、11个国税局、524个税务署建立了全国计算机管理网络。日本的税收信息管理系统也有其自身的特点。首先，国税局及税务署的系统根据征管工作的需要统一开发运行，国税局接收税务署传送的纳税人信息，并对银行传送的税款入库信息进行核对后，再传送给税务署，从而实现了国税局与税务署系统在统一的状态下运行。其次，计算机管理网络与银行和邮政局的计算机联网，纳税人可以在税务机关或遍布全国的多个银行分支机构和邮

[1] 谭荣华．税收信息化教程［M］．北京：中国人民大学出版社，2005.

[2] 发达国家税收信息化概览及借鉴［OL］．http：//www.taxchina.com/news/200312/t127690.html.

政局纳税，极大地方便了纳税人。再次，由于系统处理速度快、信息传递迅速、利用率高，税收工作效率大为提高。最后，纳税申报率和申报正确率达到满意水平，1996 年纳税申报正确率达到 96.5%[1]。

6. 阿根廷税收信息化状况

20 世纪 90 年代初，阿根廷建成了覆盖全国税务、海关、银行、企业、财产登记部门、车辆交易管理部门、政府机构等部门的税务计算机网络。税法规定，政府及公共服务部门信息资料必须与税务机关共享，不得对税务部门保密。阿根廷税务登记、申报、纳税、管理、稽查、进出口税收征管都通过计算机网络提供资料，监控 95% 的税收，以及划转、追缴税款。阿根廷不断开发对网络的运用，建立了许多行之有效的对纳税人进行管理监控的子系统，包括针对重点税源户开发的“2000 计划”系统、用于进出口税收管理的“玛利亚”系统、用于稽查的“噢塞里”系统、用于税务司法的“海里克斯”系统等[1]。

7. 新西兰税务呼叫中心

新西兰税务呼叫中心是新西兰税务部门面对飞速发展的互联网带来的机遇和挑战，树立的发展电子税务的一个成功典范[2]。1998 年，新西兰税务部门在全国建立起由 5 个呼叫中心组成的税务呼叫中心服务体系。税务呼叫中心的技术系统由三部分组成：第一部分为服务前台，即呼叫中心前台工作人员的计算机终端。第二部分为电话接入系统，如惠灵顿中心设有 240 门外线的电话交换机组。第三部分为呼叫中心内部网络系统，包括知识数据库和语音服务支持系统。呼叫中心计算机内网与国税局征收管理数据库相联通，可以通过税收征管数据库查询全国各地纳税人的税收缴纳情况。新西兰税务呼叫中心的管理体系和技术结构使其在运行中具有以下特点：一是政策的统一性。由于使用一个统一的中心辅助数据库信息，保证了每个呼叫中心对纳税人所提出问题给予答复的一致性。二是服务的全面性。新西兰税务呼叫中心对全国的纳税人提供全面的网上税务咨询服

[1] 左志刚．我国税务信息化发展战略研究［D］．长沙：湖南大学硕士学位论文，2002.
[2] 田正．政府电子政务的先导——新西兰税务呼叫中心［J］．上海财税，2003（1）.

务，覆盖服务范围、内容、项目、税务工作环节等各方面，甚至服务时间也延伸至休息时间，进一步拓展了税务机关为社会公众和纳税人提供纳税服务的范围、内容、时间和机会。三是管理的规范性。通过设立管理中心对5个税务呼叫中心实行统一领导和管理，确立统一的税务呼叫中心操作流程、业务管理规范和工作考核标准，使自身工作达到最高效率。四是专业性和操作性有机结合。呼叫中心按纳税咨询问题需要设计服务人员的结构安排，每12名一线工作人员配备1名税务专业人员，一般问题由非税务专业人员借助信息数据库进行答复，较复杂的问题由专业税务人员给予答复，电话答复解决不了的问题，则另约时间由专业人员进行面对面的咨询。五是以计算机系统应用为依托，新西兰呼叫中心的运作建立在统一的计算机网络平台上，全国5个呼叫中心实现联网，建立统一的数据库作为技术和业务的支持。新西兰通过十多年计算机发展规划的实施，构成了南半球最大的税务处理系统和电话申报咨询系统。

8. 新加坡的税收信息化

新加坡国内税务局于1980年开始建立税收征管计算机系统。该系统是一个由一台大型计算机和800台终端组成，与其他部门实现互联的集中式计算机网络系统。全国纳税人资料采集通过键盘、光学设备识别、磁介质多种方式完成，税务局收到纳税人申报表，税务官审核后，录入主资料库中，计算机自动按相应的税率、扣除等对每张申报单进行纳税计算，实行计算机辅助评税系统。对到规定日期尚未寄回申报表的纳税人，由计算机打印催缴通知书以信件方式邮交纳税人。

在税收征管资料综合利用方面，新加坡可联机查询各种纳税人的当前和历史资料、税收法令条例、各种税收数据的分类、汇总、统计和报表的输出。图像识别系统对申报单的处理能力扩大到每年1 000万张，除了进行磁带备份外，还按年度将纳税人的申报材料进行缩微处理，一方面起到保存档案的作用，另一方面必要时可作为法律认可的依据。

互联网应用方面，1997年新加坡税务局在互联网上设立了WWW网站，作为新加坡政府电子商务核心计划中的重要项目，税务局为纳税人提供网上报税服务，推动税收信息化和电子商务的发展。税务局的计算机系统通过网络与财政部、贸工部、法院、发展部等部门联网，与银行、公司注册局、车辆注册局、公积金局、建屋局等主要信息来源单位实现了电子（磁介质）信息交换[1]。

9. 意大利税收征管信息化状况

意大利是欧洲最后实现税收征管计算机化的国家，但它却有欧盟国家中最成功的也是最大的税收信息管理系统 ITIS（Italy Tax Information System）。ITIS 数据处理中心设在罗马，财政部借助 ITIS 对意大利全国税收工作进行管理，并通过意大利公用数据网和欧洲公用数据网，实现税务机关与纳税人、政府有关部门及欧盟各国信息交换和数据共享。ITIS 包括 16 个子系统，主要有税务登记注册系统、所得税子系统、增值税子系统、税务检查子系统、技术支持与培训子系统等。这些子系统相互配合、相互辅助，各种资料集中存放，各地区、各系统之间十分频繁地进行信息交换，构成了遍布意大利全国的税务信息网络[2]。发展到今天，意大利的税收计算机系统已经构成一个遍布全国的税务信息通信网络，各种资料集中存放，各地区之间、各应用系统之间的信息交换十分频繁，每天的联网交易业务超过 200 万笔。

10. 法国税务信息化

在命名为“哥白尼”的新税务信息系统建成后，法国纳税人可以迅速、方便和安全地在网上申报税务，并可以立即获得电子收据，如果需要，这个收据可以被下载或打印。所有的纳税人都可以查阅自己的税务记录和相关信息，可以使用电子签名进行网上申报税务和查看账户，在遇到税务纠纷时通过网络进行申诉并了解解决的全过程，同时承诺在税务部门和纳税人之间建立互信关系，并制定新的服务质量标准，如按时向纳税人发送税收通知和表格、对纳税人的电话咨询做到有问必答、对于到税务局进行咨询或履行纳税手续的纳税人安排专人接待等。通过以上措施，大大

[1] 北京市税务学会课题组．税收信息化建设问题研究［OL］．http：//guoshui. lishui. gov. cn/ssfg/sszgl/t20041210_ 40528. htm.

[2] 韩超超．中国税务信息化应用新阶段新需求［OL］．http：//data. chinabyte. com/413/3006413. shtml.

提高了主动申报的比例。2003 年，60 万纳税人通过互联网完成了税务报表的提交。到了 2004 年，人数翻番至 125 万。2005 年，政府以 10 法郎的税务信用的方式进一步鼓励联网缴税，因此这项服务变得更加受欢迎[1]。此外，法国为了适应电子商务的发展，已经实行了电子发票制度。对此有三项规定：一是企业必须按照税务当局提供的几种技术标准之一完成电子发票的制作、开具；二是电子发票的开具必须通过认证中心，以便于认证中心确定双方的不可抵赖及发票的合法性，同时有利于税务机关在稽查过程中从认证中心调取有关的电子证据；三是只有法国公司之间开展的 B2B（企业对企业）业务才能使用电子发票。但是，由于电子发票的成本较高，目前只有法国的大型企业才使用电子发票，法国税务局正在考虑进一步简化电子发票制度，以利于电子发票在更大范围内推广[2]。

11. 中国香港的税收信息化

香港税务局早在 1969 年就开始使用计算机处理雇主及雇员报税表，使用的是香港政府总部的 IBM 计算机主机系统，通过连线终端将税务资料输入计算机系统处理；1981 年成立计算机中心，开始建立税务局专用的计算机系统；1982 年建立了统一数据处理系统；1983—1991 年开始使用交互式应用，建立了评税处理系统、在线及时查询及更新系统、微型缩微处理系统；1992 年开始将计算机系统的硬件、软件全面调整转换为新的系统。在 IBM ES9000 系统的基础上，全面开发新的税务处理系统。原有的税务数据和软件经过转换后在新的计算机系统上直接使用，部分软件按新的税收业务需要重新改写。1996 年建立并启用触摸屏交互式查询系统（税务局咨询站）。

在网络建设方面，传统的终端方式正在向网络方式过渡，香港税务局将原有的纯终端系统逐渐调整为网络工作站，以适应网络应用的发展。在互联网应用方面，1996 年香港税务局在互联网上设立了站点，该网站提供各方面的税务资料，同时提供下载税务表格和通过电子邮件申请延期递交

[1] 法国电子政务：带给公民高效行政与高质服务［OL］．http：//www. e－gov. org. cn/news/Print. asp？ArticleID＝2591.

[2] 谭荣华．税收信息化教程［M］．北京：中国人民大学出版社，2005.

报税表的服务；税务局职员也可通过电子邮件系统相互联系。香港税务局作为首批提供网上公众信息服务的政府部门，与有关部门协作，在2000年开始提供网上报税服务[1]。

5.5.2 国外税收信息化经验借鉴

借鉴发达国家在税收信息化方面的成功经验，有助于我国的税收信息化进程顺利、健康地发展。

1. 征管体制创新是税收信息化的有力支撑

税收信息化无论如何发展，都是先有思想、流程、模型，才会有信息化的实现。单纯强调技术更新，而忽视对征管体制的改革和创新，就会出现在落后的征管体制下，高技术和低效益并存、高投入和低产出共生的怪现象。反观国外税收信息化的成功经验，管理创新才是税收信息化顺利推进的保证因素，只有将先进的管理理念、管理体制与技术相结合，才能产生巨大的效益。若要保证信息化的一体、高效，前提就要有清晰的业务模式，要梳理出一体化的业务流程，然后再有计划地一步步将业务流程以信息化的方式加以实现。同时，相对稳定的税制和统一规范的征管模式也是税收信息化发挥作用的关键。德国税制稳定性很强，地方、各级政府只在规定权限内做细节调整，很少做原则方面的或较大的调整，这是德国税收信息化能够实现统一、高效的关键之一。

2. 统一规划，走一体化建设之路

税收信息化建设是一个整体性、系统性极强的工作，要科学地进行规划，打破项目壁垒，对系统的软件、硬件平台和应用系统等制定统一的标准规范。日本的国税厅信息管理系统处理速度快，信息传递迅速，利用率高，很大程度上得益于其信息管理系统是根据征管工作的需要统一开发运行的。我国税收征管信息化建设由于在起步阶段缺乏统一规划，信息无法共享的矛盾日益突出，主要表现在：一是应用系统繁多，功能相互交叉，

[1] 北京市税务学会课题组．税收信息化建设问题研究［OL］．http：//guoshui. lishui. gov. cn/ssfg/sszgl/t20041210_ 40528. htm.

条块分割严重；二是数据集中程度低，信息共享困难，难以综合利用；三是数据传输手段各异，方式混杂；四是各应用系统设备自成体系，重复投资，设备闲置与紧缺并存。这些现象严重阻碍了税收信息化的进一步发展和高效的运行，因此，必须从根本上改变这种状况，走税务管理信息系统一体化建设之路，在整体规划和统一组织下，自上而下地进行，即先由国家税务总局制定和开发统一的信息处理标准和软件应用系统，再从省局到市局、县局按照不同的业务需求进行必要的扩充和应用。同时，在系统规划上还要注意处理好前瞻性与可行性的关系，既要高起点规划，又要有实践基础。各级税务机关都应按照国家税务总局“税务管理信息系统一体化建设方案”的要求，科学建立各级税务机关行政管理、税收业务、决策支持、外部信息等一体化信息系统，形成标准一体化、网络一体化、硬件一体化和应用一体化的建设体系。

3. 采用先进技术，促进信息资源的有效利用

在税收征管领域引入和大量使用现代信息技术，是建立严密、高效税收征管体系的必由之路。我国应顺应这一历史发展趋势，发挥后发优势，迎头赶上。近年来，我国的税务系统初步建成了一定规模的计算机局域网络、广域网络，但是网络功能的低下使得已有的信息资源得不到系统管理、集中处理，分析与监控的能力不够强。没有有效地与海关、工商、金融等相关部门实现信息资源的共享，影响了税收征管的效率。从国外的成功经验来看，我们应加强对先进技术的研究与应用，使税务部门已有的信息资源得到充分的利用。目前较为先进的数据挖掘技术越来越得到人们的青睐。数据挖掘是一门综合性的新技术，汇集了从数据库技术发展到现代的数据仓库技术，以及统计分析、人工智能的方法等诸多方面，能自动地从大量资料中发掘出对决策有用的信息。这种技术在税收工作中已经有所建树，美国在采用了数据挖掘技术后节省了大量的开支，大大降低了税收成本。如政府收 1 000 元的税，在日本要花 10 元的成本，在美国是 5 元的成本。由于我国在税收方面已经积累了相当多的数据，因而数据挖掘技术的应用前景是乐观的。

4. 借助社会力量，发展 IT 外包，做好 IT 服务管理

美国税收信息化建设过程中，离不开计算机科学技术公司的大力支持。截至 2004 年，IRS 与以计算机科学技术公司为首的 8 家公司签订了合同，其中科学应用国际公司（SAIL）提供核心数据库系统的总体框架、软件开发、系统集成工作；Northrop Grumman 公司（纳斯达克上市公司）负责更新图像识别处理系统，该系统从 1993 年开始已经处理了 8.5 亿份图像及表格[1]。中国税务信息化市场也吸引着越来越多的软件、硬件及服务厂商进入，如神州数码、中软、浪潮、航天信息、长城软件等计算机企业，对税务行业需求特点把握较好，在系统化软件开发方面、IT 服务解决方案等方面都有经验的积累，已经在全国范围内形成政府关系、用户基础的优势。我国税务信息化正在面临着一个加速发展的时期，对 IT 设备、系统与应用环境、IT 服务管理的要求将越来越高。只有借助社会力量，将专业的工作外包给专业的团队，才有可能帮助中国税务信息化在有效地控制 IT 成本的前提下，与时俱进，更好地发挥 IT 应用对中国税收征管工作的作用；同时，建立科学的 IT 服务管理体系，将成为税务信息化更为有效地服务于税收征管工作的重要保障。

5. 强化信息安全机制，健全信息安全法制

针对系统存在的安全隐患，我们应该建立多层级安全体系。利用数据库系统、应用系统和网络系统的安全机制设置，对非法用户进入系统和合法用户越权操作予以拒绝，从而使系统免遭破坏；采用具有双机热备份技术的硬件设备，出现故障时能够迅速恢复并采取适当的应急措施；选择合适的网络管理软件进行网络监管；采取身份认证、密码签名、访问控制、防火墙等技术手段，加强内部网络和数据库的安全管理，保护纳税人信息和办公信息的安全。同时，要重视信息安全法制的健全，制定相关的法规，如纳税人的操作权限、税务人员的操作规范等，以适应税收信息系统安全运行的需要。

[1] 李平. 美国税收信息化建设 [J]. 中国税务，2004（4）.

6. 建立以纳税人为服务核心的开放式系统

随着“金税三期”的启动，我国税务系统已逐步向广域联网靠拢，但大多还局限于税务系统内部的连接，仍处于一种封闭的状态，没有实现与相关部门及大中型税源企业的互联，这制约了我国在电子商务环境下实现税收征管现代化的进程。所以，我们应尽快实现税务机关与工商、银行、海关等部门，以及大型税源企业的联网，实现信息共享，以发挥其最大效益，并为今后我国电子商务下税收征管打下基础。在美国，税务机关已利用互联网构建起与纳税人及其他个人和组织之间的税收信息通道。纳税人通过 IRS 网站就可以查询到相关的税收信息，并可以在网上办理申报纳税。这不仅极大地方便了纳税人，同时也降低了征税的成本。

在信息化高度发展的今天，电子商务越来越成为人们所青睐的消费形式。我们应针对电子商务的特点，在税收信息化建设的进程中不断完善、强化税务部门的服务职能，把税收信息系统建设成一个开放式的系统。提供各类税收信息、宣传税法、提供查询服务、提供综合网上税收服务、网上电子申报纳税；组织专家开发集电子纳税、电子稽查的一套业务系统软件。尤其要开发一种能控制网上交易的新技术，即在企业服务器上设置具有追踪统计功能的征税软件，在每笔交易进行时自动按交易类别和金额计税入库，并通过建立数字身份证等方式掌握网络交易纳税人的交易活动和记录，防止偷逃税行为的发生。